# 교육의 이해

허정무 · 김철 · 김종두 · 성백 공저

*Introduction to Education*

학지사

# 머리말

서울의 여의도 공원. 주말이면 이곳에 많은 사람들이 모여든다. 공원의 깨끗한 화장실은 사람들의 기분을 상쾌하게 한다. 세면대에는 항상 비누가 놓여 있고 벽에는 예쁜 그림이 걸려 있다. 어린이들은 공원에서 뛰놀다가 화장실을 찾는데, 세면대가 너무 높아서 부모의 도움을 받아 겨우 손을 씻는다. 그런데 언제부턴가 세 개의 세면대 중 한 곳의 바닥에 평평한 받침돌 하나가 놓여 있다. 어린이들은 부모의 도움이 없이도 받침돌에 올라서서 자유롭게 손을 씻는다. 누군가의 작은 배려가 어린이들에게 기쁨과 웃음을 선물한 것이다.

작은 배려. 이것이 교육의 시작이다. 교육을 한다고 할 때 교육을 받는 사람들의 입장에서 바라보는 배려가 중요하다. 언젠가부터 교육이 학생들을 배려하는 것이 아니라 입시라고 하는 못된 병에 걸려 일어나질 못하고 있다. 순수하고 꿈을 찾고 자신의 존재가치를 찾아가야 할 학생들이 자신의 존재가치는 물론 삶의 희망마저 잃어버리고 오직 성적을 위해서 학원을 전전하며 공부한다.

교육의 패러다임이 변하고 있다. 교사 중심의 교육에서 학생 중심의 교육으로, 내용 중심의 교육에서 활동 중심의 교육으로, 교재 중심에서 다양한 매체 중심으로, 지식 암기 위주의 대집단 교육에서 창의력을 개발하는 소집단 교육으로 변하고 있다. 그런 차원에서 학생들 스스로 자신의 학문세계를 만들어 가도록 하는 것은 의미가 있는 것이다. 이제껏 학생들은 제도적인 틀 안에서 지식암기를 강요당해 왔을 뿐, 스스로 자신의 인생을 고민하거나 창조해 가지 못했다.

학생들에게 가르쳐 주어야 할 것이 무엇일까? 수많은 지식도 있겠지만, 더 중요한 것은 자신의 존재가치이고 꿈이다. 그것이 생겨나면 지식은 학생 스스로 배울 수 있고, 교육자는 그것을 잘 도울 수 있다. 그러나 순서가 바뀌었다. 단순히 강요하는 교육은 진정한 의미에서 무의미하다. 왜냐하면 자신의 존재를 상실해버리기 때문이다.

이 책은 이러한 생각에서 만들어졌다. 거창하게 교육이 국가의 흥망성쇠를 좌우한다는 생각을 떠나서 학생을 학생답게, 한 사회의 구성원으로 잘 살아갈 수 있도록 돕는 것이 교육이라는 생각으로 만들었다. 학생들 스스로 즐겁게 지식을 배우고 나눌 수 있는 장을 만들어 주는 것이 교육이라고 본다.

대학생활을 막 시작한 학생들을 위한 교양교재 또는 교직과목 개론서로서 교육의 중요성을 인식시키고, 교육에 대한 올바른 이해를 돕고자 집필하였다. 교육의 영역이 넓고 다양하기 때문에 어느 한 사람이 집필할 수 없으므로 공동으로 집필하였다. 각 필자가 자신의 전공학문 영역을 맡아서 책임 집필하는 형식을 택하였으므로 입문서로서 구비할 핵심 내용들을 비교적 균형있게 포함하였다. 물론 질적 수준도 높게 평가받을 수 있으리라 믿는다.

이 책이 교육학개론이나 교육의 이해 강의에 활용되길 바라고, 교육을 이해하고자 하는 사람들의 욕구를 충족시켜 줄 수 있기를 바란다. 아울러 독자 여러분들의 솔직한 평가와 아낌없는 성원으로 이 책이 계속 수정 보완될 수 있기를 기대한다.

이 책의 원고 정리와 교정에 심혈을 기울여 준 한국교육목회연구소의 장광우 연구원에게 감사하고, 아울러 이 책의 출판을 흔쾌히 맡아 주신 학지사의 김진환 사장님과 직원 여러분들께 깊은 감사를 드린다.

2007. 2

저자 일동

# 차 례

Chapter 01

# 교육의 개념적 이해

## 제1절 교육의 어원과 의미

16세기의 인문주의자인 에라스무스(Erasmus)는 인간은 인간으로 태어나는 것이 아니라 인간으로 교육되어진다고 하였고, 18세기의 자유주의 교육사상가 루소(Rousseau)는 식물은 재배에 의하여 자라고 사람은 교육에 의하여 사람이 된다고 하였다. 독일의 철학자 칸트(Kant)는 사람은 교육에 의해서만 사람이 될 수 있고, 사람이란 교육으로부터 만들어진 것에 불과하기 때문에 교육을 받지 않으면 안 될 유일한 피조물이라고 하였다. 이것은 교육의 중요성을 강조하는 것이다.

교육이라는 활동은 어느 사회에서나 변함없이 중시되어 왔다. 그것은 인간이 교육을 통해서 가치 있는 인간으로 형성 · 발전하여 사람답게 되기 때문이다. 교육은 오로지 인간에게만 부여된 과업이다. 인간이 이 세상에 태어나 삶을 영위하기 시작한 때부터 교육은 수행되어 왔다. 그만큼 교육과 인간의 삶은 불가분의 관계에 있다. 다시 말하면 교육은 생활 그 자체다.

교육은 인간이 삶을 지속하는 한 필수적으로 밟아야 할 과정이며, 동시에 사회가 요청하는 사람을 양성하는 중요한 사회적 기능을 가진다. 아무리 뛰어난 소질과 재능을 지니고 태어났다고 할지라도 인간사회의 교육적 영향을 전혀 받지 않거나 교육을 받지 않는다면, 다른 하등동물과 다를 것이 없다. 인도 늑대소년(Wolf Children)의 사례는 교육의 중요성과 필요성을 보여 주는 예다.

미국의 심리학자 게젤(Gessel)에 의하면, 인도 캘커타 서남 70리 코담리 촌 부근에서 늑대에 의해서 양육되고 있던 여자아이 두 명이 1920년 10월 17일에 발견, 구출되었다. 같은 해 11월 4일부터 싱흐(Singh) 목사 부부가 양육하였으나, 아말라(Amala)는 1년 안에 죽어버렸고, 카말라(Kamala)는 9년 후에 죽었다. 처음에 두 여아는 육체만 인간이었고 행동은 늑대와 비슷했었다. 두 손과 두 발로 기어다니며, 짐승의 생고기만 입으로 뜯어먹고, 늑대 모양으로 소리를 지르되 늑대 소리와는 다르며, 사람의 말소리는 아니었고, 빛을 싫어하며 어둠을 찾아다녔고, 고기 냄새에 아주 예민했으며, 음식은 땅에 놓고 핥아먹기만 하며, 옷을 입혀 주면 찢어버리고, 인간을 피하고 접근을 싫어했다고 한다. 그러나 6년 동안 교육을 받은 결과 사람과 같이 똑바로 서서 걸었으며, 소리 대신 말을 하였고, 익은 음식을 좋아했고, 익히지 않은 날음식은 싫어하고, 빛을 찾았으며, 사람에게 인정을 느끼고 전적으로 사람에게 의지하게 되었다고 한다. 그러나 카말라가 늑대의 행동에서 사람의 행동으로 변하기까지는 백지상태에서 인간행동을 배우는 것보다 훨씬 오래 걸렸다.

## 1. 교육의 어원

교육이라는 용어가 처음으로 사용된 것은 맹자의 『진심장(盡心章)』 상편에 있는 문장에서다.

> 孟子曰 君子有三樂이 而王天下不與存焉이니라. 父母俱存하고 兄弟無故이 一樂也요, 仰不愧於天하여 俯作於人이 二樂也요, 得天下英才而敎育三樂也니 君子有三樂이 而王天下不與存焉이니라.

맹자는 군자에게 있는 세 가지 즐거움[1)]을 설명하고 있다. 여기에서 '敎' 자는 '上所施下所效也' 라고 기록되어 있는데, '上所施' 는 윗사람이 베푼다는 뜻이고, '下所效' 는 피교육자가 모방한다, 학습한다는 뜻을 지니고 있다. '育' 자는 '養子便作善也' 라고 기록되어 있는데, 자녀를 양성해서 '善' 을 행하게 한다는 뜻이다. 이 두 단어의 뜻을 정리해 보면, 교육은 성숙자이고 전문적인 입장에 있는 교육자(교사, 성인, 부모)가 좋은 영향으로 가르치고 인도해 나가고, 미성숙자이고 미분화상태의 피교육자(학생)는 그 뜻을 따르고 모방하며 본받는다는 뜻이다.

우리말의 가르치다는 고어 'ᄀᆞᄅᆞ치다' 에서 왔다. 오늘날의 '가르치다' 는 '敎' 의 뜻으로만 쓰이지만, 원래 'ᄀᆞᄅᆞ치다' 라는 말은 '敎 · 指' 의 뜻을 모두 포함한다. 영어에서 교육은 'education' 인데, 이는 라틴어의 '에두카레(educare)' 라는 동사에서 명사화한 '에두카치오(educatio)' 란 말에서 온 것이며, '위로' 또는 '밖으로' 를 의미하는 'e' 와 '빼낸다, 끌어낸다' 를 의미하는 '카레(care)' 의 합성어다. 이것은 밖으로 또는 위로 끌어내고 빼낸다는 뜻이다. 말하자면 선천적으로 타고난 신체적으로 또는 정신적으로 발전할 수 있는 잠재적인 가능성을 끌어내고 빼내서, 이것을 향상 · 발전시킨

---

1) 군자에게 있는 세 가지 즐거움은 첫째, 부모가 건강하고 형제가 아무 사고 없는 것, 둘째, 행하는 바가 공명하고 정대하여 위로는 하늘에 대해 부끄러울 것이 없고, 아래로는 사람에 대해서도 부끄러운 일이 없는 것, 셋째, 천하의 영재를 모아 인재를 교육하는 것이다.

다는 의미다.

## 2. 교육의 정의

지금까지 교육이라는 현상과 개념은 여러 가지로 규정되어 왔다. 교육학자나 교육사상가들은 그들의 교육관에 따라 교육을 정의하여 왔다.

### 1) 기능적 정의

교육의 기능적 정의는 한마디로 교육을 무엇을 위한 수단으로 규정하느냐의 견해다. 교육이 봉사하는 대상을 사회문화로 보는지, 또는 인간 자신으로 간주하는지, 종교로 정하는지 등에 따라 수많은 기능적 정의가 가능하다.

교육은 '사회문화의 계승 및 발전의 수단이다.' '교육은 경제발전에 필요한 수단이다.' '교육은 정치이념을 구현하기 위한 수단이다.' 등과 같이 교육이 공헌하는 초점을 어디에 두느냐에 따라 다르게 정의를 내릴 수 있다. 이처럼 기능적 교육관은 교육의 도구적 가치에 비중을 두고 있다.

### 2) 목적론적 정의

목적론적 정의는 교육을 그 궁극적 목적과 결부시켜 규정한다. 이 정의에 의하면, 교육은 민주적 인격의 계발과정이라든가, 또는 어떤 영원한 진리나 가치에로의 지향 또는 접근과정이라고 할 수 있다. 목적론적 정의는 교육의 목적적 가치 실현을 위한 교육 자체의 발전에 더 비중을 두는 입장이다. 따라서 교육에 대한 목적론적 입장은 국가와 사회적 차원에서나 개인적 차원에서 모두 인격 완성이나 자아실현이라는 내재적 가치의 실현, 또는 영원한 진리나 가치를 추구하는 것을 교육의 중요한 목표로 내세우고 있다.

### 3) 조작적 정의

기술적 내지 조작적 입장에서 바라보는 교육에 대한 정의는 교육을 인간행동의 계획적인 변화라고 규정한다. 이 입장은 교육이 다른 분야와 같이 인간행동에 관심을 가지되, 특히 인간행동의 변화, 즉 그 육성이나 교정이나 개조 등에 관심을 가지고 있다는 데 특징이 있다.

여기서 인간행동이란 교육의 직접 관심이 우선 인간이며, 교육은 인간을 만들고 기른다는 뜻을 함축한다. 변화란 육성, 조성, 함양, 계발, 교정, 개선, 성숙, 발달 등을 포함하는 포괄적인 개념이다. 그리고 계획적이란 첫째, 기르고자 하는 인간행동에 관한 명확한 설정과 의식이 있는 것, 둘째, 그것을 기를 수 있는 이론과 실증의 뒷받침이 있는 계획과 과정이 있는 것을 의미한다.

교육의 기능적 정의나 목적론적 정의는 모두 교육의 어떤 일면을 이해하는 데 도움을 주며, 조작적 정의는 교육의 실제적 현상과 과정을 분석적으로 파악하는 데 도움을 준다. 결국 교육은 궁극적으로 개인의 인격 완성과 자아실현을 도모하며, 한편으로는 국가, 사회발전을 촉진할 수 있도록 인간행동을 계획적으로 변화시키는 과정이라 할 수 있다.

# 제2절 교육의 본질적 기능

## 1. 문화의 계승 · 발전으로서의 교육

교육은 인류가 수천 년의 역사를 통해 축적해 온 여러 영역의 문화유산을 다음 세대에 계승 · 유지시키고, 나아가서 그들의 창의적 활동을 통해서 가치지향적으로 발전 · 확장시키는 기능을 한다. 그래서 슈프랑거(Spranger)는 교육은 문화의 번식 그 자체이며, 이 문화의 번식을 교육의 본질이라고 하였다. 즉, 인류가 오랜 세월을 통해서 창조해 낸 문화적 유산을 갈고 닦아서 다음 세대에 계승·발전시켜 나가는 활동이 교육이다. 따라서 문화란 사회적 유산이며 소산이다. 교육은 바로 이 사회적 유산인 문화를 계승하여 창조하고 발전시키기 위한 활동을 의미하는 것이다.

일반적으로 문화는 인간이 후천적으로 획득하는 모든 생활양식을 의미한다. 여기에는 사회에 의해서 전달된 신념, 행동방식, 사회적 결합관계의 형식, 행위의 규범, 물질적 대상 등이 모두 포함된다. 문화는 오랜 역사적인 과정 속에서 인류만이 창조해 낼 수 있는 역사적 산물이며, 사회적 경험의 집적 또는 인간의 정신적 소산인 것이다.

교육은 이러한 문화 내지 전통을 다음 세대에 전승하는 기능을 가진다. 그러나 문화의 전달이 교육이라고 할 때, 마치 텅 빈 그릇에 물을 넣듯이 학습자의 머릿속에 문화를 주입하는 것과 같은 단순한 의미의 문화 전달은 결코 아니다. 교육은 가치 있는 문화만을 문화유산으로 계승하고, 그것을 전달함으로써 학습자로 하여금 새로운 문화창조에 참가할 수 있도록 돕는 활동이다. 그러한 의미에서 교육의 중요한 기능은 문화활동의 하나인 동시에, 인류생활에 공헌하고 그 공헌된 문화를 계승·발전케 하는 것이다.

## 2. 사회화로서의 교육

사회적인 측면에서 보면 교육은 사회의 구성원이 그가 속한 사회에 적응할 수 있는 자질을 갖추게 하고, 나아가 창의적인 참가를 통해서 새로운 가치, 체제, 문화의 창출을 도모하는 사회혁신을 위한 기반 조성의 기능을 갖는다(김정환, 1974). 이러한 교육의 기능은 사회존속과 사회변화를 촉진하는 원동력이 될 뿐 아니라, 경제발전을 촉진하는 절대적인 요인이기도 하다.

이와 같은 사회적 측면에서의 교육의 중요성은 특히 듀이(Dewey)와 페스탈로치(Pestalozzi)에 의하여 주장되었다. 듀이는 교육을 사회과정으로, 페스탈로치는 교육을 사회의 존속 · 발전을 위한 개혁의 수단이라고 정의하면서 교육은 보다 나은 사회진보 내지 사회개조의 근본적인 수단이라고 보았다.

## 3. 이상적 자아실현으로서의 교육

인간에게 있어서 진정한 삶은 개체의 인격 완성을 위한 끊임없는 의지적 노력의 과정이며, 이와 같은 노력은 출생에서 죽음에 이르기까지 계속된다. 인간은 현실적인 자아에 만족하지 않고 이상적인 자아를 추구하는 존재로서 누구나 출생하면서부터 생리적, 심리적, 정신적으로 끊임없이 성장 · 발달한다. 인간의 이러한 성장 · 발달은 교육이라는 작용에 의해서 이루어진다.

이와 같이 교육은 궁극적으로 바람직한 인간 형성을 위한 활동이며, 이 바람직한 가치지향의 인간 형성은 곧 국가와 사회의 발전에 원동력이 된다. 이상적인 인간상이란 한마디로 말하기 어렵다. 그러나 오늘날에는 지(知) · 덕(德) · 체(體) · 정(情)의 각 부분이 조화롭게 발달된, 즉 전인(全人, the whole man)으로서의 민주시민이 올바르고 바람직하게 성장 · 형성된 인간이라고 생각되고 있다.

교육은 미성숙한 개체가 이상적인 인간상을 목표로 하여 자기의 타고난 소질과 바탕을 최대한으로 발휘하여, 결국에는 바람직한 인간이 되도록 도와주는 것이다. 이것은 곧 오늘날의 민주주의 교육의 이념과도 일치하는 것이다.

## 4. 인재 양성으로서의 교육

문화의 전달과 창조, 사회의 개혁이라는 교육의 기능을 좀 더 구체적으로 살펴보면 교육은 국가발전의 기능을 한다고 할 수 있다. 국가의 발전이라는 것은 눈에 보이는 도구, 기술 및 제도의 발전과 태도, 사상, 가치관과 같은 추상적이고 무형적인 차원으로 나누어 생각할 수 있는데, 교육은 무형의 문화요인의 발전을 도움으로써 국가발전에 도움을 주는 것이다.

제2차 세계대전 이후, 구체적으로 1960년대에 와서 인간자본의 개념이 본격화되었다. 교육이 국가발전의 수단이 되고 인간은 생산을 위한 자본으로 보기 때문에 '인간자본' 이라는 용어가 생겨났다. 국가가 발전하는 데는 자연자원과 자본이 되는 물질적 자원이 있어야 하는데, 그것들을 운영하고 만들어 내는 기술, 정신, 태도로서의 인간자원의 문제가 대두되었다. 이것은 21세기 지식기반사회에서 인적자원개발(Human Resource Development)의 개념으로 인식되었다. 국가발전을 위한 투자라는 점에서 세계 각국은 교육을 통한 인적자원개발에 주력하고 있다.

그러나 교육이 국가발전에 필요한 인간의 행동특성을 계획적으로 조성하는 일은 비단 경제발전에만 국한된 것은 아니다. 아무리 물질적으로 부강해졌다 하더라도 국민의 정신적, 도덕적 문화가 타락하였다면 국가의 운

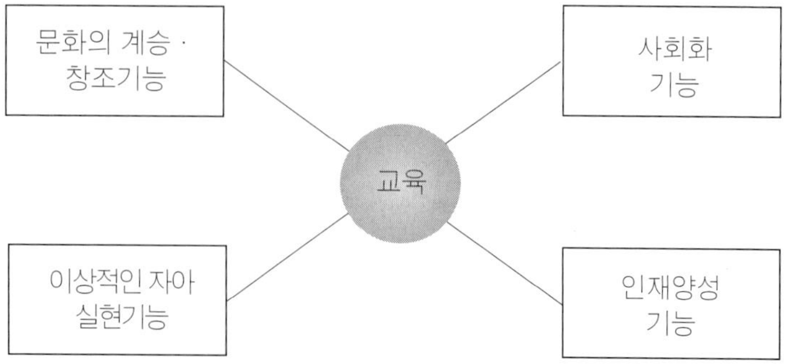


[그림 1-1] 교육의 본질적 기능

명은 머지않은 장래에 종말을 고하게 될 것이다. 따라서 교육은 경제적인 측면에서의 인적자원개발과 함께, 정신문화의 개발에 있어서도 계획적인 조성을 하여야 한다.

이상과 같이 교육의 본질적 기능은 개인적, 문화적, 사회적, 국가적 측면에서 개인을 인간답게, 문화를 문화답게, 사회를 사회답게, 국가를 국가답게 하는 중요한 작용이다.

## 제3절 교육의 구성요소

교육활동은 교사와 학생, 그리고 양자의 매개역할을 하는 교육내용 등을 포함하고 있으며, 교육활동이 전개되는 곳에는 반드시 이 세 가지 요소가 존재하게 된다. 이 중 하나라도 빠진다면 엄밀한 의미에서 교육활동은 성립되지 않는다. 그러므로 교육자, 학습자, 교육내용을 교육의 3요소라고 한다.

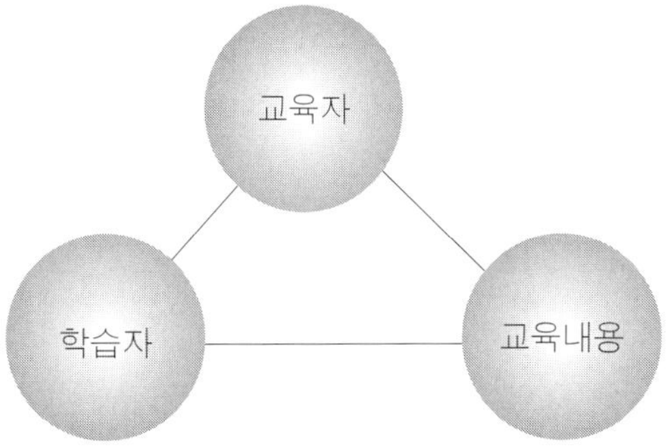


[그림 1-2] 교육의 3요소

## 1. 교육자

교사는 전통적으로 교육의 주체였다. 그래서 주로 교육하는 자라는 개념이 강조되어 왔다. 그러나 오늘날 교육의 패러다임이 변화되면서 교육자의 도움자, 안내자, 조력자로서의 역할이 강조되고 있다. 그럼에도 불구하고 교육에서는 여전히 교사의 역할이 강조되고 있다. 교육자는 기본적으로 학습자의 모델이 되기 때문이다. 학습자는 교육자의 삶의 방식을 보고 배우고, 교육자의 안내를 수용할 가능성이 높기 때문에 교육자의 역할이 여전히 강조되고 있다.

### 1) 인간의 탐구자

교육의 최고 과제는 무엇보다도 인간을 형성하는 데 있다. 이것은 교육이 인간 형성을 지상목적으로 삼아야 한다는 뜻으로 해석된다. 이를 위해서는 교육자가 먼저 인간이 되어야 한다. 교육자는 언제나 인간이란 무엇인가, 이상적인 인간상이란 어떤 인간을 말하는가라는 질문 속에서 살아야 한다.

### 2) 문화와 역사의 연구자

인간탐구자로서의 교육자는 우리가 살고 있는 현대의 사회, 그리고 현대사회가 생성된 문화와 역사를 이해해야 한다. 과거의 문화와 역사를 재인식하고 새로운 세계사의 창조에 참여해야 한다. 교육자는 현대의 공통적인 고뇌에 대해서 방관자가 아니라 세계적 시야에 서서 교육적 노력에 몸바치는 역사인이 되어야 한다.

### 3) 진리의 탐구자

진리는 인생이 추구해야 하는 목표다. 교육은 인생의 진실과 학문적 진리를 규명하고 그것을 구현시켜 평화와 행복을 증진시키는 역할을 한다. 따라서 참다운 교육자는 진리를 추구하는 철학자이고 과학자이어야 하며, 종교가, 동시에 진리의 구현자요, 실천가가 되어야 한다.

### 4) 사랑의 자각자

진리를 사랑하는 교육자는 인간, 즉 피교육자를 사랑하는 사람이어야 한다. 왜냐하면 인간애는 진리애요, 그것은 곧 교육애이기 때문이다.

교육자의 사랑은 단순한 애정인 에로스(eros)가 아니라 미(美)나 추(醜) 그리고 착한 사람이나 악한 사람에게도 참다운 진리를 깨닫게 하는 동일한 사랑을 쏟을 수 있는 사랑의 총체인 아가페(agape)이어야 한다.

### 5) 교육전문가

교육은 피교육자의 내적 생명의 성장과 발달에 따르고 협력하고 봉사하는 기술이다. 교육기술은 공장에서의 기술과 같은 단순한 물리적 기술 또는 작동기술(operative arts)이 아니라, 인간의 생명이나 혼에 작용하는 대인적 기술 또는 협력적 기술(cooperative arts)이다. 따라서 고도의 전문성을 지닌 기술이어야 한다. 오늘날의 교육자는 끊임없는 자기수련을 통해서 전문적인 기술의 향상을 꾀해야 한다.

### 6) 예술가

끊임없는 교육실천과 창작활동, 이상(理想)과 새로운 계획을 실천하는 노력과 태도는 분명히 하나의 예술활동이다. 가장 훌륭한 교육자는 살아 있는 생명체인 피교육자를 이상적인 인간상으로 이끌어 가는 예술가다.

### 7) 실천가

교육을 하나의 실천작용으로 본다면, 그 주체인 교육자는 당연히 실천가가 되어야 한다. 실천 없는 교육은 존재할 수 없고, 행동력이 약한 교육자는 참다운 의미의 교육자가 아니다. 그런 뜻에서 참다운 교육자는 이상가(idealist)인 동시에 현실가(realist)이어야 한다.

## 2. 학습자

전통적으로 학습자는 수동적인 피교육자였다. 그러나 피교육자라고 해서 교육자의 단순한 추종자요, 소극적인 모방자를 의미하는 것은 아니다. 왜냐하면 피교육자는 보다 훌륭하게 성장할 수 있는 가능성의 존재요, 적극적인 학습자이기 때문이다. 학습자는 생물학적인 유기체인 동시에 사회적인 유기체이며, 또한 윤리적인 인격체다. 그들은 미숙한 신체와 정신 그리고 지성을 가진 가능체다. 뿐만 아니라 발전할 수 있는 소질과 능력을 가지고 모든 행동을 통일, 통합시킬 수 있는 존재다. 그와 같은 가능성과 싹은 자극을 가하여 개발하고 성장시켜야 한다.

그러므로 학습자를 일개의 추종자 내지 모방자로 간주하는 오류를 범해서는 안 된다. 다만 목적을 자각하고 목표를 향해 가는 데 있어 아직은 여러 가지 요령과 문제를 습득하거나 해결할 능력이 부족하기 때문에, 도움과 개발이 필요한 존재라는 인식이 있어야 한다.

오늘날 교육의 패러다임에서 학습자는 능동적인 참여자이고, 지식의 구성자다. 자신의 문제에 대하여 스스로 판단하고 해결해 가는 자발적 존재이기 때문에, 학습자가 스스로 자신의 문제를 해결하고 자신의 지적, 정서적 능력을 개발해 가도록 돕는 것이 교육의 핵심 중의 하나다.

## 3. 교육내용

교육활동을 전개하는 데 있어서 교육자는 학습자에게 무엇을 가르칠 것인가, 학습자는 무엇을 배울 것인가를 생각할 때 그 대상이 곧 교육의 내용이다.

교육내용은 가치 있다고 인정된 인류 문화유산과 생활경험을 말한다. 교육내용은 교육자와 학습자 사이를 연결하는 매개체로서 수단적 가치를 지니고 있지만, 교육활동 면에서는 중대한 역할을 하고 있다. 그러므로 교육내용의 타당성, 합리성, 체계성이 잘 갖추어져 있어야 한다.

## 제4절 교육의 형태

교육의 형태는 기준에 따라 다양하게 구분될 수 있다. 교육의 대상을 기준으로 할 때는 유아교육, 아동교육, 청년교육, 성인교육으로 구분할 수 있다. 또 교육이 일어나는 장소에 따라 가정교육, 사회교육, 학교교육, 직장교육으로 구분되고, 교육내용 면에서 보면 교양교육과 전문직업교육으로 구분할 수 있다. 학습자수준에서 보면 초등교육, 중등교육, 고등교육으로 구분할 수 있고, 의도성이나 형식의 유무에 따라서는 의도적 교육과 무의도적 교육, 형식적 교육과 비형식적 교육으로 구분할 수 있다(윤정일 외, 2002).

〈표 1-1〉 교육의 형태

| 분류기준 | 교육 형태 |
|---|---|
| 교육대상 | 유아교육, 아동교육, 청년교육, 성인교육 |
| 교육장소 | 가정교육, 학교교육, 사회교육, 직장교육 |
| 교육내용 | 교양교육, 전문직업교육 |
| 학습자수준 | 초등교육, 중등교육, 고등교육 |
| 의도성 유무 | 의도적/비의도적 교육, 형식/비형식교육 |

## 1. 형식교육과 비형식교육

형식적 교육이란 특정한 교육의 이상과 목적에 따라 그것의 실현을 위하여 의도하는 바를 계획적이고 지속적으로 일정한 기간 동안 실시하는 교육이다. 대표적인 것이 학교교육이다. 형식교육은 일정한 의도가 있고, 의도에 따라 선정된 교육내용을 특정 장소에서 학습자에게 교육하는 교육과정이 있다.

이에 반해 비형식적 교육은 교육기관에 의하지 않고 자연이나 사물, 인간관계에 있어서 자연발생적으로 이루어지는 무의도적 교육을 의미한다. 원시사회에는 교육기관이 존재하지 않았기 때문에 생활 가운데서 교육이 이루어졌다. 그러므로 비형식적 교육은 계획성이나 조직성이 없이 개인을 둘러싼 환경과 조건에 의하여 자연스럽게 교육되는 것을 말한다.

형식교육과 비형식교육은 나름대로 특징과 장단점이 있으므로 이들 사이의 적절한 균형과 연속성이 유지되어야 한다. 이것을 상실하게 될 때 형식교육은 단지 취업이나 상급학교 진학의 수단으로 전락하고, 비형식교육은 질적인 면에서 어려움을 가져올 수 있다.

## 2. 가정교육, 학교교육, 사회교육

가정교육은 모든 교육의 기초가 되는 것으로 자연적, 무의도적으로 가정 안에서 이루어지는 교육이다. 가정은 강한 애정을 중심으로 결속된 집단이기 때문에 가정교육은 주로 애정의 습득과 생성원리를 학습하게 된다. 뿐만 아니라 가정교육은 심리적, 정서적, 사회적인 관계성 속에서 인간성의 기초를 형성하게 된다. 그 내용으로는 주로 실제 생활에 필요한 예절이나 식사, 언어 등을 다룬다. 교육에서 가장 기초적이고 중요한 역할을 하는 것이 가정교육이기 때문에, 좋은 결과들이 형성되기 위해서는 교육적인 가정환경의 조성이 중요하다.

학교교육은 제도화된 틀 속에서 전문적인 교양과 기술, 지식 등을 교과내용으로 구성하여 계획적으로 교육하는 것이다. 학교교육의 기능은 기본적으로 사회의 문화유산을 전승함으로써 그 사회의 유지와 존속을 가능하게 하는 것이다. 뿐만 아니라 문화유산의 전달을 통하여 사회의 통합과 통제의 기능을 수행하고, 사회적 선발과 지위 결정의 기능을 수행한다. 더 나아가 학교교육을 통하여 사회적으로는 사회변화와 발전을 도모하고, 개인적으로는 자아실현을 할 수 있는 장이 된다. 학교교육은 기본적으로 집단교육의 방식을 채택할 수밖에 없기 때문에 개인의 특성을 무시하고 획일화된 교육을 할 가능성이 높다. 그것은 학력 위주의 획일적 사회를 추구하게 할 수 있기 때문에 사회문제가 될 수 있다.

사회교육은 인간이 살아가고 있는 사회, 즉 가정이나 학교, 사회 전체를 교육의 장이라고 본다. 사회교육은 오늘날 평생교육의 개념 가운데 더욱 중요시되는 것으로서, 모든 사람이 사회 속에서 평생 필요한 것을 배우는 교육이다. 사회교육은 기본적으로 학습자 스스로 자신이 필요한 것을 배우는 것이므로 자발적으로 이루어지고, 실생활과 현실적인 문제에 직접 관련된 내용을 가르친다. 그러므로 학습내용이나 방법에 있어서 다양성을 추구할 수 있다.

## 제5절 교육의 가능성과 한계성

교육을 인간 형성의 과정으로 보든, 사회개조의 수단으로 보든, 문화의 번식으로 보든 간에 교육을 한다는 것은 당초에 뜻한 바대로 될 것이라는 기대가 작용하고 있는 것이다. 다시 말하면 기대나 이상 없이 교육은 성립될 수 없다. 그렇다고 해서 교육이 무한정으로 가능한 것만은 아니다. 예컨대, 백인에게 동양인이 되도록 어떤 계획적 · 교육적인 작용을 가하여 그 성장을 바람직하게 성공적으로 완수하였다고 하더라도 종족적 특징의 하나인 피부색마저 황색으로 변화시킬 수 없는 것과 마찬가지로 교육에도 한계가 있다.

## 1. 교육의 가능성

교육이 미숙하게 태어난 자연인을 독립적인 생활을 할 수 있는 인간으로 성숙시켜 주는 모든 활동이라고 할 때, 그것은 이미 교육을 통해 인간이 변화될 가능성을 전제하는 것이다. 그러므로 교육이란 피교육자의 교육가능성을 전제로 하고, 그것을 신뢰하고 그것을 기초로 하여 성립된다.

교육가능성(educability)의 동의어로는 도야성(bildsamkeit), 가소성(plasticity) 등이 있다. 이 말들은 모두 같은 뜻으로 쓰이며, 간결하게는 이미 결정된 어떤 교육목적에까지 인간이 변용될 수 있는 가능성을 의미한다. 즉, 인간의 신체나 정신이 교육에 의하여 변화되며, 보다 완전하게 되어 가는 것을 도야(陶冶)라 하고, 인간에게 갖추어진 그와 같은 성격을 교육가능성 또는 도야성이라고 한다.

인간은 학습을 통해서 행동을 바꿀 수 있었고, 또 해내고 있는 것이다. 학습을 해낼 수 있는 힘을 학습능력 또는 학습가능성이라고 본다면, 인간은 교육될 수 있는 가능성, 다시 말해서 교육가능성을 지닌 존재인 것이다.

교육가능성은 여러 가지 입장에서 각각 달리 해석되고 있다. 그 가운데 중요한 것은 생리심리학적 입장, 사회존재론적 입장, 인격주의적 입장 등이다.

생리심리학적 입장에서는 근육운동의 유의적 통제의 가능성과 연습에 의한 숙달능력과의 관계를 교육가능성이라고 생각한다. 즉, 피교육자의 심신의 활동에 일정한 기계적인 습관 또는 경향성을 부여하여 활동방식을 길러 주는 것이 교육가능성이라는 것이다.

사회존재론적 입장에서는 인간을 사회적으로 형성하여 집단 속에서, 집단을 위해서, 집단에 공헌할 수 있는 한 사람의 성원으로 성장하도록 하는 성질과 가능성에서 교육활동의 의의를 찾으려 한다.

인격주의적 입장에서는 인간의 특질을 자율적인 판단과 자유로운 창조 행위를 할 수 있는 존재로 보고, 인간이 스스로 인격의 특성을 자각하고 자유로운 창조적 활동의 주체자가 되어 가는 과정에서 교육적 가능성의 본질을 찾으려 한다.

이렇듯 교육가능성을 여러 입장에서 해석하는 이유는 교육활동이 그만큼 다면적이고 복잡하며, 교육활동의 목적과 방법도 아울러 다양하기 때문이다.

## 2. 교육의 한계성

교육의 가능성이 인정된다 해서 교육의 힘이 무한하고 전능한 것은 물론 아니다. 교육에도 일정한 한계가 있다. 교육의 한계를 좌우하는 조건으로 유전과 환경을 들 수 있다.

유전이란 인간의 신체적 기능 내지 정신적 기능의 잠재적 능력을 말한다. 잠재적 능력은 유전에 의해서 결정되는 부분이 많다. 그리고 유전에 의해서 결정되는 부분은 교육에 의해서 변화시킬 수 없다고 보고 있다. 바로 이 점이 교육의 한계성과 관계 있다.

예컨대, 피부색이 희고, 눈동자가 회색이며, 머리카락이 갈색인 서양사람이 한국에 와서 살고 한국적 교육을 받았다고 해서 한국인과 같은 신체적 특질로 바뀌지는 않는다. 마찬가지로 한국인이 미국으로 이주하여 그곳의 교육을 받았다고 해서 백인이 될 수 없고, 그곳에서 태어나 그곳의 교육을 받아 가며 성장한 한국인 2세도 마찬가지다. 영양과 운동에 따라 체질과 본능의 개선이 가능할지는 몰라도 종족적인 유전의 결과는 근본적으로 변할 수 없다.

환경(environment)이란 상식적으로는 개체를 둘러싼 외계라고 해석되지만 단순한 외계는 환경이 될 수 없다. 행동은 사람과 환경과의 함수[B = f(P · E)](B = Behavior, P=Person, E = Environment, f = function)다. 따라서 환경은 독자적으로 존재하는 것이 아니다. 인간의 성장 · 발달도 환경과의 상호작용에 따라 전개되는 것이다. 그런 의미에서 교육은 환경과의 기능적 관련 하에 학습자의 성장을 조성하는 작용이라고 해석할 수 있다.

즉, 사람의 성장과 발달은 생득적으로 가지고 태어난 내적인 소질인자와 후천적인 환경조건과의 상호작용에 따라 이루어진다. 그러므로 교육은 늘 교육의 가능성을 기반으로 하지만, 생득적인 요인을 고려하고 환경적인 요인과의 상호작용을 통하여 전개된다.

Chapter 02

# 교육의 역사적 접근

## 제1절 역사와 교육

### 1. 역사의 중요성

교육사가 무엇인지 알기 위해서는 우선 역사의 의미를 살펴보아야 한다. 역사(歷史)란 말은 구미화 과정에서 일본인들이 만들어 낸 단어다(손인수, 1994). 순수한 우리나라 말로서 역사를 의미하는 단어는 통감(通鑑)인데, 이는 과거에 있었던 사실을 거울(鑑)에 반사(通)시켜 오늘에 비추어보는 학문을 의미한다.

흔히 인간을 역사적 동물이라고 한다. 인류의 발전은 인간의 역사성에 바탕을 두고 있다. 인간사는 변화를 전제로 한다. 그 변화란 늘 같지 않고 항상 새로운 것을 추구하려는 대상에 대한 관심과 질서를 동반한다. 그렇기 때문에 현재의 상태를 알기 위해서 과거를 파악해 보는 것은 너무나 당연한 일이다. 이것은 결혼을 앞두고 상대를 알고자 하는 것과 같다. 부모님들은 결혼을 앞둔 자식에게 상대에 대한 상세한 정보를 요구한다. 이것은 곧 현재의 그 사람을 자세히 이해하기 위해 그 사람의 과거에 관심을 갖는 것이다. 왜냐하면 인간은 부모와 형제, 가정, 학교 등과 같은 성장환경과 상호작용하며 형성된 존재이기 때문이다.

역사라는 것이 중요한 이유도 마찬가지다. 현재 우리가 발을 붙이고 살아가는 이 사회가 도대체 어떤 사회이고 앞으로 어떻게 변해 갈 것인지는 매우 중요한 일이다. 따라서 우리는 현재에 대하여 보다 자세히 이해해야 할 필요가 있으며, 그러기 위해서 현재를 잉태한 과거를 관심 있게 살펴보아야 한다. 이러한 노력은 결국 다가올 미래를 예측하고 대비하는 데 큰 도움이 될 것이다. 이것은 곧 역사를 살피고 분석함으로써 현재를 더 잘 이해할 수 있으며, 미래에 대하여 보다 과학적으로 예측함으로써 우리의 삶을 보다 잘 선택하고 결정할 수 있다는 것을 의미한다.

이처럼 역사는 현재를 올바로 이해하고 미래를 보다 희망적으로 설계하고 준비하기 위한 자료를 제공해 준다는 점에서 중요하다. 흔히 역사 하면 과거사에만 집착하지만, 사실 역사의 개념 속에는 과거와 현재 그리고 미래라는 개념이 모두 포함되어 있다. 이것은 이 글을 읽고 있는 지금의 나 자신을 역사라는 시간 속에 대입해 보면 명확하게 증명된다. 이러한 맥락에서 역사라는 것은 매우 실천적이며 생동감 넘치는 학문이다.

## 2. 교육사 교육의 목적

교육사란 결국 교육의 역사다. 교육이란 인간의 삶과 관련된 제반 영역에서 인간과 인간 사이에 일어나는 상호작용적인 활동이다. 그런데 여기에서 교육이란 학교라는 일정한 공간에서 형식적으로 이루어지는 계획적인 활동만을 의미하지 않고, 일상생활 모든 영역에 걸쳐 있는 인간 고유의 활동을 의미한다. 그래서 교육은 인간의 모든 삶과 직·간접적으로 연관되어 있으며, 이러한 의미에서 교육이란 곧 삶의 과정 그 자체이고, 인간 형성과 사회개조를 위한 모든 과정이 곧 교육의 과정인 것이다.

따라서 교육사란 단순히 학교교육의 역사만이 아니라 인간의 일상적인 삶 속에 녹아 있는 다양한 교육적 현상을 분석하고 해석하며 그 결과를 기록하는 일이다. 그리고 우리가 교육사를 연구해야 하는 이유는 교육사 연구가 현재의 교육문제를 보다 올바르게 이해하고 교육의 미래를 보다 과학적으로 준비하기 위한 자료를 제공해 줄 수 있기 때문이다.

교육사 연구의 필요성은 다음과 같이 세 가지로 제시할 수 있다(한기언, 1980). 첫째, 교육적 지혜를 얻기 위해서다. 교육사는 인류가 오랜 세월을 거쳐 겪어 온 교육경험 및 사상을 역사적 관점에서 정리한 교육적 지혜의 결정체이기 때문에, 인류가 수많은 시행착오를 거쳐 축적해 놓은 삶의 경험과 교육경험을 매개로 하여 과거와 현재 그리고 현재와 미래와의 대화가 가능하다. 그러한 대화를 통하여 우리는 현재의 교육적 문제를 해결하고, 미래를 조망할 수 있는 지혜를 얻게 된다.

둘째, 교육현실에 대한 본질적 이해를 돕기 위해서다. 현실이란 언제나 역사적 현실이지, 다른 시대와 무관한 독립적인 시점이 아니다. 수많은 교육문제 중 어느 한 가지도 오늘에 와서 갑자기 발생하는 것이 아니라 과거의 어떤 원인에 의해 발생한 것임을 알 수 있다. 그렇기 때문에 오늘날 대두되고 있는 교육적 현상에 대한 문제점은 과거를 살펴봄으로써 문제의 본질을 정확하게 파악할 수 있다.

셋째, 현대문화에 대한 비판과 미래 사회의 발전을 위한 지침을 얻기 위해서다. 교육이라는 활동은 그 성격상 현실에 만족하지 않고 항상 보다 나은 사회를 추구한다. 따라서 교육은 항상 현대문화에 대한 비판과 미래 사회의 교육적 발전을 위한 기준과 준거를 마련하는 일에 주의를 기울여야 한다. 교육사는 그 기준과 준거를 마련하기 위한 자료를 과거의 교육적 사건과 사실로부터 발견하여 활용하고자 하는 교육학의 분과 학문이다.

이러한 맥락에서 교육사의 전개과정을 서양사를 중심으로 고대와 중세 그리고 근대의 시기로 구분하여 고대에서는 그리스와 로마의 교육, 중세는 기독교교육, 세속교육, 시민교육, 대학의 발생 등에 대하여 살펴본다. 근대는 고대문화의 부활로 인문주의를 재탄생시킨 르네상스 이후부터 19세기 신인문주의 교육까지 다룬다.

## 제2절 고대의 교육

서양사에서 고대는 인간에 대한 기록이 나타나기 시작한 시기로부터 475년 서로마제국이 멸망할 때까지를 지칭한다. 이 시기는 일반적으로 고대 이집트, 히브리, 그리스, 로마 등을 포함하는데, 교육사에서는 그리스와 로마를 중심으로 고대를 서술한다. 그리스와 로마는 오늘날 서양문화의 근원으로서 그 가치를 인정받고 있다. 이런 의미에서 고대의 교육을 살펴보는 것은 교육의 본질적 기원을 알아보는 것이라 할 수 있다.

### 1. 그리스의 교육

그리스는 고대 정신의 핵심인 문학, 철학, 예술, 과학 등을 처음으로 만들어 발전시킴으로써 오늘날 서양문화의 토대를 마련하였다. 교육적인 측면에서도 예외는 아니어서, 서양교육의 역사적 전형은 고대 그리스 교육에서 찾을 수 있고, 오늘날 서양 대부분 나라의 교육이론과 실천을 형성하는 데 막대한 영향을 끼쳤다.

그리스의 교육은 기원전 6세기경으로 거슬러 올라간다. 이 무렵 폴리스(Polis)라는 도시국가들이 아테네를 중심으로 난립했었다. 여러 도시국가들 중 아테네와 스파르타는 그들의 영토와 문화를 보호·확장하기 위해 강한 애국심을 가진 시민을 양성하는 데 주된 관심이 있었다. 그러나 애국적인 시민 양성이라는 공통된 교육의 목적에도 불구하고, 교육사적으로 아테네와 스파르타는 인문주의적 자유교양교육과 군국주의적 국가주의 교육으로 대별되는 그리스 교육의 전형을 형성하였다.

### 1) 스파르타의 교육

스파르타는 북방민족인 도리스족이 발칸반도의 남쪽 라코니아를 정복하여 세운 도시국가로, 기원전 9세기경 리쿠르구스에 의해 도시국가의 면모를 갖추었다. 기본적으로 산악지방에 위치하였고, 소수의 지배계급이 다수의 노예를 통치하였다. 스파르타에서는 기본적으로 국가가 교육을 담당하였다. 교육의 목적은 국가를 위해 충성할 수 있는 애국적 시민, 무사 양성이었다. 이러한 목적을 달성하기 위해 교육의 내용은 지적인 교양보다는 신체적 훈련에 중점을 두었으며, 방법은 매우 엄격하였다. 스파르타에서 어린이는 국가를 위해 희생봉사하기 위해 태어난 존재다. 그렇기 때문에 어린이를 국가의 재산으로 여겨 출생 시 엄격한 신체검사를 하여 생사를 결정하였다.

엄격한 교육은 어릴 때부터 시작하여 7~30세까지 병영생활을 하며 군사훈련을 받았다. 강건한 신체와 투철한 애국심을 지닌 전사를 양성하는 것이 교육의 목적이었기 때문에 읽기, 쓰기, 셈하기 등의 기초교육은 중요하게 여기지 않고 오로지 체육교육과 군사훈련만을 중시하였다. 따라서 스파르타의 교육은 전체주의, 국가주의, 단체주의, 통제주의로 설명된다. 여성교육 또한 성행하였는데, 여성은 병영생활만 하지 않았을 뿐 남성과 거의 비슷하게 훈련을 받았다. 여성교육이 강조된 이유는 튼튼한 자녀를 분만하기 위한 신체단련뿐 아니라 노예를 잘 다스리기 위함이었다. 이러한 스파르타의 교육은 최초로 국가와 교육의 긴밀한 관계를 상징하는 제도교육을 탄생시켰음에도 불구하고, 교육활동이 학습자의 의지와는 상관없는 이미 설정된 제한된 가치를 주입시킨다는 한계점을 지니고 있다.

## 2) 아테네의 교육

아테네는 기본적으로 스파르타와 다른 조건 하에 있었다. 지형적으로 스파르타와는 다르게 아티카 지역 강 유역의 비옥한 토질을 가지고 있어서 상당량의 곡물과 올리브를 재배할 수 있었고, 목재 및 광산물의 산출로 대건축물도 가능했다. 정치적 화합에 의한 도시국가를 형성하였기 때문에 인간의 자유와 문화적 욕구가 조화롭게 발전할 수 있었다. 아테네의 이러한 상황은 개인주의, 시민주의, 문화주의, 자유주의로 표현될 수 있으며, 교육의 성격에도 그대로 반영되었다. 아테네의 교육적 이상은 파이데이아(Paideia)다. 이는 아테네 시민이 되기 위해 갖추어야 할 덕목, 즉 교육적 이상으로 교육을 통하여 신체적, 정치적, 정신적, 도덕적 조화가 이루어진 인간을 의미한다.

〈표 2-1〉 스파르타와 아테네의 교육

| 구 분 | 스파르타의 교육 | 아테네의 교육 |
|---|---|---|
| 교육 목적 | 애국적 시민, 전사의 양성 | 자유시민의 양성 |
| 교육 내용 | 신체, 군사교육 | 인문자유교양 교과목 |
| 교육 과정 | • 1~6세: 엄격한 가정교육<br>• 7~20세: 병영생활, 군사 훈련<br>• 20~30세: 실전 참가<br>• 30세 이후: 참정권 획득 | • 0~7세: 가정에서 자유롭게 교육, 훈육에 중점<br>• 8~16세: 교복(Paidagogos, 교육담당 노예)을 따라 음악, 체육학교에 다님. 영혼과 도덕적 발달을 위한 통합적 교육과 신체 발달을 위한 교육을 실시<br>• 17~18세: Gymnasion에서 심화된 체육교육과 지적 훈련<br>• 18~20세: 에페베(청년집단)에 들어가 에페베 선서를 하고 2년 동안 군사훈련 후 20세에 시민이 됨 |
| 교육 방법 | 통제, 체벌 | 개성, 흥미 존중 |

교육의 목적은 조화로운 자유시민의 양성, 즉 인간의 신체적, 정신적, 도덕적 , 정치적 측면 등의 다면적 능력을 조화롭게 계발시키는 것이다. 그래서 스파르타와는 달리, 인간의 존엄성에 대한 교육이 강조되었다. 그러나 교육의 대상은 시민에만 국한되었고, 여자와 노예는 교육의 대상에서 제외시켰다는 한계점을 지니고 있다. 그럼에도 교육적 이상인 파이데이아는 이후의 인문주의, 자연주의, 인간주의 교육이념 성립에 지대한 영향을 미쳤다.

## 2. 로마의 교육

로마는 기원전 753년에 건국된 것으로 알려지고 있다. 처음에는 왕정을 펼쳤으나, 기원전 509년에 공화정이 되었다. 그리고 기원전 275년경에 이탈리아 반도를 통일하고 대제국을 건설하여 기원전 27년에는 로마제국으로 군림하였다. 그들은 군사적 · 정치적 조직에 뛰어난 현실적 · 실제적인 민족이며, 모방성이 강하고 도덕적 준법정신을 중시하는 민족이었다. 또한 웅변을 좋아하는 변론적 국민성을 지녔으며, 가족제도를 중시하여 아버지의 권위가 막강한 가부장제도를 취하고 있었다. 훗날 그리스를 정복하나(군사적), 정신적 · 문화적으로는 그리스에 동화되었다.

로마의 교육은 초기의 왕정 및 공화정시대와 후기의 제정시대로 구분된다.

### 1) 초기의 교육: 왕정 및 공화정시대

이 시기는 전쟁 수행 중이었으므로 투철한 애국심으로 무장된 강력한 군대와 질서 있는 시민이 요구되어, 교육의 일차적인 목적도 국가를 위해 개인적인 희생을 얼마든지 감수할 수 있는 애국적인 시민을 양성하는 것이었다. 그래서 교육내용 역시 전쟁 수행과 공적 생활에 필요한 도덕심, 준법정신, 기초적인 3R's 및 강한 신체적 훈련이 주를 이루었다. 교육은 지식 그 자체보다는 실천을 우선으로 하는 실제적인 측면을 강조하였다.

로마의 문화는 조상의 관습과 가부장권 그리고 12동판법이 중심이 되었다(정영근 외, 2000). 이 중에서도 12동판법은 청소년을 교육시키는 중요한 교육내용으로 간주되었다. 이 법은 원래 귀족들이 관습법을 악용하여 평민에게는 불리하게 적용하는 것을 금지시키기 위해 제정된 것으로서, 평민에게도 민법상으로 귀족과 동등한 권리를 보장하고 있다. 뿐만 아니라 개인의 권리나 재산의 행사에 관한 보장을 명시하고 있다. 12동판법의 주된 내용을 보면, 자식에 대한 아버지의 권한 및 훈련, 아내에 대한 남편의 권리, 노예에 대한 주인의 권리, 자유민 상호간의 계약에 관한 권리, 그리고 소유권에 대한 개인 각자의 권리를 분명하게 명시하고 있다(주영흠, 2003).

아테네의 교육적 이상이 파이데이아(Paideia)였다면, 로마의 교육적 이상은 신, 국가, 가정에 대한 의무를 수행하는 데 적합한 인간을 양성한다는 취지의 그라비타스(Gravitas)로 요약된다.

결국 로마 초기의 교육적 특징은 도덕성, 실천성, 준법정신을 위주로 한 교육의 내용을 실생활을 통하여 가르쳤다는 데 있다. 또다른 로마교육의 특징은 이 시대의 교육이 그리스의 영향을 받아 몇몇의 학교 형태를 통해서 수행되기는 하였지만, 강력한 부권을 기초로 하는 가정교육을 보완하는 역할만을 수행하였다는 것이다.

### 2) 후기의 교육: 제정시대

로마는 기원전 2세기경에 유럽 일대를 모두 자신의 영토로 하는 대제국으로 성장하여 더 이상 전쟁의 필요가 없어지게 되었다. 따라서 생활과 가치관이 초기의 왕정이나 공화정시대와는 많이 달라졌다. 즉, 공화정에서 제정으로 전환되면서 검소하고 실질적이며 생산적이고 애국적이던 국민성이 그리스의 유산인 진 · 선 · 미 등과 같은 심미적 가치를 추구하거나, 사치와 방종, 향락 등과 같은 퇴폐적인 문화를 탐닉하게 되었다.

사실 로마제정기의 교육은 로마의 것 자체라기보다는 그리스의 영향을 그대로 받았다. 그래서 로마에는 그리스의 영향을 받은 학교기관들이 설립되었는데 초등학교, 문법학교, 수사학학교 등이 그것이다. 공화정시대의 학교교육이 대부분 사립의 형태를 지닌 반면에, 제정시대가 시작되면서부터 학교는 황제의 후원을 받으면서 주된 교육기관으로 성장하였다. 특히 고등교육기관으로서 수사학학교는 국가 관리나 장교 등 상류계층의 일원이 되는 기관으로 발전하였다. 그 이유는 로마인에게 있어서 웅변가는 바람직한 인간상으로 인식되었으며, 변론은 공직자에게 가장 필요한 요건 중의 하나였기 때문이다.

## 제3절 중세시대의 교육

중세는 서양사에서 신 중심, 내세 중심의 기독교적 가치가 절대적으로 지배했던 시기로서 서로마제국이 멸망한 5세기 중엽부터 동로마제국이 멸망한 15세기 중엽까지 약 1,000년 동안의 시대를 가리킨다. 경제, 정치적인 면에서는 봉건제도, 종교적인 면에서는 기독교가 지배하였다.

이 시기의 교육은 크게 전반기를 지배했던 기독교교육과, 중반기 이후의 세속교육인 기사교육과 시민교육 그리고 대학의 발생으로 나누어 볼 수 있다.

### 1. 기독교교육

중세사회에서 기독교는 기본 바탕이며, 모든 것을 결정하고 포괄하는 기준이었다. 그래서 교회는 국가를 대신하여 교육의 권위를 지니게 되었고, 교육의 실질적인 제공자였다. 기독교에서 인간은 태어나면서 죄를 지닌 존재이며, 현실은 내세를 위한 준비기로 간주하였다. 이러한 신 중심의 사상은 교육에도 반영되어 교육의 궁극적인 목적은 신에게 순종하는 인간 양성이었다. 그러다보니 교육의 내용은 자연히 기독교사상이 주를 이루었다.

기독교 교육기관은 크게 네 가지의 형태로 나눌 수 있는데, 그것은 문답학교, 고급문답학교, 수도원학교 그리고 본산학교다.

문답학교는 선교의 과정에서 필요한 이교도의 학습, 세례를 위한 기초교육을 실시하였으며, 처음에는 성인을 대상으로 하다가 나중에는 어린이들에게도 개방하여 초등교육기관의 역할을 담당하였다. 이러한 역할의 문답학교는 당시에 기독교 전파에 가장 큰 공헌을 하였다.

고급문답학교 또는 문답교사학교는 당시 급격하게 증가하는 문답학교의 교사와 교회지도자 양성의 취지로 출발하였다. 교육의 내용은 신학, 철학, 수사학, 천문학, 수학, 문학 등으로 이루어졌다. 특히 이 학교의 교장을 교부라 일컬었고, 이들이 중심이 되어 이성보다는 신앙을 중요시하며 기독교의 교리를 강조한 교부철학을 탄생시켰다.

수도원학교는 초기에는 수도사 양성을 목적으로 하였으나, 훗날 신학에 관심이 있는 일반인들에게도 개방하였다. 그래서 수도원학교는 수도사들을 위한 내교와 일반인들의 외교로 구분한다. 수도원에서는 순결, 청빈, 순종을 덕목으로 하여 이를 실천하기 위한 73개조의 계율에 따라 금욕생활을 하였다. 교육내용은 신학 및 7자유과인 3학(문법, 수사, 논리)과 4과(산수, 기하, 음악, 천문)였다.

수도원학교는 수사들이 그리스, 로마의 고전 학문을 필사하여 보전함으로써 훗날 르네상스에 직접적인 영향을 미쳤으며, 또한 고등 지식인의 배출로 중세 말 대학 발생의 배경으로 작용하였다.

본산학교는 사원학교 또는 감독학교로 불리며, 기독교 교육기관 중 최고의 고등교육기관으로서 성직자(신부, 교구장) 양성과 귀족자제의 교양교육을 실시하였다. 성서, 신학, 수학, 과학, 그리스 문학 등의 고등과목이 교수 · 연구되었고, 무엇보다도 이 본산학교의 교사들을 중심으로 스콜라철학이 발생하였다. 본산학교 역시 수도원학교와 함께 대학의 발생에 관여하였다.

〈표 2-2〉 중세 기독교 교육기관의 유형과 특징

| 구 분 | 문답학교 | 고급문답학교 (문답교사학교) | 수도원학교 | 본산학교 (성당학교) |
|---|---|---|---|---|
| 교육기관의 성격 | 초등교육기관 | 교사양성기관 | 초등, 고등교육기관 | 고등교육기관 |
| 교육목적 | 이교도들을 위한 세례 | 교사 양성, 호교가 양성 | 수도사 양성, 일반시민교육 | 귀족자제의 교양교육, 성직자 양성 |
| 교육내용 | 교리문답, 찬송가 3R's | 신학, 철학, 천문학, 문학, 수사학 등 | 3R's, 7자유학과 | 철학, 성서, 수학, 문학, 수사학 등 |

## 2. 기사교육

기사교육은 중세의 대표적 세속교육이다. 이것은 중세 봉건제도의 산물로서 국왕이나 영주들의 자체 필요에 의해 생긴 교육이라 할 수 있다. 봉건영주는 그의 영토와 농노들을 효율적으로 관리하기 위해 사병이 필요했었다. 이에 따라 기사 양성을 도모한 데서 비롯된 교육이 바로 기사교육이었다. 기사를 양성하기 위한 특별한 교육기관이 존재하였던 것은 아니지만, 그 과정은 표준화되어 있었으며 엄격하였다.

기사교육의 목적은 용기, 충성, 관용 등 군사적 미덕과 예의, 공손, 자비 등 사회적 미덕을 갖춘 기독교적 무사를 양성하는 데 있었다. 또한 생활 중심의 비형식적 교육이며, 상류사회의 교육이었고, 남자에 국한된 교육이라는 특징을 지니고 있다.

기사교육의 과정으로서 6세까지는 가정에서 순종과 덕을 함양하고

7~13세까지는 궁전이나 영주의 저택에서 귀족사회의 예절, 노래, 악기, 종교의식 등을 연마한다. 그리고 14~20세까지는 기사의 조수로서 기사에게 필요한 실전, 즉 7가지의 기예(승마, 궁술, 검술, 수렵, 수영, 서양장기, 시 짓기)를 습득하여 21세가 되면 비로소 기사로 입문하였다. 이러한 기사교육의 과정은 시대가 지남에 따라 더욱 다양화되고, 봉건제도가 사라진 후에도 귀족과 왕족의 교육, 신사교육의 지표로서 영향을 끼쳤다(정영근 외, 2000).

## 3. 시민교육

중세의 또다른 세속교육으로서 시민교육을 들 수 있다. 시민교육은 십자군전쟁 이후 상공업, 도시 발달에 의한 새로운 신흥계급의 형성으로 그들 스스로의 필요성에 의해 생겨난 교육의 형태였다. 이것은 기존의 기독교교육이나 기사교육과는 달리, 지배계층의 이데올로기를 대변하려 했던 교육과는 사뭇 다르게 그들 스스로의 교육적 요구를 충족시키기 위해 탄생되었다. 그 당시의 승려계급과 귀족계급에 맞서는 신흥 시민계급의 구성원들이 스스로 학교를 설립함으로써 교육의 대상층이 확대되었고, 또 인간이 스스로의 필요에 의해 교육받을 수 있었다는 교육적 의의를 지닌다.

이들은 생산적이고 현실적인 교육을 요구하였고, 따라서 실용적 성격을 띤 직업교육이 이루어졌다. 시민교육은 크게 형식교육과 비형식교육으로 구분할 수 있다.

형식교육은 다시 상류 시민계급 자녀들의 상급학교 진학을 위한 중등교육과, 하류계층의 시민들을 위하여 실생활에 필요한 직업교육, 문자교육을 담당했던 초등교육으로 구분된다. 비형식교육은 일반적으로 도제교육으로도 불리며, 이는 중세 후반 상공인들의 조합(길드)에서 직업기술을 습득함에서 유래되었다. 교육의 목적은 후계자 양성을 위한 직업교육을 제도화시키기 위함이었고, 교육의 과정은 도제(견습공)-직공-마스터(장인)의 단계로 이루어졌다. 도제교육은 비형식교육이었음에도 불구하고, 오늘날 서구에서는 학교교육으로 편입되어 직업교육의 전형으로 자리잡았다.

이러한 시민교육은 교육의 대상이 기존의 승려와 귀족, 왕족으로부터 서민계급에까지 확대되었고, 실생활 교육을 강조하는 초등교육 및 서민교육의 기초를 확립하였다는 데 교육적 의의가 있다.

〈표 2-3〉 중세 시민교육의 유형 및 특징

| 구 분 | 형식교육 | 비형식교육 |
|---|---|---|
| 교육기관 | • 중등학교: 시민계급 중 상류계층 자녀들의 상급학교 진학이 목적<br>• 초등학교: 하류 시민계층의 문자교육, 직업교육 | • 도제: 무보수로 기술을 배우는 단계<br>• 직공: 어느 정도 보수를 받으며 장인이 되기 위해 기술을 익힘<br>• 장인: 기술을 인정받아 도제와 직공을 거느리며 독자적인 직업생활 영위 |
| 교육적 의의 | 사립학교제도, 직업학교제도 | 근대 직업교육 발달의 기원 |

## 4. 대학의 발생

오늘날 우리가 알고 있는 현대적 의미의 대학은 중세의 산물이다. 대학의 기원은 12세기경으로 중세 말이다. 그 당시 유럽에서 발생한 대학으로 이탈리아의 Salerno 대학(의학)과 Bologna 대학(법학)을 꼽을 수 있다. 또한 프랑스의 Paris 대학, 영국의 Oxford 대학(1167)과 Cambridge 대학(1209)도 위의 두 대학보다는 다소 늦지만 초기의 전형적 형태의 대학으로 오늘날까지 그 역사와 전통이 전해져 오고 있다.

현대적 의미의 대학이 처음에 어떻게 생성되어 오늘날까지 발전되어 왔는지에 대하여 살펴보면, 우선 '대학의 설립' 이라는 표현이 아닌 '대학의 형성' 이라는 표현이 적합하다. 오늘날에는 대학이 설립의 형태로 인식되지만, 역사 속에서의 대학은 형성으로부터 지금까지 연속과 단절의 변화를 겪고 있다. 중세의 여러 가지의 요소들이 역사 속에서 부침을 거듭했지만, 중세의 대학만은 오랫동안 'university' 라는 이름 아래 지적 탐구와 훈련의 중심부 역할을 수행해 왔다.

중세 대학의 발생배경은 크게 세 가지로 요약할 수 있다. 첫째는 지적인 진보와 교육적 이상의 추구, 둘째는 경제적인 동기 내지 체제 유지, 셋째는 정치적인 측면이다(이석우, 1999). 첫 번째 배경으로 중세 초기에 고등교육을 담당하였던 수도원과 본산학교의 비교적 수준 높은 학문적 연구의 전통과 업적을 꼽을 수 있다. 특히 수도원은 중세 초기의 혼란 속에서 지적 열정을 가진 집단들이 모여 고대의 사상을 보존하는 커다란 역할을 수행하였다. 이와 동시에 12세기경에 십자군원정 및 상업과 교역의 발달로 타문화와 활발하게 접촉하는 과정에서, 이미 대학이 존재하고 있던 동방의 이슬람문화로부터 많은 영향을 받았다. 또한 지적 자유를 바탕으로 신으로부터 탈피하여 자신의 이성으로부터 출발하려는 개인의식의 변화는 대학의 형성에 자극을 주었다. 이것은 대학의 출현에 필요한 학문적 기초요인뿐만이 아니라 대학 발생의 외적 자극요인으로 작용했다.

또다른 중세대학의 발생요인으로 경제적 측면을 살펴볼 수 있다. 12세기에는 상업과 무역이 비교적 활발하게 이루어지기 시작하였고, 그로 인하여 새로운 신흥계급의 시민사회가 성립되었다. 그런데 상업과 무역을 중심으로 하는 시민사회는 단순한 전통적 규율과 관습에 의해 통제되던 초기와 중반의 중세사회에 비하여 훨씬 복잡한 이해관계가 형성될 수밖에 없었다. 결국 이러한 현상은 빈번한 경제적 분쟁을 낳게 되었고, 이를 해결하기 위해 전문적인 법률적 지식이 요구되었다. 이러한 연유로 생겨난 대학이 볼로냐(Bologna) 대학이다. 당시의 볼로냐는 다른 도시들에 앞서 상업과 무역 등의 경제활동이 발달하였기 때문에, 이러한 영향을 받아 법학과로 출발하여 살레르노(Salerno), 파리(Paris) 대학과 함께 오늘날 중세 초기의 대학으로 불린다.

마지막으로 대학의 발생에 정치적인 요소가 고려되었다는 점이다. 당시 대부분의 대학은 교회나 국가로부터 인가, 보호를 받았다. 즉, 당시의 대학은 황제나 국왕 또는 교황의 인가를 받아 설립되는 것이 관례였다. 이것을 오늘날의 잣대로 살펴보면, 대학이 종교적 성격의 기관이냐 아니면 국가의 통제를 받는 정치적 성격의 기관이냐 하는 논쟁의 소지가 있을 수 있으나, 당시에는 이러한 것들이 대학의 발생에 있어서 별 의미가 없었다. 왜냐하면 대학의 입장에서는 대학으로서의 특권을 얻기 위해 그들의 공식적인 인가를 보다 적극적으로 받으려고 했고, 황제나 국왕 그리고 교황의 입장에서는 전문적인 지식으로 사회적 명성과 권위를 인정받는 단체(대학의 초기 형태는 오늘날과 같은 구체적인 고등교육기관 형태의 학교라기보다는 일종의 연구단체나 연구소 또는 조합과 같았다.)들을 자신의 세력권에 두기 위하여 각종 특권을 부여하면서 공인할 필요가 있었기 때문이다. 이렇게 연구단체와 국왕 등의 지배세력의 이해 결합은 14세기경부터 유럽에 많은 대학들이 설립되는 데 결정적인 역할을 하였다.

여기에서 제시된 대학의 기원에 관한 역사적 배경을 살펴보면 초기 대학의 전형적인 형태가 왜 '설립'이 아닌 '자연발생'에 의한 것인지 분명해진다. 고등교육기관의 직접적인 필요성에 의해서 대학이 설립되었던 것이 아니라, 학문적 연구의 필요성과 진리탐구에 대한 열망을 가지고 가르치고 배우는 사람들의 집합체인 길드(Guild)와 같은 조합의 형태인 'universitas'[1]로

---

1) 대학이 직업적인 목표보다는 교육적인 목적과 이상을 지향한다고 주장한 페루울로(S. Ferruolo)는 교수조합인 'universitas'가 처음 형성된 것이 파리 대학이라고 주장하였다. 이 길드는 교육적 원리와 가치구현을 목적으로 하는 것이 우선이며, 직업훈련 및 이익 추구는 그 다음의 문제라고 주장하였다. 그에 의하면, 여타의 다른 길드와는 다르게 universitas는 진리와 지식 추구에서 공동의 목적을 갖고 있었다. 오늘날

발전하여 일정한 조직을 형성한 뒤에 교회나 국가 또는 도시로부터 인가를 받았던 것이다.

대학이 조합의 형태로 처음에 출발했다는 것은 그들의 목적과 이익을 수호하기 위하여 외부의 여러 통제로부터 벗어나 스스로 단결된 하나의 독립된 법인체였음을 의미한다. 이것은 대학이 사고와 자유를 전제하여 학문의 자유를 옹호하였다는 것을 증명해 줌과 동시에, 초기의 대학 이념이 무엇인지를 결정해 주는 역할을 담당하였다. 그 후 대학은 중세 말에 80여 개가 생겨났으며, 대부분의 대학들은 신학부, 법학부, 의학부 그리고 7자유과 중심의 인문학부로 구성되었다.

이러한 중세의 대학은 지적 활동의 중심으로서 고전문화를 계승하며, 훗날 르네상스 운동의 바탕이 되었다.

## 제4절 근대의 교육

### 1. 르네상스시대의 교육

12~13세기에 상업경제가 발달하고, 부를 축적한 자유농민들이 그 부를 기초로 새로운 시민계층을 형성하면서 상업도시가 발달하기 시작하였다. 이러한 자유도시들은 그리스나 로마 같이 귀족들의 집단거주지도 아니고 중세시대 같이 왕이나 영주가 지배하는 도시도 아닌, 상·공업인으로 구성된 시민이 공동 통치하는 시민사회의 성격을 지녔다. 이러한 현상은 그동안 오랫동안 중세를 지배해 왔던 봉건사회의 몰락과 정신적 기반이었던 기독교의 쇠퇴를 의미하였다.

---

의 대학을 일컫는 'university'의 어원은 바로 진리와 지식을 추구하려 했던 교사와 학생의 조합인 universitas다.

14~15세기에 걸쳐 이탈리아에서 출발하여 유럽 전역에 파급된 미술과 문학의 새로운 동향에서 출발한 운동이 르네상스다. 르네상스란 '재생' 또는 '부활'의 의미를 지니고 있으며, 고대 그리스 문화를 부활시켜 기독교가 지배했던 중세를 벗어나 근대문화를 창조하려는 운동이었다.

르네상스는 인간을 삶의 모든 영역을 지배했던 종교적 틀에서 벗어나게 해 주는 역할을 담당하였다. 기독교적 가치관으로부터 탈피하여 세속적 사회로 탈바꿈하는 전기를 마련해 주었다. 그 속에 깃든 사상은 인간 중심의 인문주의였다. 이것은 중세의 억압적, 예속적인 인간상에서 벗어나 현세적 삶에서 만족과 행복을 추구하여 상실되었던 인간성을 회복하기 위한 정신적 흐름으로서, 근대사회의 발판을 마련하는 데 커다란 공헌을 하였다.

이에 힘입어 인문주의 교육이 등장하는데, 인문주의 교육의 특징은 종교에 의한 정신의 억압상태에서 인간을 해방시켜, 자유로운 탐구와 비판력을 자극하고 인간의 사고와 창의력을 가능하게 해 주었다는 것이다. 인문주의 교육은 인문주의를 해석하는 또는 실천하는 방식의 차이에 따라서 개인적 인문주의와 사회적 인문주의로 대별된다.

### 1) 개인적 인문주의 교육

개인적 인문주의 교육은 13~14세기에 이탈리아를 중심으로 일어난 것으로서 개인주의와 자연주의를 부활시킨 반면 도덕적, 종교적 측면을 경시하는 귀족적 경향을 보였다. 그리스와 로마의 문화를 닮아 가려 하였던 것이 교육의 목적이었던 만큼, 그리스인의 자유교육 이상을 추구하여 지·덕·체의 조화로운 발달을 도모하였고, 인간정신을 해방시킬 수 있다는 믿음으로써 미적, 문학적 교육을 중요시하였다.

교육내용으로는 신학 대신에 과학이나 인문과학 과목에 치중하여 그리스와 로마 고전, 고전예술, 라틴어, 도덕, 예의, 체육, 음악, 무용 등 다양한 교과가 구성되었다. 그중에서도 고전을 아는 것이 무엇보다 중요했기 때문에 라틴어와 그리스어 등 언어를 습득하는 것이 중요한 교육내용이었다.

### 2) 사회적 인문주의 교육

16세기에 나타난 사회적 인문주의는 알프스 이북의 유럽, 즉 독일, 네덜란드, 프랑스 등을 중심으로 전파되었다. 개인적 인문주의와는 달리 사회적 성격이 강하여 개인 행복의 달성보다 사회개혁과 인간관계의 개선에 중점을 두고 사회적, 종교적, 도덕적 교육을 중시하였다. 그러다보니 개인적 인문주의와는 다르게 미적, 문학적 교육보다는 경건과 도덕적 의무를 중시하여 고전과 성서문학, 어학교육에 치중하였다.

네덜란드의 '공동생활형제단'을 중심으로 빈곤하고 무지한 하류계층을 위하여 교육을 실시하였던 것과, 교회의 도덕적 부패를 비판하여 종교개혁의 기본 동기를 제공해 주었다는 것은 인문주의의 사회적 성격을 보여 주는 좋은 예다.

〈표 2-4〉 근대 인문주의 교육의 두 가지 유형

| 구 분 | 개인적 인문주의 교육 | 사회적 인문주의 교육 |
|---|---|---|
| 일반적 특징 | • 개인의 행복 중시<br>• 귀족적 성격<br>• 이탈리아 중심 | • 사회개혁에 관심<br>• 민중적 성격<br>• 북유럽 중심 |
| 교육목적 | 자유교양인 | 사회의 행복 |
| 교육내용 | 그리스 로마 고전, 고전어 | 고전, 성서 |

## 2. 종교개혁과 교육

종교개혁은 르네상스의 현세적 정신의 영향을 받아 독일을 중심으로 일어난 신앙해방운동이다. 즉, 르네상스의 영향으로 종래의 인간신앙이 개인의 자율적 책임 자각으로 타율적, 간접적 신앙에서 벗어나 타락한 기독교에 대한 반성을 촉구할 수 있는 자율주의적, 직접적 신앙으로 변화되었다.

이것은 '인간에 대한 발견' 이라는 르네상스의 모토가 승화되어 종교적 주체로서의 인간의 발견(기독교적 휴머니즘 대두)으로 이어지면서, 형식적 교권주의에서 벗어나 오직 성서에 의해 복음을 접할 수 있다고 주장하여 당시의 타락한 교회를 비판할 수 있는 능력을 제공하였다.

르네상스가 시민계층의 일부 정신적 엘리트들에 의해 주도되었다면, 종교개혁은 모든 대중이 관련되고 참여하였다. 그만큼 종교개혁은 르네상스, 인문주의와 함께 중세의 종말과 근세의 시작을 가져온 역사적 운동으로 평가받고 있다(정영근 외, 2000).

그렇다면 종교개혁과 교육은 어떤 관련이 있을까? 종교개혁은 종교의 개혁임에도 불구하고 세속적인 관심을 불러일으켰다. 즉, 인간 삶의 세속화 과정을 촉진시켰을 뿐만 아니라 인간생활과 의식의 개혁에도 큰 영향을 미쳤다. 이는 곧 종교개혁운동이 인간 삶의 모든 영역에 침투해 삶을 변화시켰다는 것을 의미한다. 교육 역시도 그 특유의 활동으로 종교개혁의 밑거름 역할을 하면서도 자체적인 변화를 가져왔다.

우선 만인제사장설에 따라 교육의 대상 영역이 확대되었다. 구교에서는 교회가 하나님의 계시를 받아 신자들을 교육함으로써 신도와 사제 사이에 계층적 차이가 존재하였다. 즉, 교육은 사제의 전유물이었다. 그러나 종교개혁가들은 이러한 입장을 거부하고 사제의 중재 없이 독자적으로 하나님의 계시를 받을 수 있다고 강조하여, 누구나 교육활동에 참여할 수 있음을 강조하였다.

또한 성서의 독일어 번역은 성서 중심의 신학과 교육의 중요성, 성서에 대한 바른 이해와 바른 해석을 위해 교육이 필요하다고 하여, 전 국민에 대한 보통교육 확대 계기를 마련해 줌으로써 교육의 대중화에 기여하였다. 그리고 교육의 장이 교회에서 가정으로 확대됨과 동시에, 가정이 영향 있고 비중 있는 교육 장소로 승격되어, 기초교육으로서 가정교육의 의미가 부각되었다는 점도 종교개혁이 교육에 미친 영향이라고 할 수 있다.

## 3. 실학주의와 교육

실학주의는 17세기의 리얼리즘시대를 말한다. 르네상스 이후 종교관에 입각한 기존의 권위적인 가르침을 맹목적으로 수용하였던 경향이 사라지면서 인간의 이성을 바탕으로 한 탐구활동이 활발해지기 시작하였다. 인간은 처음으로 경험의 중요성과 가치를 인정하게 되었고, 이를 바탕으로 한 논의에 신뢰를 갖기 시작했다. 이것은 지금까지의 신비와 상상의 영역을 퇴색시켜, 맹목적이고 일방적인 주장을 더 이상 설득력이 없게 만들어버렸다. 이것이 바로 17세기 실학주의의 지적 풍토였다.

이러한 17세기의 경향은 지식인들로 하여금 새로운 연구방법을 모색하게 하였고, 방법론에 관한 논의를 활발하게 전개시켜 나갔다(주영흠, 2003). 이는 교육에도 영향을 미쳐 새로운 교육목적, 내용, 방법 등을 발견하면서 새로운 지적 풍토를 형성해 갔다.

인문주의 교육이 언어교육을 중시한 반면, 실학주의 교육은 실용성과 실천성을 강조하고 이상보다는 구체적인 경험을 강조하였다. 그래서 실학주의 교육의 목적은 언어적 지식을 바탕으로 한 완전한 교양인이 아닌 자연적, 정신적, 사회적 환경 속에서 사물 관련성을 통찰할 수 있는 지혜인, 즉 실제적인 삶에서의 유능한 인물을 키우는 것이었다.

이러한 교육목적의 실현을 위해 천문, 기하, 음악, 산수 등의 4개 과목 외에 자연학, 광학, 천문학, 지리학, 역사, 정치학, 가정학 등의 자연사물과 관련된 교과목을 중시하였다. 그뿐 아니라 인간의 삶과 관련된 실용적이고 도움이 되는 교과목들, 즉 현대언어, 수학, 지리, 춤과 음악, 펜싱과 승마, 수공업, 심지어 여행 등의 과목들도 소홀히 하지 않았다.

또한 17세기는 '교육방법의 세기' 라고 불릴 정도로 교육의 방법적인 측면에서 획기적인 변화를 가져왔다. 이는 17세기 철학자들의 영향이 큰데, 데카르트(Descartes)는 모든 지식을 체계적으로 구성할 수 있는 방법에 관심을 기울이고, 이를 통하여 대상을 논리적으로 설명하고 합리적인 통찰에 이를 수 있다고 보았다.

이러한 영향으로 코메니우스(Comenius)는 『대교수학(Magna Didaktik)』에서 가르치고 배우는 과정에 대한 명확한 서술을 통하여 오늘날 교수학(Didaktik)의 토대를 마련하였다. 그는 강제적이고 인위적인 것을 동원하지 않고, 자연의 원리에 맡겨 학습자들의 심리적 특성, 자연적 성장 그리고 발전과정에 따라 교육해야 한다는 것을 강조하였다. 이것은 곧 자연이 부여한 어린이의 소질을 키워 주는 교육이 실천되어야 한다는 자연주의 교육방법을 상기시킨다. 이를 위한 구체적인 실천사례로 직접 보고 만져 보는 것을 중시하는 감각주의 교육과, 관찰과 탐구와 경험을 기초로 하는 교육방법을 제시하였다.

이러한 실학주의 교육내용과 방법은 상당히 획기적인 것이어서 그 당시 고타(Gotha) 교육법(1642)에 영향을 주었다. 고타 교육법은 고타 지역의 영주에 의해 입안된 교육법으로, 교육내용은 자연적이고 실용적인 과목에 대한 소개와 그것을 가르치는 방법에 대해 서술하였다. 읽기, 쓰기, 셈하기, 노래하기, 종교 등의 과목에 자연, 산수, 기하, 지리, 사회 등 실제적인 삶과 관련된 과목을 가르칠 것을 강조하였으며, 교육방법도 단순한 암기나 연습보다는 자연적인 사물을 사례와 함께 제시하고, 설명하고, 시범을 보이고, 학생들에게 관찰하게 하고, 시도해 보게 하는 등의 경험이 강조되는 교육방법을 강조하였다. 이것은 17세기의 교육방법이 기존의 교육방법에 비추어 방법론적 측면에서 발전하였다는 것을 보여 준다.

## 4. 계몽주의와 교육

17세기 이후 유럽의 사회는 뉴턴(Newton)의 기계적 세계관과 베이컨(Bacon)의 과학적 연구방법, 이에 영향을 받은 코메니우스(Comenius)의 실학주의 교육 그리고 로크(Locke)의 경험주의 철학과 심리학의 영향을 받아 종래 신과의 관계 속에서만 바라보았던 세계관이 점차로 인간 중심의 낙관주의적인 세계관으로 변모하고 있었다.

이것의 꾸준한 영향은 18세기의 계몽주의자들에게까지 이어져, 당시의 사회전반에 걸친 모순에 대한 개혁을 통하여 인간사회의 무한한 진보의 가능성을 확신하게 하는 계기가 되었다. 그들은 우선 인간에게 부여된 이성능력이 최고임을 내세워, 이를 사용하여 당시에 만연해 있던 정치적 절대주의, 종교적 권위주의 그리고 이것을 가능하게 했던 사회적 불평등과 엄격한 계급 구분 등을 타파할 수 있다고 믿었다(주영흠, 2003).

따라서 계몽주의의 목적은 종교로부터 인간정신을 해방시켜 교회와 사회의 형식에 얽매이지 않는 개인의 도덕성을 확립함으로써 인간의 자유를 입증하는 것이었다. 이것은 칸트(Kant)가 계몽이란 "인간이 타인의 의견에 굴종하는 자세에서부터 벗어나서 자기 자신의 독립된 이성을 사용할 수 있는 마음의 준비를 가지는 것" 이라고 정의한 데서도 그 의미를 파악할 수 있다. 이처럼 당시 계몽주의 사상은 인간의 이성이 핵심이었으며, 이를 통하여 인간사회의 개혁과 무한한 진보를 추구하였다.

계몽주의시대의 사상적 흐름은 자연주의와 자연적 인간관에 근거하는 '자연법 사상' 으로 인간은 본질상 자연처럼 자유롭고 평등하다고 주장하였다. 이 사상은 기본적으로 당시의 사회적 상황, 즉 승려나 귀족의 특권계급이 인정되고, 따라서 계급에 의한 인간 구별을 비자연적인 것으로, 자연의 법칙에 위배되는 것으로 간주하였다.

절대주의시대에는 절대왕조의 지배 아래 군주와 신하만이 존재하여 계층이 분명했던 귀족문화가 중심이어서 개인의 존재와 가치가 인정되기 힘들었던 반면에, 계몽주의시대에는 인간의 삶에 있어서 인간의 본질적 특성을 인간 스스로 합리적인 판단을 할 수 있도록 해 주는 이성에서 찾았다. 즉, 신분에 얽매였던 인간을 해방시켜 개인의 이성과 자유와 존엄성의 가치를 인정했다.

계몽주의시대의 교육이념은 모든 인간이 교육을 통해 정신적으로 성숙하고 발전할 수 있다는 '일반 국민교육' 이념이다. 이를 바탕으로 한 합리주의 교육이 이 시대의 특징이었다. 합리주의 교육은 인간의 이성을 바탕으로 합리적인 판단을 내리고 자율적이고 자유롭게 살아가도록 하는 교육으로, 계몽의 개념에서 그 의미를 찾을 수 있다. 또한 계몽주의 사상의 기본 토대가 되었던 '자연주의 교육' 도 강조되었다. 이것은 인위적인 것을 배격하고 자연의 질서에 순응하는 어린이들의 자연성에 기초한 교육을 의미한다. 마지막으로 계몽주의 교육의 특징으로 '시민교육' 을 들 수 있는데, 이는 귀족 중심의 세기였던 17세기에 비해 18세기는 시민사회의 탄생으로 인해 계몽된 시민으로 키우는 교육이 중요했다는 것을 의미한다.

계몽주의 교육의 대표적인 사상가로서 루소(Rousseau)를 꼽을 수 있다. 루소는 인간은 본래(태어날 때) 자연성을 지닌 선한 존재였으나, 사회문명이 타락의 상태로 이끌었다는 성선설을 주장하였다. 그러므로 교육의 일차적인 과제는 인간을 자연상태에 두고 타락의 세계에 접하지 않도록 보호하고 지키는 것이다.

루소의 교육을 이해하는 데 핵심 개념은 '자연' 이다. 자연은 인간존재를 규명해 주는 특성인 동시에 인간이 도달해야 할 당위적 상태의 과제다. 자연 개념이란 인위적인 것에 반대되는 자연법칙을 의미하는 것으로 참되고 순수하고 생명력 있는 것을 의미하며, 그 당시 자연과 대비되는 사회, 문화 요소들을 개혁해야 함을 호소하였다.

루소는 또한 아동의 권리를 최초로 인정한 사상가로 유명하다. 그에게 아동은 감각적인 충동에 의해, 어른의 명령에 의해 움직이는 단순한 존재가 아닌, 더구나 어른의 부속물도 아닌 "어린이는 어린이로서 존재한다." 이를 바탕으로 그는 자연주의 교육을 주장하였다.

루소의 자연주의 교육은 교육의 목적, 내용, 방법이 모두 자연의 원리에 따라 이루어지는 교육을 의미한다. 즉, 전통적이고 인위적인 지식체계를 전달하는 것이 아니라, 자연스러운 생활세계를 매개로 하여 어린이의 신체적, 정서적, 지적 발달을 이루는 교육이다. 교육의 목적은 아동의 소질과 능력을 키우는 것이고, 아동의 경험과 생활세계가 교육내용이 되며, 인위적인 것을 배격하여 자연스럽게 교육하는 것을 그 방법으로 한다.

루소의 교육을 이해하는 데 필요한 또다른 핵심 개념은 '소극적 교육' 이다. 이것은 그의 자연주의 교육과 밀접한 관련이 있는 것으로서, 아무런 교육을 하지 않는 교육을 의미하는 것이 아니라, 교육활동에 있어서 교사의 지나친 간섭(지시적, 규범적)을 최소화하여 교사는 오로지 학습자의 교육활동에 방해되는 요소를 제거하여, 스스로 학습할 수 있는 교육적 환경을 마련해 주는 교육의 형태를 의미한다. 이러한 형태의 교육은 자연의 질서에 따라 기존의 만드는 교육이 아닌 기르는 교육으로의 전환을 의미한다. 소극적 교육이 실천됨으로써 비로소 아동의 자유가 보장되며, 궁극적으로 그의 자유의지를 자극하여 자립심을 함양할 수 있다고 믿었다.

루소의 자연주의 교육사상은 교사 중심의 전통적인 만드는 교육을 지양하고, 아동으로부터 출발하여 아동의 소질과 능력을 키우는 아동중심 교육사상의 구체적인 기초의 틀을 마련함으로써, 훗날 자연주의 교육사상가들에게 영향을 미쳤다.

## 5. 19세기의 교육

19세기에는 교육과 관련하여 국가주의 교육사상의 발흥과 인간에 대한 새로운 이해, 특히 학습자에 대한 과학적 탐구와 교육적 배려가 동시에 이루어졌다. 국가주의 교육관은 국민들의 자각과 단결을 위해 제국주의적인 영토 확장이나 이익 증대를 위한 인재 양성에 많은 관심을 기울였다. 따라서 공교육제도나 의무교육제도와 같은 근대교육제도가 본격적으로 발달하기 시작했다.

19세기는 또한 다양한 근대적 사상이 나타난 시기다. 그중에서도 신인문주의(Neuhumanismus) 운동은 19세기의 내면적이고 이념적인 영역에 큰 영향을 미쳤다. 신인문주의 운동은 인간의 본질적인 특성을 이성에서만 찾으려고 하였던 18세기의 주지주의적인 계몽주의 사상에 대한 반동으로 형성된 사조다. 따라서 인간의 본질적인 특징을 이성이나 지성에서 찾지 않고 감성적이고 심미적인 태도로 인간을 탐구하려는 사상이다. 신인문주의의 특징은 인간의 여러 가지 능력을 조화롭게 발달시키고 개성과 역사 그리고 민족을 존중하는 것이다.

교육사조로서 신인문주의 사상은 인간의 정의적인 측면을 무시하지 않고 인간성의 원만한 발달을 추구한다고 할 수 있다(주영흠, 2003). 즉, 인간의 지 · 정 · 의라는 모든 영역은 교육을 통하여 지속적이고 폭넓게 발달할 수 있다는 것이다.

신인문주의 교육의 특징을 살펴보면 다음과 같다. 첫째, 조화로운 전인교육을 추구하였다. 이성의 계발에만 관심을 기울인 계몽주의시대 교육을 비판하고 인간의 신체적, 지적, 도덕적, 영적 차원 등 다측면을 자유롭게 계발하는 것을 목적으로 삼았다.

둘째, 언어교육을 중요시하였다. 고대 그리스와 그리스 언어에 다시 관심을 기울이고 언어교육을 강조하였다. 그러나 순수언어적 관심이 아닌 작품 속에서의 정신을 배우고 이를 바탕으로 내적인 힘 도야의 가능성을 찾았다는 데서 16세기 인문주의 언어교육과 구별된다.

셋째, 신인문주의 교육은 직업적 시민만을 양성하는 것보다 직업인 이전에 인간으로 키우는 인간교육을 강조했다.

19세기의 대표적인 사상가인 페스탈로치는 인간을 자연적 상태, 사회적 상태, 도덕적 상태로 구분하면서 교육이론을 전개하였다. 자연적 상태란 인간성의 가장 낮은 단계로 동물과 근본적으로 다르지 않은 상태를 말한다. 이 시기는 거칠긴 하나 선한 충동을 내포하고 있는 시기다. 이때는 본능적 욕구의 충족으로서 교육을 필요로 한다. 다음으로 사회적 상태는 이기심으로 자극된 폭력적 행위를 법으로 규제하는 상태로서, 자연적인 욕구를 충족시키는 과정에서 나타나는 무질서를 막기 위해 만들어진 법이나 관습을 지키게 하는 상태를 말한다. 이때 교육은 사회의 질서를 유지하기 위한 보수적 기능을 발휘한다. 마지막으로 도덕적 상태란 인간이 독자적 결단에 의해 개인적 행위를 결행하며 책임지는 상태를 의미한다. 이러한 세 가지 인간의 상태는 교육과 밀접한 관련이 있으며, 각각의 상태는 교육을 필요로 한다. 그러나 욕구 충족을 위한 교육, 사회성을 위한 교육도 필요하지만 한 인간으로서의 인격, 주체성, 양심 등을 결정해 주는 교육은 도덕적인 교육이라고 페스탈로치는 주장하였다.

페스탈로치에게 있어서 교육의 궁극적 목표는 인간을 도덕적 상태로 이끄는 것이며, 이것은 곧 인간이 그의 자연적 상태나 사회적 상태에서 벗어나 내면세계의 숭고한 요청에 따라 자신을 정화하고 순화하여 도달하는 상태를 의미한다.

이러한 도덕교육은 합자연교육의 원리에 의하여 가능하다. 합자연교육의 원리로서 페스탈로치는 다음의 다섯 가지의 원리를 제시하였다(정영근 외, 2000). 첫째, 안방교육의 원리로서 가정교육을 의미한다. 페스탈로치는 어머니와 자녀 사이의 사랑의 대화를 통한 교육을 가장 중요한 단계의 교육으로 간주하였다. 어머니는 천성적인 교사이기 때문에 어머니를 통한 교육이 인격 형성의 터전이 된다고 믿었다.

둘째, 일반도야의 원리다. 이것은 인간교육이 직업교육보다 앞서야 함을 강조하는 교육의 원리다. 즉, 학교교육이 읽기, 쓰기, 셈하기 등의 기능을 가르치는 것보다 먼저 인간됨을 가르치는 인간학교가 되어야 한다는 것이다.

셋째, 합자연교육의 핵심으로서 교육이 지식, 가치, 기능, 행동양식 등을 밖에서 안으로 주입시키는 것이 아니라 안에 지니고 있는 내면적 힘, 소질을 스스로 계발·발전시키도록 돕는 행위라는 자기계발의 원리다.

넷째, 도덕교육 중시의 원리다. 덕·체·지의 조화로운 발달이 인간교육의 기본이며, 그중에서도 도덕성을 함양시키는 것이 인간교육의 핵심이라고 강조하였다.

마지막으로 페스탈로치는 직관의 원리를 제시하였다. 지식교육을 반대한 그는 감각기관을 통해 외부의 인상을 받아들이고(외적 직관), 마음의 눈으로 세계의 본질을 체험(내적 직관)하는 직관교육을 강조했다.

페스탈로치는 또한 사회교육의 이념을 확립한 사상가로도 유명하다. 그의 사회교육이념은 크게 네 가지로 요약된다(주영흠, 2003). 첫째, 전인교육이다. 정신적으로, 도덕적으로 타락한 인간을 구할 수 있는 것은 전인교육밖에 없다고 하였다.

둘째, 직업교육이다. 직업교육이 행해지되, 일반적인 기초도야 위에 실천되어야 한다.

셋째, 민중의 역사의식 함양을 강조하였다. 국민들이 자신의 문제를 깊이 인식하고 그 문제를 잘 해결할 수 있는 자세를 일깨워 주어야 한다.

넷째, 지역 간, 계층 간의 화해다. 그에 의하면, 교육의 과제는 지역 간의 화해를 조성하고 시민들 간의 상호 신뢰성을 회복할 수 있도록 사회구성원 간의 올바른 관계성을 확립하도록 돕는 것이다.

이러한 페스탈로치의 교육사상은 오늘날 교육의 현실에서 인간교육, 전인교육의 의미를 일깨워 준다. 특히 그의 사회교육이념은 오늘날 교육의 대중화에 크게 기여하였다.

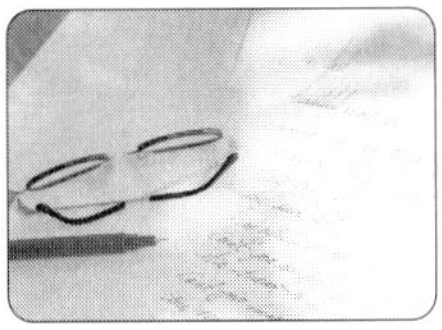

# Chapter 03 교육의 철학적 기초

철학이라는 학문과 철학적 사유에 대하여 많은 사람들은 비현실적이고 고리타분하고 딱딱하고 추상적인 그 무엇을 추구하는 매우 실용적이지 못한 학문 또는 행동으로 치부해버린다. 이러한 경향의 심각성은 오늘날 거의 모든 대학이 겪고 있는 철학과의 시들한 인기와, 그에 따른 학과의 구조조정을 통해서도 알 수 있다.

그러나 철학적 사유는 인류가 발생하면서 시작되었다. 오늘날 우리가 너무나도 당연시하고 있는 인간과 자연에 대한 존재의 본질, 삶의 현상에 대한 분석, 자연과 인간과의 관계 등을 다룬 여러 영역의 업적들을 분석해 보면, 이러한 일련의 결과들은 인류가 꾸준한 철학적 사유를 통해서 얻은 축적물이라는 것을 알 수 있다.

실제로 우리가 살아온 삶을 돌이켜보면 그 과정이 사유의 과정이었음을 알 수 있다. 언제인지는 모르지만 스스로에게 자신의 정체성을 물었고, 삶의 의미를 물었을 것이다. 그리고 이러한 질문에 대하여 정답이든 오답이든 답을 구하려고 부단히 노력하였다.

이렇듯 철학이란 생을 마감하는 그 순간, 의식이 소멸하는 그 순간까지 끊임없이 작용하는 인간의 내면적인 활동이다. 즉, 인간의 삶에 관계된 문제들을 진지하고 자유롭게 탐구하는 노력이 바로 철학이다. 이러한 연유로 아마도 칸트(Kant)는 철학의 본질적인 의미를 철학하는 것(philosophieren)을 가르치는 행위라고 했을 것이다.

## 제1절 철학의 기본 탐구영역

어원으로서 철학(philosophie)이란 말은 '지혜(sophia)를 사랑(philia)하는 학문'을 의미한다. 여기서 지혜의 일차적이고 궁극적인 목적은 인간이다. 철학한다는 말은 기본적으로 인간이 존재해야 하는 기본적인 문제들에 대한 종합적이며 끊임없는 대답을 찾기 위해 꾸준히 사유하는 행위를 의미한다.

그래서 우리가 왜 사는가, 어떻게 살아야 하는가, 인생의 종착점은 어디인가, 무엇이 행복인가 등과 같은 지극히 일상적이고 평범한 물음에 대해서 생각하고 있을 때 이미 철학의 세계에 들어섰다고 이야기할 수 있다. 즉, 철학이란 모든 사람에게 일상적으로 일어나는 현상을 올바로 이해할 수 있는 지식과 행복한 삶을 설계하는 생활의 지혜를 주된 연구의 대상으로 하는 학문이다.

인간의 기본 문제는 무엇인가? 철학적 의미로 기본 문제를 말할 때는 세 가지 영역, 즉 존재의 문제, 인식의 문제, 가치의 문제를 말한다. 다시 이야기하면 철학은 기본적으로 이들 세 가지의 영역을 연구대상으로 한다. 이를 전문적 용어로 말하면 존재론(ontology), 인식론(epistemology), 가치론(axiology)이다.

삶과 관련하여 존재론에서 얻으려고 하는 것은 나는 누구인가, 왜 여기에 존재하는가, 우리가 지금 여기에 존재하고 있다는 것이 무슨 의미가 있으며, 무엇을 의미하는가에 대한 답을 찾기 위한 노력이다. 인식론에 관련된 문제는 우리가 안다는 것은 무엇인가, 우리는 어떻게 앎에 도달할 수 있는가, 진리란 과연 무엇인가 등이다. 가치론에 관련된 기본 문제는 착하다는 것은 무엇인가, 아름답다는 것은 무엇인가, 그리고 윤리란 무엇인가 등이다.

이렇게 철학은 인간의 삶과 관련된 기본적인 영역을 탐구하며, 이러한 문제들을 합리적으로 해결하기 위한 탐구활동이다.

## 제2절 철학과 교육

철학이란 인간의 삶과 관련된 모든 현상을 종합적으로 자유롭게 탐구하는 사유활동이다. 같은 맥락에서 교육철학이라 함은 인간과 관련하여 교육의 본질과 의미를 자유롭게 사유하는 연구활동이다. 그러므로 교육철학은 교육에 뜻을 둔 모든 사람들이 관심을 가져야 할 학문인 것이다. 그러나 상술한 바와 같이 철학(哲學)이 철학(鐵學)으로 인식되는 오해로 인하여, 교육학의 분과학문인 교육철학은 교육사와 함께 교육에 관심이 많은 일반 사람들과 교직과목 이수자가 기피하는 과목이 되었다.

이들 대부분의 우선적인 관심은 교육방법론적인 측면을 강조하여 교육적 행위의 본질적인 기준을 학습의 현장에서 어떻게 가르쳐야 효과적인가에 대한 가시적인 결과에 있다. 그러나 교육철학은 단지 교육방법에 대한 관심, 즉 어떻게(wie)에 관심을 두지 않는다. 교육철학이라는 학문은 오히려 교육이 무엇인가, 교육작용의 성질과 교육현상의 본질은 무엇인가를 다루고, 교육활동을 통해 이루고자 하는 목적의 이유들, 즉 무엇을(was), 왜(warum)에 우선 관심을 갖는다.

우리가 흔히 이야기하는 교육의 대상인 인간, 이들의 교육적 행위의 본질과 이것이 미치는 교육적 영향을 분석하게 해 주는 것이 바로 교육철학이다. 이런 관점에서 보면 위에 제시한 '교육을 어떻게' 라는 방법론적인 측면은 교육의 본질과 의미를 탐구한 후에 고려할 수 있는 측면이다.

교육철학의 기본 기능은 크게 네 가지로 분류할 수 있다. 첫 번째는 교육학이론에서 사용되는 언어의 의미나 주장들의 논리적 관계를 밝히는 분석적 기능이다. 이는 그리스의 철학자 소크라테스(Socrates)의 노력에 의해 완성된 철학의 기본적인 탐구방법으로 교육이론이나 교육적 사고, 교육실천에 사용되는 개념, 술어, 명제들의 애매성을 제거하고 모호성을 감소시켜 그 의미를 명백히 하고, 논리적 모순을 가려내어 진술이나 전제를 밝히는 작용이다. 예를 들어, 흔히 쓰이는 단어인 청소년기의 경우 청소년의 범위, 청소년기의 경계가 어디인지 그 의미를 정확하게 해야 할 때 분석적인 기능이 도움을 준다.

두 번째는 교육적 가치, 판단을 어떤 준거에 의해 밝히는 평가적 기능이다. 그러나 분석적 기능의 도움 없이 평가적 기능은 제대로 이루어지기 어렵기 때문에, 평가적 기능을 위해서는 개념의 명료화에 의해 규준을 명확히 하는 것과 평가대상 자체를 명확히 파악하는 것이 중요하다.

세 번째는 새로운 교육이론을 창출해 내는 데 필수적인 역할을 하는 사변적 기능이다. 새로운 이론은 이러한 사변적인 추론 기능을 통해서 가능하다. 이러한 사변적인 기능을 통하여 교육의 이론적, 실천적 문제해결을 위한 새로운 아이디어와 대안이 제공되고, 교육적 상황에서 추구해야 할 새로운 가치 창출과 문제해결에 대한 새로운 방향이 모색되어 다양한 교육이론들이 창출된다.

마지막으로 종합적 기능(통합적 기능)을 들 수 있다. 이는 교육현상의 종합적 파악을 위하여 위에서 제시한 분석적, 사변적, 평가적 기능의 통합적 고려를 의미한다. 교육에 관한 이론적 연구나 실천과정에서의 활동들을 전체적으로 통합하여 이해하려는 노력으로, 교육에 관한 여러 이론, 주장, 의견을 포괄적인 안목으로 파악하는 기능이다.

이렇듯 교육철학의 기능적인 측면을 고려하여 교육철학에 대한 정의를 정리하여 보면, 교육철학은 교육작용의 특징과 교육현상의 본질이 무엇인가를 다루어 기존의 교육이론에서 나타나는 교육적 행위에 대한 가치판단의 논거와 모순점을 발견, 분석, 비판하여 새로운 교육적 행위에 관한 연구, 실천에 대한 방향을 제시해 주는 학문이다.

이러한 철학적 사유의 형식은 역사 속에서 꾸준한 연구를 통하여 인간의 삶에 영향을 주면서 학문적으로 발전해 왔다.

## 제3절 교육철학 사조

서양에서의 교육철학 사조는 크게 자연주의, 이상주의, 실재주의, 실용주의의 전통적인 교육철학 사조와 이의 영향을 받아 20세기 전반에 미국에서 태동한 진보주의, 본질주의, 항존주의, 재건주의 교육철학을 들 수 있다. 20세기 후반부터 지금까지 풍미하고 있는 사조로는 실존주의, 분석철학, 포스트모더니즘의 영향을 받은 교육철학을 들 수 있다. 여기서는 이 세 가지의 교육철학 사조들의 이론적인 개관과 그것에 바탕을 둔 교육원리에 대하여 살펴본다.

### 1. 전통적 교육철학

#### 1) 자연주의와 교육

자연주의(Naturalism) 철학은 우주의 존재원리와 실체를 연구함에 있어 자연만이 유일하고 절대적인 근본 원리 또는 실체라고 여기는 사조다. 이 사조의 대표자로서 우주의 근원은 물이라고 주장한 탈레스(Thales, B. C.

640년경), 우주의 본질은 공기라고 주장한 아낙시메스(Anaximenes, B. C. 585~525), 우주의 실체가 물질적 원자와 원자가 운동하는 공간으로 구성된다고 본 레우키포스(Leukippos, B. C. 440)와 데모크리토스(Demokritos, B. C. 460~360) 그리고 우주의 실체는 지(地), 수(水), 화(火), 풍(風)의 4원소로 구성되어 있다고 믿는 엠페도클레스(Empedokles, B. C. 495~435) 등 고대 그리스의 철학자들을 꼽을 수 있다.

고대의 자연철학은 그리스, 로마시대의 이성, 중세의 영혼(신) 중심의 이상주의 또는 관념론 철학으로 대체되어 발달하다가, 근세에 이르러 루소에 의해 완성되었다. 오늘날 루소의 영향을 받은 대표적인 자연주의 교육철학자로서 페스탈로치(Pestalozzi), 몬테소리(Montessori), 니일(Neil), 듀이(Dewey) 등을 꼽을 수 있다. 이들이 주장하는 자연주의의 일반적인 특성으로는 모든 현상의 근본 원인은 아름다운 질서가 있는 자연에 있고, 이를 바탕으로 인간의 본성 역시 자연이 제공해 준 가장 아름다운 것 중의 하나라고 믿는다. 우리가 알고 있는 성선설은 이러한 자연주의 사상의 영향을 받은 좋은 예다.

자연주의 철학과 교육과의 관계를 이해하기 위하여 루소의 자연주의 교육사상에 대하여 살펴보자. 앞서 언급한 것과 마찬가지로, 자연주의 교육을 체계적으로 완성한 교육철학자는 18세기의 계몽주의 철학자이며 교육학자인 루소(J. J. Rousseau)다. 그는 유명한 저서 『에밀(Emile)』을 통하여 인간의 선한 자연상태가 어떻게 교육되어야 하는가에 대하여 자세히 서술하였다. 여기에서 그는 인간이 조물주의 손에서 나올 때는 모든 것이 선하나, 문명에 의해서 선한 본성이 타락하게 된다고 믿었다.

루소가 자연주의 교육론에서 주장하는 인간의 선한 본성, 즉 자연성이란 타락한 사회적 관습이나 제도의 영향을 받지 않은 선한 자연상태 그 자체의 성격 또는 특성을 의미한다. 자연으로 돌아가라는 말의 의미는 인간이 살고 있는 문명사회를 떠나, 밀림 속 문명의 혜택을 받지 못하는 미개인들과 자연적으로 생활하라는, 즉 물리적 환경으로서의 자연(공간적 의미)으로 돌아가라는 의미가 아니라, 타락하기 이전의 선한 상태를 회복해야 한다는 질적인 의미다. 따라서 자연성에는 본질적으로 사회성의 개념과 배치되거나 모순의 관계에 있는 개념이 아닌, 인간 개개인을 순수한 자연상태로 회복하자는 의미와 함께, 순수하고 선한 인간이 자연성을 지니고 살아갈 수 있도록 현재의 타락한 사회를 선한 상태로 개혁해야 한다는 적극적인 의미가 담겨 있다고 볼 수 있다.

루소의 자연적 인간관은 계몽주의의 영향을 받아 프랑스혁명이 일어나기 전 전제군주제의 사회적 현상에 대한 반항으로, 자연적 자유와 사회적 자유를 동시에 구현하여 선한 자연본성을 그대로 유지하고 있는 상태를 의미한다. 여기에서 자연적 자유란 타락한 사회적 관습과 제도로부터의 자유를 의미하고, 사회적 자유란 인간이 고립된 채로 살아가는 것이 아니라 다른 사람들과 주체적으로 맺은 제반 사회적 계약이나 약속, 제도, 법규, 도덕 등을 준수하며 살아가는 자유를 의미한다.

이러한 인간의 자연적 상태를 기반으로 루소는 소극적 교육론을 주장하였다. 태어날 때 선한 인간본성이 인위적이고 타락한 사회 및 그 제도에 의해 타락하게 될 위험이 있기 때문에, 어린 시기에는 선한 본성이 잘 발현되도록 가능한 한 인위적 교육을 삼가야 하며, 악한 사회적 영향에 물들지 않도록 보호해 주어야 함을 의미한다.

이러한 교육, 즉 외부의 악한 영향으로부터 보호해 주는 활동과 가장 기본적인 감각훈련 외에는 인위적 작용을 가능한 한 가하지 않는 교육을 일컬어 루소는 소극적 교육론이라 하였다. 그러나 인간 성장발달 전(全) 단계의 모든 교육을 소극적 교육으로만 일관하는 것이 아니라, 적절한 시기가 되면 보다 적극적으로 문자교육이나 사회성교육 또는 도덕교육 등을 실시해야 한다고 주장하였다.

자연주의 교육에서 바람직한 교사는 자연의 질서와 원리를 이해하여 이것을 교육적 힘으로 이용할 줄 알아야 한다. 그래야만 아동의 성장과 발달의 과정에 대하여 잘 이해하고, 아동의 행동을 수용, 허용할 수 있다. 즉, 자연주의에 입각한 교육에서 교사의 역할은 지침이나 규범을 일방적으로 주입시키거나 전달하는 전달자가 아닌 안내자, 조력자, 보조자로 제한된다.

종합하여 보면, 루소의 자연주의 교육은 교육의 과정에서 자연은 감각기관을 통해서만 바르게 인식될 수 있기 때문에 학습은 강의, 설교, 교재 등 언어적, 인위적 수단과 방법에 의한 것이 아닌 아동의 직접적인 감각적 경험을 통해 이루어져야 한다. 아동에게 일정한 교과목을 무조건 가르치기보다는 발달단계와 수준을 고려하여 그들의 관심, 흥미, 욕구, 능력을 고려해서 교육해야 한다.

### 2) 이상주의와 교육

이상주의(Idealism)란 우주에서 궁극적으로 실재하는 것은 물질적 세계가 아닌 인간의 마음 또는 정신, 즉 인간경험의 정신적인 측면을 강조하는 것으로 관념론이라고도 한다. 관념(idea)을 유일한 실재로, 궁극적인 가치판단의 준거로 여기는 세계관이다. 이상주의에서는 현실적인 것보다 초현실적인 것을, 가변적인 것보다 불변의 것을, 일시적인 것보다는 영원한 것을 진리, 본질로 간주하기 때문에 정신, 사고, 관념, 자아, 영혼 등을 강조한다.

이상주의에 따르면, 물질적 세계란 정신이나 관념이 밖으로 드러나는 하나의 형태에 불과하나, 인간의 정신은 불변의 진리로 절대적인 가치를 지니며 우주의 실재를 나타낸다. 실체에 대한 인간의 관념은 수시로 바뀔 수 있으나, 그러한 변화가 일어나는 곳은 다름 아닌 정신이다. 우리가 마주하고 있는 현실 속 모든 존재의 실체는 사물 그 자체로서가 아닌 바로 정신에 의해서 결정된다는 것이다. 즉, 물질은 정신의 부산물에 불과하다는 것이다.

이상주의 철학의 대표자는 고대 그리스의 철학자 플라톤(Platon)이며, 이에 영향을 받아 독일에서는 헤겔(Hegel)과 칸트(Kant)를 중심으로 관념론(Idealismus)이 발달하였다. 플라톤은 감각을 믿지 않고 현세를 초월한 실재를 추구했으며, 영원불변의 이데아(Idea)의 세계를 생각했다. 그는 세계가 이데아의 세계와 현상의 세계로 구분되어 있다고 믿고, 이데아의 세계라는 것은 정신, 영혼, 관념, 영원불변, 진리, 본질, 보편, 원형의 세계로서 이성을 통해서만 인식할 수 있는 반면에, 현상의 세계는 물질, 신체, 감각, 변화, 거짓, 현상, 모방의 세계로서 경험을 통해 인식할 수 있다고 믿었다.

플라톤에 의하면, 인간의 영혼은 본래 이데아에 속하였는데, 태어나면서 정신이 육체와 결합되어 이른바 감옥에 갇혀 있어, 완전한 이상에 대한 지식은 무의식 속에 억압되었다. 그 영혼을 육체의 더러움에서 정결케 하여 본래 있었던 곳에 돌려보내는 것이 플라톤이 주장하는 철학의 사명이다. 이러한 그의 주장은 동굴의 비유에 잘 나타나 있다(정영근 외, 2000).

플라톤은 그가 말하는 실체를 이해하기 위해서 어린 시절부터 커다란 동굴 속에서 발과 목이 사슬에 묶여 살아가고 있는 몇 사람의 죄수들을 상상할 것을 요구한다. 그들은 머리를 돌릴 수조차 없기 때문에 단지 그들의 앞에 존재하는 것만 볼 수 있다. 그들의 뒤에는 물건들을 나르면서 앞뒤로 걷고 있는 또다른 사람들이 있다. 걷고 있는 사람의 뒤에는 불이 있고, 그보다 훨씬 뒤에 동굴의 입구가 있다. 족쇄에 묶여 있는 죄수들은 단지 동굴의 벽만을 볼 수 있을 뿐, 서로를 보거나 움직이는 사람들을 보거나 그들 뒤에 있는 불을 볼 수 없다. 죄수들이 볼 수 있는 것은 그들 앞에 있는 벽에 비친 그림자가 전부이며, 그 그림자는 사람들이 불 앞으로 걸을 때 비친 반영이었다.

그들은 대상물이나 그것을 나르는 사람을 결코 볼 수 없으며, 그림자들이 다른 사물들의 그림자인지 어떤지도 전혀 알 수 없다. 그들은 하나의 그림자를 보며, 어떤 사람의 음성을 들을 때 그것이 벽에 반사된 메아리라는 것을 알지 못한 채 그 소리가 그림자에서 나온 것이라고 생각하며, 그것이 진실이라 믿는다. 왜냐하면 그들은 그 밖에 다른 것의 존재를 경험하지 못하기 때문이다.

그러므로 이 죄수들은 벽에 만들어진 그림자들만을 인식하게 된다. 그러나 그들 가운데 한 사람이 족쇄를 풀고 일어나 주위를 돌아 불빛을 향해 걸을 수 있게 되고, 더 나아가 동굴의 입구에 도달하게 되어, 그동안 벽을 통해 그림자를 보는 데 익숙했던 그 움직이는 대상들을 직접 보게 되고, 궁극적으로 만물을 볼 수 있게 하는 근원인 태양도 보게 될 것이다. 그러나 처음에 태양광선은 눈에 매우 고통스러운 충격을 주게 되고, 그는 그를 풀어준 사람으로부터 도망쳐, 그가 아무런 모순 없이 경험할 수 있었던 예전의 상황으로 되돌아가려 할 것이다. 그 그림자들이 그가 불빛 속에서 보았던 실존하는 대상물보다 더욱 분명한 것이라고 확신하면서 말이다.

그러나 이 죄수가 되돌아가지 못하고 오히려 동굴 입구로 통하는 가파르고 험준한 통로를 통해 강제적으로 끌려와 태양빛을 접하게 되고, 얼마의 시간 후 그의 눈이 동굴 외부의 세계에 익숙해지면, 풀려난 죄수는 점차적으로 이 태양이 바로 그 사물들을 보이게 만드는 것이라는 사실을 깨닫게 될 것이고, 계절들과 사물의 온갖 변화를 이끄는 것이 태양이며, 그 밖의 많은 사물이 그와 같이 의존하고 있음을 깨닫게 될 것이다. 이제 그는 자신과 동료들이 동굴의 벽에서 보았던 것, 즉 그림자 반영들과 가시계(可視界)에 실재하는 사물들과의 차이점을 이해하게 될 것이며, 태양 없이는 가시계가 존재할 수 없다는 것을 확신하게 될 것이다. 이 죄수는 동굴 속에서의 삶에 대해 어떻게 느끼게 될 것인가?

이 비유는 두 개의 존재의 세계를 묘사하고 있다. 어두운 동굴은 망상, 허깨비를 나타내고 동굴 밖은 오성, 이성, 사고, 지식을 의미한다. 여기에 이상주의 교육의 원리가 내포되어 있다. 플라톤에 의하면, 인간은 사물의 본질을 파악하기 위해서 교육을 받아야 한다. 위의 예에서 보듯이 강제에 의해 벽의 사물이 실재라고 믿었던 그를 동굴 밖으로 끌어 내는 것이 교육의 시작을 의미한다.

교육의 길로 인도되는 사람은 언제나 자신이 실재의 인식에 참여해야 하며, 이를 인식하기 위해 지금의 상태가 아닌 더 나은 방향으로의 전환을 필요로 한다(정영근 외, 2000). 즉, 교육이란 지금까지 전혀 볼 수 없던 자에게 볼 수 있는 능력을 부여해 주는 것이 아니라, 이미 볼 수 있는 자에게 그의 볼 수 있는 능력을 바르게 사용하도록 인도해 주는 것이다.

종합하여 보면 이상주의에 입각한 교육의 원리는 다음과 같다(김정환, 강선보, 1998). 첫째, 이상주의에 있어서 교육의 궁극적 목적은 진리(이데아)의 발견능력을 기르는 데 있다. 즉, 인간의 지성, 창조력 배양을 강조한다.

둘째, 학생을 윤리적, 정신적, 개성적 존재로 인정하지만 교사와 학생의 관계에서 교사가 주도적인 역할을 한다.

셋째, 교사는 도덕적, 문화적 가치전달자이며, 모범자로서 인간본성, 본질(이데아)에 대해 충분한 지식을 소유하고 있고, 학습자의 학습동기, 학습의욕을 일깨워 줄 수 있고, 학생들과 좋은 인간관계를 형성하는 모범인이어야 하고, 학습과정에서는 숙달된 전문가이며, 각 세대가 문화적으로 재탄생될 수 있도록 헌신적으로 봉사하는 사람이다.

넷째, 교육의 목표는 개인적 차원에서는 개성(자아)의 완성, 사회적 차원에서는 이상사회의 실현이며, 이를 위한 인문학 학습이 강조되어 철학, 역사학, 문학 등의 교과목이 중요하다.

이러한 이상주의에 입각한 교육원리는 훗날 미국에서 진보주의 교육에 대한 비판의 대안으로서 받아들여졌다.

### 3) 실재주의와 교육

실재주의(Realism)는 자연주의, 이상주의 철학과 함께 서양에서 오랫동안 지속되고 있는 철학사조다. 앞서 기술한 이상주의(관념론)석 세계관이 플라톤에 의해 이론적으로 정립되었다면, 실재론적 세계관은 그의 제자인 아리스토텔레스(Aristoteles)에 의해 정립되었다. 이상주의와는 대조적으로 실재주의 또는 실재론이란 일반적으로 인간의 의식이나 주관으로부터 독립된 실재를 인정하는 세계관을 말한다. 즉, 일정한 사물이 인간의 의식 속에 지각과는 별개로 독립적으로 존재한다고 보는 입장이다. 예를 들어, 우리가 앉아서 책을 읽고 공부하는 책상은 이상주의(관념론)적 세계관에 의하면 인간의 의식 속에 책상이라는 관념이 먼저 존재해야만 실제의 책상이 존재할 수 있다고 보는 반면, 실재주의(실재론)에서는 책상이라는 사물은 인간의 관념과 지식 또는 의식과는 별개로 책상 그 자체로 존재한다고 본다.

이러한 실재주의적 세계관은 아리스토텔레스로부터 발원하여 중세의 스콜라철학, 근세의 코메니우스(J. A. Comenius), 로크(J. Locke), 헤르바르트(J. F. Herbart) 그리고 현대의 러셀(B. Russell)과 허친스(R. Hutchins) 등으로 이어지게 된다.

실재주의에서는 인간의 의식과는 상관없이 사물의 질서나 체계가 객관적으로 존재하며, 인간은 그러한 사물의 실재로부터 지식을 획득할 수 있다고 간주한다. 그러므로 인간은 실재에 근거한 지식을 통하여 주어진 질서에 일치하는 삶을 영위해야 한다(정형근, 2000). 실제로 교과중심 교육과정에서는 역사, 수학, 과학, 언어, 예술 등과 같은 교과목이 이러한 인간적인 삶을 실천하기 위한 방편으로 편성되어 있다.

실재주의에 입각한 교육원리는 다음과 같이 몇 가지로 요약될 수 있다(김정환, 강선보, 1998). 첫째, 교육의 본질은 우주의 이치를 깨우칠 핵심적 지식과 경건한 마음가짐을 갖추도록 하는 일이다. 그래서 17세기의 교육학자 코메니우스는 교육의 본질적인 역할로 모든 것을 보편적으로 아는 것(범지학), 모든 것과 자신을 지배하는 것, 그리고 자신과 만물을 신과 연결시키는 것(경건성)을 제시했다. 여기에서는 법칙을 탐구하는 교육내용이 강조되어 식물학, 동물학, 지학, 화학, 천문학, 물리학 등의 교과목이 강조되었다.

둘째, 실재주의 입장에서 아이들은 자기결정, 자기실현, 자기통합능력을 지닌 개성적인 존재로 인정된다. 따라서 아이들은 지성의 발현을 통해 스스로 우주질서의 법칙을 깨닫고, 사회 안에서 덕과 정신적 행복을 추구하도록 학문적 수련을 받아야 한다.

셋째, 교사는 보편적 지식을 지닌 교육전문가로서, 해박하고 보편적 지식과 다양한 교수법으로 학생들을 교육해야 한다. 즉, 교사는 전문적 지식과 다양한 교수법을 지닌 권위 있는 존재로서, 교수-학습의 과정을 조직하여 학생들에게 효과적인 지식을 체계적으로 제공하는 지식의 전달자 역할을 한다.

넷째, 실재주의 입장에서 표방하고 있는 교육의 궁극적 목표는 이상적 생활, 즉 세계에 대한 보편적인 지식의 획득과 지성적 능력의 함양 등을 통한 자아실현의 구현에 있기 때문에, 교육은 인간의 자연적 질서와 개성을 존중하는 방향으로 실행되어야 한다.

다섯째, 실재주의 측면에서의 교육과정은 아이들의 진리에 대한 동경심과 민감성 그리고 지적 호기심을 자극할 수 있는 가장 가치 있는 교육내용을 엄선해서 체계화해야 하며, 이를 학생들에게 학문적으로 잘 훈련시켜야 한다. 이를 위해 교사의 권위와 주도권이 존중되어야 하다.

### 4) 실용주의와 교육

실용주의(Pragmatism)는 앞서 살펴본 자연주의, 이상주의, 실재주의 철학 사조와는 달리 19세기 말 아메리카 대륙에서 소피스트, 근대 베이컨의 경험론(귀납적 인식방법), 콩트의 실증주의(객관성과 과학성 추구) 등의 영향을 받아 발달한 사조다. 글자 그대로 실용성, 유용성, 실제성을 중요시하는 철학적 입장이다. 대표자로서 프래그머티즘이라는 용어를 처음 사용한 피어스(C. H. Peirce)와 그 의미를 설명한 제임스(W. James) 그리고 교육학의 영역에서 실용주의의 효과를 극대화시킨 듀이(J. Dewey) 등을 꼽을 수 있다.

실용주의는 이 세상에 영원불변하는 것은 없고 오직 변화만이 실재하며, 가치는 상대적임을 근본 원리로 한다. 이것은 과거 이상주의나 실재주의의 형이상학적인 사색을 거부하여 경험을 환경과 유기체의 상호작용과정으로 보고 의식, 이성 등은 이러한 경험과정에서 생겨나는 것으로 이해함을 의미한다. 따라서 실용주의에서는 절대적인 것, 선험적 원리, 불변의 자연법칙을 거부하고 상대적인 것, 경험적 원리, 지속적인 변화를 강조한다. 즉, 모든 지식과 진리, 신념은 일시적인 것이며, 그렇기 때문에 끊임없는 반성과 실험이 요구된다고 보았다.

교육학 영역에서 실용주의 철학을 완성시킨 학자는 듀이다. 그는 우선 철학을 하나의 내용적 지식으로 이해하지 않고 경험에 의한 반성적 사고를 통하여 문제의 중요성을 파악하고 문제해결을 위한 방법을 찾는 학문이라고 정의하였다. 철학에 대한 이러한 견해에서 그가 실용주의 철학의 기본 원리를 얼마나 철저히 실천하고 있는가를 알 수 있다. 또한 이것은 듀이가 존재의 문제를 다루는 데 있어서 사변철학이나 형이상학적 접근이 꼭 필요하다고 보지 않음을 의미한다. 따라서 철학의 기본적인 탐구영역, 즉 우주를 구성하는 기본적인 요소는 무엇인가에 대한 듀이의 해답은 바로 인간이 사회적 관계를 형성하며, 부딪치는 일상적인 경험세계다.

실용주의의 기본 원리에 입각한 듀이의 철학적 자세는 그의 교육이론에도 많은 영향을 미쳤다. 그에게 있어서 교육은 아동이 살고 있는 사회적 상황의 요구에 의해 그의 힘을 자극하는 데 있다. 그러므로 학교라는 곳은 사회적 기관으로서 사회생활의 한 형태로 이루어져야 한다. 또한 듀이가 제시하는 교육의 내용은 교육적 활동의 의미가 경험의 재구성으로 이루어지기 때문에, 특정 교과목보다는 아동 자신의 사회적 활동을 구심점으로 하는 것이어야 한다.

이를 위한 교육방법으로 듀이는 아동 본성(아동은 이성보다는 감각으로 사물을 인식하고 문제를 해결한다.)의 발달과정에 부합하는 능동적 활동에 근거한 학습방법을 강조하였다. 교육이 이러한 요건을 지니고 하나의 행위로서 실천될 때 교육은 사회의 진보와 개혁의 수단이 된다고 하였다.

듀이의 교육에 대한 견해에서 볼 수 있듯이, 그는 교육이라는 활동을 성장과 사회화로 이해하였다. 듀이의 교육이론에 나타난 특징을 요약하면 다음과 같다(정영근 외, 2000). 첫째, 교육의 대상은 인간이고, 인간은 발달하는 존재이기 때문에 교육은 성장과 동일하다. 여기에서 성장의 의미는

〈표 3-1〉 전통적 교육철학의 비교

| 구 분 | 자연주의 | 이상주의 | 실재주의 | 실용주의 |
|---|---|---|---|---|
| 핵심 사상 | • 자연만이 유일하고 절대적인 근본 원리 또는 실체<br>• 인간의 본성은 자연이 제공해 준 가장 아름다운 것(성선설) | • 궁극적으로 실재하는 것은 물질적 세계가 아닌 인간의 마음 또는 정신<br>• 정신, 사고, 관념, 자아, 영혼 등을 강조 | • 사물의 질서나 체계는 인간의 의식과는 상관없이 객관적으로 존재<br>• 인간의 지식은 사물의 실재로부터 획득 | • 영원불변하는 것은 없고 오직 변화만이 실재<br>• 가치는 상대적<br>• 모든 지식과 진리, 신념은 일시적인 것 |
| 대표 사상가 | • Rousseau<br>• Pestalozzi<br>• Montessori<br>• Neil | • Platon<br>• Hegel<br>• Kant | • Aristoteles<br>• Comenius<br>• J. Locke<br>• R. Hutchins | • Peirce<br>• James<br>• Dewey |
| 교육 원리 | • 소극적 교육<br>• 학습자의 흥미, 적성 중시<br>• 감각교육 중시<br>• 교사는 안내자 | • 직업교육보다는 교양교육 중시<br>• 학생의 잠재된 능력개발 중시<br>• 교사의 모범 중시 | • 교육은 우주의 이치를 깨우칠 수 있는 핵심적 지식과 경건한 마음가짐을 갖추게 하는 일<br>• 교육의 목적은 학생이 지식을 알고 사용하는 습관을 길러 주는 과정 | • 교육은 성장과 사회화<br>• 교육의 과정은 지속적인 경험의 재구성<br>• 교사는 학습자의 학습활동을 안내하고 지원하는 조력자 |

개인이 그와 관련을 맺고 있는 상호연관성을 이해하는 능력의 획득을 포함한다.

둘째, 교육의 과정은 지속적인 경험의 재구성과정이다. 즉, 교육은 현재의 경험뿐만 아니라 미래에 올 경험을 예견하여 의미를 이해하며 통제하는 능력을 기르는 과정이다.

셋째, 학교는 축소된 사회적 기관, 사회적 공동체로서 아동을 사회, 문화적 활동에 참여시키는 역할을 담당하여, 변화하는 세계에 잘 대처할 수 있게 하는 곳이다.

넷째, 교육은 학습을 통해 개인이 사회화되는 과정이므로 학교에서 학생은 사회에 적응하고 사회를 개혁하며 살아가는 삶의 방식을 배워야 한다. 이를 위해 교사는 학생들의 정신을 훈련하거나 삶에 모범을 보이는 사람이 아닌, 학생의 학습활동을 안내하고 지원하는 조력자의 역할을 담당한다.

다섯째, 학생은 행함으로써 배우기 때문에 교사 중심의 교육보다는 수업시간에 탐구할 내용의 과제를 나누어 맡아 스스로 연구하여 발표하는 학습자 중심의 교수법을 강조했다.

## 2. 20세기 전반의 교육철학 사조

### 1) 진보주의 교육철학

20세기 전반기에 미국에서 태동한 진보주의 교육철학은 성인중심, 교사중심의 전통적인 교육에 반기를 들고 실용주의 철학을 기초로 하는 교육개혁운동으로서, 듀이가 중심이 되어 꽃을 피웠다. 교육학적인 사상적 기초는 16, 17세기 에라스무스와 코메니우스에 의해 싹이 트고 18세기의 루소에 의해 확립된 아동중심 교육이며, 이것이 19세기 페스탈로치와 프뢰벨(Froebel)을 거쳐 미국으로 건너오게 되었다.

미국에서는 1918년에 진보주의교육협의회(Progressive Education Association)

가 결성되어 아동의 자연스러운 발달, 아동의 흥미에 의한 학습, 안내자로서의 교사의 역할, 아동에 대한 과학적 이해, 아동의 신체적 건강의 중시, 가정과 학교의 긴밀한 협력, 선구자로서의 학교의 역할 등 7가지 사항(손인수, 정건영, 1989)을 강령으로 채택하여 조직적인 진보주의 교육운동을 전개함으로써 1930년대까지 미국의 교육계를 장악하였다.

이와 같은 강령을 바탕으로 한 진보주의 교육의 원리를 살펴보면 다음과 같다(손인수, 정건영, 1989). 첫째, 교육은 생활을 위한 준비가 아니라 현재의 생활 그 자체다. 교육이란 경험의 지속적인 재구성이며, 제반 지식과 지성을 꼭꼭 쌓아 두었다가 나중에 활용하는 것이 아니라, 현재 경험의 재구성 과정(문제의 해결을 통한)에서 직접 발휘되어, 지성의 도움을 받아 또는 지성이 발휘되는 경험의 재구성을 통해 다시 비판적이고 지성적인 사고가 함양되어야 한다.

둘째, 학습은 직접적으로 아동의 흥미와 능력에 관련되어야 한다. 따라서 학습과정이 미리 주어져서는 안 되며, 아동의 성장상태에 맞게 조직되어야 한다.

셋째, 교재를 통한 학습보다는 문제해결능력을 기를 수 있는 학습이 중요하다. 지식은 경험을 재구성할 수 있는 도구다. 즉, 정적인 체계가 아니라 지속적인 변화상황에서 능동적으로 활용하는 도구다.

넷째, 학습의 주체는 아동, 학생이다. 교사는 아동의 학습과 행동을 지시하고 지휘하는 감독자가 아니라 도와주고 안내하는 조력자이며 안내자다. 따라서 교사는 수업을 주도하지 말고 학생의 자발적, 주체적 학습을 돕고 안내하는 역할을 담당해야 한다.

다섯째, 학교는 경쟁보다는 협동적 생활을 장려하는 곳이다. 그래서 학교는 민주적 공동체 사회의 모태다.

여섯째, 민주주의만이 바람직한 성장에 필요한 사상과 인격의 자유로운 상호작용을 허용하고 격려한다. 따라서 민주주의를 교육하기 위해서 학교 자체가 민주주의의 가장 기본적인 특징인 자유로운 의사소통과 평등한 참여를 중시해야 한다.

그러나 이러한 진보주의 교육이론은 아동의 흥미와 욕구를 지나치게 강조하여 아동이 그 시기에 배워야 할 교과목을 소홀히 하였다는 비난에 부딪쳤다. 이러한 한계점은 다음에 다룰 본질주의, 항존주의의 주장에서 잘 나타난다. 그러나 다양성, 창의성 등이 중시되는 현재 시점에서 미국에서는 다시 진보주의적 사고방식을 재음미하려는 움직임이 일고 있다.

### 2) 본질주의 교육철학

본질주의는 1930년대에 미국 교육사상을 지배한 진보주의 교육에 반대하여 나타난 교육운동이다. 본질주의를 옹호하는 사람들은 진보주의 교육의 아동중심, 생활중심 교육으로 인해 기초적 학력이 저하되어, 사회적 위기에 대처할 만한 고도의 지적 수월성을 지닌 엘리트가 없어서 경제대공황이라는 심각한 사회적 위기가 초래되었다고 진단하였다.

그리하여 본질주의자들은 인류의 문화에서 가장 기본적이며 본질적인 것을 후대에 전달함으로써, 역사를 전진시키는 원동력을 기르자고 주장하였다. 이러한 동기에서 그들이 주장하는 교육원리는 다음과 같다(정건영, 1976). 첫째, 학습은 강한 학문적 훈련을 수반해야 소기의 성과를 거둘 수 있기 때문에 훈련과 노력의 중요성을 강조한다.

둘째, 교육의 주도권은 교사에게 있다. 교사는 깊은 학식과 뛰어난 기술로 어린이의 능력을 계발해야 한다. 이를 위해 교사는 특정 영역의 과목에 정통해야 하며, 모방할 만한 가치가 있는 모델이 되어야 한다.

셋째, 교육과정의 핵심은 소정의 교과를 철저히 이수하는 것이다. 인류가 다양한 시련과 경험을 통해 축적한 지혜의 결정체인 민족적 경험이나 사회적 유산은 반드시 계승되어야 한다.

넷째, 학교는 전통적인 교수방법을 고수하여 학생들에게 모든 시기와 장소에서 핵심이 될 만한 근본적이고 본질적인 것을 가르쳐야 한다. 다시 말해서 학교의 역할은 전통적인 훈련방식을 통해 학생들에게 문화적, 역사적 유산을 잘 정선하여 전수해 주는 일이다.

### 3) 항존주의 교육철학

항존주의는 진보주의와 가장 대립적인 입장에 있는 교육사조로서, 현대교육의 과학지상주의, 세속주의, 물질주의, 현실주의, 사회밀착주의, 활동숭배주의 등을 비판하고 절대적 원리를 주장한다. 항존주의자들은 진보주의자들이 주장하는 변화의 원리를 철저히 배격하여, 변화보다는 영원한 것이 이상적이고 실재적인 것이라고 믿었다. 이에 따른 교육의 본질적인 사명은 영원불변하는 진리와 그 진리를 인식할 수 있는 이성, 그리고 인간만이 지닐 수 있는 도덕성을 계발하는 것으로 보았다. 따라서 항존주의자들은 교육이 지향해야 하는 바는 일상적인 생활수준의 향상이 아니라 도덕성, 지성, 이성, 영혼의 함양이라고 보았다.

이와 같은 항존주의자들의 주장은 아리스토텔레스(Aristotles), 아퀴나스(Aqinas, 스콜라철학) 등의 실재론에 그 철학적 기반을 두고 있으며, 항존(perennial)이라는 단어에서 알 수 있듯이 객관적 실재와 불변하는 가치와 관념을 핵심 사상으로 삼고 있다. 대표적인 항존주의 교육철학자로 30대의 젊은 나이로 시카고 대학의 총장을 지낸 허친스(Hutchins)와 아들러(Adler)를 들 수 있다(손인수, 김동구, 1998).

일반적으로 항존주의 교육사상의 기본 이론은 다음과 같다. 첫째, 인간의 본질은 변하지 않기 때문에 교육의 본질도 변하지 않는다.

둘째, 이성은 인간의 최고 속성이기 때문에 교육은 이성의 발달에 일차적인 관심을 두어야 한다.

셋째, 교육의 과업은 인간을 보편적이고 불변하는 진리에 적응시키는 것이다.

넷째, 교육은 현실생활 그 자체가 아니라 미래의 이상적 삶에 대한 준비다. 따라서 학교는 사회를 모방할 것이 아니라, 모든 이상을 그 속에 담아 학생의 지성을 도야하는 수련장이 되어야 한다.

다섯째, 학생들은 이 세상에서 영원한 것으로 남게 될 기초가 되는 기본 교과목을 철저하게 이수하여야 한다.

여섯째, 고전에는 영원불변의 진리, 즉 보편적 진리가 담겨 있으므로 학생들은 '위대한 고전들(Great Books)'을 읽어야 한다.

이상과 같은 항존주의 교육이론은 진리의 절대성과 인간의 이성 회복에 근거한 교육을 강조함으로써 인간교육의 본질적인 측면을 부각시켰다는 점에서 의의가 있지만, 동시에 지성의 단련과 고전교육을 강조함으로써 지나치게 인문주의 교육을 강조하여, 과거 르네상스기의 인문주의 교육처럼 소수를 위한 엘리트 교육이 되기 쉽다는 비판을 받고 있다.

### 4) 재건주의 교육철학

진보주의가 전성기를 구가하던 1930년대에 미국사회는 경제공황이라는 커다란 사회적 위기에 직면하게 되었다. 이때 진보주의자들 중에서 미국사회를 비판하며 전위적 사상가라고 불리는 교육자들이 새로운 민주사회 건설을 위해 학교가 앞장서야 한다고 주장하고 나섰다.

이러한 운동은 학교는 새롭고 더욱 평등한 사회 창조를 위해 지도적인 역할을 수행해야 한다는 구호 아래 1930년대의 카운츠(Counts), 러그(Rugg), 1950년대의 브라멜드(Brameld) 등에 의해 조직화되고 발전되었다. 이것이 바로 재건주의 교육이다.

재건주의 교육은 진보주의와 마찬가지로 실용주의 철학을 바탕으로 하고, 교육을 통하여 당시의 사회·문화적 위기를 극복하여 새로운 사회질서를 수립하자는 사상을 핵심 이념으로 삼고 있다. 그러기 위해서는 아동, 학교, 교육이 사회·문화적 힘에 의해 재구성(개조)되어야 한다고 주장하였다.

〈표 3-2〉 20세기 전반기의 교육철학 사조 (미국의 교육사상)

| 구 분 | 진보주의 (1920~30) | 본질주의 (1930) | 항존주의 (1930~40) | 재건주의 (1940~50) |
|---|---|---|---|---|
| 특 징 | • 아동중심 교육<br>• 경험(생활)중심 교육 | • 교사중심 교육<br>• 교육의 일차적 기능은 문화유산의 계승과 전달 | • 정신(지력)의 계발<br>• 주지주의 교육, 이상주의적 교육 지향 | • 새로운 사회 건설을 위한 교육의 역할 강조 |
| 교육목적 | • 전인의 양성<br>• 현실생활에의 충실 | • 문화유산의 보전, 전달<br>• 장래의 준비 | • 지력의 계발<br>• 미래생활의 준비 | • 사회적 자아실현 |
| 교육내용 | • 개인적 경험<br>• 현실생활의 문제 | • 민족적 경험<br>• 교과교재 | • 고전중심의 교육내용 | • 다양한 내용의 경험 |
| 교육방법 | • 흥미, 자유, 자발, 협동을 강조한 방법 | • 교사중심의 교육방법<br>• 학생의 노력, 훈련, 경쟁 강조 | • 교사중심의 교육방법 | • 직접적, 간접적 경험방법<br>• 교실과 사회의 교류집단 |
| 사상가 | • Dewey<br>• Kilpatric | • Bagley<br>• Briggs<br>• Bruner | • Hutchins<br>• Adler<br>• Maritain | • Brameld |
| 교육적 의의 | • 아동중심의 교육<br>• 민주적인 교육방법의 실천 | • 학문중심 교육과정의 출현에 공헌 | • 정신력의 계발 | • 사회개혁에 대한 교육의 역할 강조 |
| 비판점 | • 기초교육 경시<br>• 문화전통 경시 | • 정신을 지나치게 중시하는 보수주의<br>• 자주적, 창의력 사고 억제 | • 전인교육의 소홀<br>• 소수의 엘리트 중심<br>• 직업, 과학교육 경시<br>• 주입식 교육 강조 | • 새로운 사회 건설을 위한 교육에의 지나친 기대 |

진보주의가 듀이의 철학을 아동중심주의라는 측면에서 이어받은 것이라면, 재건주의는 그의 철학을 사회중심주의라는 측면에서 이어받은 것이라 할 수 있다. 당시 재건주의의 입장에서 본 현대문명에 대한 진단은 인간의 생활, 건강, 교육수준의 불균형, 인구의 폭발적 증가와 기아문제, 대지, 수질, 식품, 공기의 오염문제, 국가 간의 적대감과 증오심 증대, 인종 간의 긴장과 파괴행위, 전제적 정치체제, 도덕감각의 붕괴와 매춘, 과학의 폭발적

발달 등이다.

이러한 사회 · 문화적 위기를 극복하기 위한 재건주의 교육철학은 다음과 같은 원리들을 제시한다(손인수, 김동구, 1998). 첫째, 교육의 가장 중요한 목적은 사회개혁을 위한 교육적 프로그램의 개발이다.

둘째, 새로운 사회는 국민들에 의해 지배되는 진정한 민주주의 사회가 되어야 한다.

셋째, 교사는 새로운 사회 건설의 긴급성과 타당성을 민주적, 과학적 방법으로 학생들에게 확신시켜야 한다.

넷째, 교육의 수단과 목적은 행동과학에 의해서 발견된 결과에 따라 재구성하여야 한다.

다섯째, 학생, 교육, 학교 등은 사회적 · 문화적 힘에 의하여 재구성되어야 한다. 교육은 사회적 자아실현(social self-realization)이다.

그러나 이러한 재건주의 교육이론은 현대사회의 문화적 위기를 극복하기 위한 수단으로서 교육의 힘에 과잉기대한 것이 아니냐는 비판을 받고 있다.

이와 같이 20세기 전반기 미국의 교육철학에 대하여 살펴보았다. 대부분 전통적 철학의 영향을 받은 이들 간에는 교육에 대하여 서로 상반되는 주장이 있는가 하면 서로 공통되는 점도 있다. 진보주의와 재건주의가 공통적으로 실용주의에 기반을 두는 반면, 본질주의는 항존주의와 이상주의와 실재주의를 기반으로 하고 있다.

## 3. 현대의 교육철학이론

### 1) 실존주의와 교육

실존주의(Existentialism)는 20세기 초 합리주의, 이성주의를 지향하면서 전통적인 철학에 반대하며 등장한 현대의 철학사상이다. 두 차례에 걸친 세계대전으로 인해 나타난 인간사회에서의 질서, 권위, 가치에 대한 의심이 불안을 야기해, 불안을 종식시켜 줄 그 어떤 확고하고 절대적인 것이 필요했다.

실존의 문제는 역사적으로 파스칼(Pascal)과 키에르케고르(Kierkegaards)에 의해 철학의 중심 과제로 등장하여 니체(Nietsche), 하이데거(Heidegger), 사르트르(Sartre), 야스퍼스(Jaspers) 등에 의해 실존주의 철학으로 완성되었다. 전통적인 철학이 우주의 본질이 무엇인가를 탐구한 철학인 반면, 실존주의 철학은 인간 자신의 존재에 대한 철학이다.

그러나 이러한 실존주의 철학의 태동은 순탄치 않은 인간사의 일면을 보여 준다고 할 수 있다. 왜냐하면 실존주의 철학에서는 두 차례의 세계대전과 산업화로 인한 인간소외현상, 대중사회의 출현에 따른 비인간화현상의 가속화 등 현대사회가 보여 주는 인간소외현상과 미래에 대한 절망, 불안으로 인한 고뇌와 번민에 휩싸인 인간이 잘 묘사되기 때문이다. 따라서 작금의 지식정보화시대에 지나치게 발달한 기계문명 앞에 놓인 인간존재에 대한 본질은, 인간의 존엄성과 가치 측면에서 수월성을 가장한 인간성 상실을 경계하기 위한 방편의 철학사조일 수 있다.

이러한 실존주의의 기본 이념을 토대로 한 교육학은 독일 볼로프(Bollnow)의 교육이론과 부버(Buber)의 만남의 교육을 꼽을 수 있다. 이들의 교육이론을 바탕으로 실존주의 교육철학에서 지향하는 교육의 원리는 다음과 같다. 첫째, 교육적 행위는 우선적으로 실존적 자아의 발견과 독창적인 자기의 자유정신에 충실할 수 있는 인간주의 교육과 전인교육에 초점을 맞추어야 한다. 이렇게 함으로써 현대의 지식기반사회가 유발하는 인간성 상실에 대해 경계할 수 있다.

둘째, 이를 위하여 직업교육, 전문화된 교육보다 자유교육과 교양교육이 강조되어야 한다. 교육방법적인 측면에서도 학생의 자유와 흥미를 존중하고, 다양한 선택의 기회를 존중하는 교육이 강조되어야 하고, 교사는 신중한 선택과 자신의 행동의 결과에 책임지는 태도를 학생에게 길러 주어야 한다.

셋째, 실존주의 교육철학의 구심점이라 할 수 있는 만남의 교육이다. 교육적 행위 자체는 부버(1986)가 말한 것처럼, 나와 너로서 만남에 의해 성장하는 인격교육이기 때문에 교사와 학생은 자유의지를 지닌 주체성을 지니는 존재로서 대화를 매개로 하여 만나야 한다. 부버는 이러한 교육적 만남의 탐구를 통하여 인간의 본질을 파악하고자 하였고, 인격적인 나-너의 만남을 통하여 인간 본래의 실존을 회복하고자 하였다.

### 2) 분석철학과 교육

분석철학(Analytic Philosophy)은 언어와 개념에 사물의 본질이 들어 있다고 간주하여, 그 언어와 개념의 의미를 명료하게 분석함으로써 사물의 본질을 이해하려고 하는 태도나 방법을 가리킨다. 인간의 사상과 사고는 언어에 의해 전개되고 표현되기 때문에, 분석철학에서는 언어분석이 가장 중요한 과제가 된다. 분석철학의 이러한 개념은 1950년대 이후 교육학에 적용되어, 무엇보다도 교육적 현상에 대하여 사고하는 방법에 가장 큰 영향을 끼쳤다. 즉, 분석철학에 기초한 교육철학자들은 많은 교육문제들이 주로 언어의 문제라고 주장하였다.

대표적인 예로 피터스(R. S. Peters)는 교육철학의 역할은 새로운 주의(-ism)나 이념을 발전시키는 것이 아니라 우리가 현재 사용하고 있는 이념들의 의미를 더 잘 이해할 수 있도록 돕는 일이라고 강조하여, 분석철학적 입장에서 교육철학적 방법론의 중요성을 피력하였다. 그래서 이들 교육학자에게는 교사나 학생이 학습의 현장에서 무엇을 가르치고 배워야 한다가 중요한 것이 아니라 학습의 현장, 교사, 학생, 교수, 학습 등과 같은 교육적 개념(도구)의 의미가 무엇인지에 관심을 가지고 분석하고 해석하는 것이 중요하다.

이렇듯 분석철학은 교육학에서 유사하게 쓰이는 철학의 여러 문제들을 다룰 수 있는 한 방법이기 때문에, 그것은 교육학에서 빈번하게 쓰이는 용어를 검토하고 그 의미를 명료하게 함으로써 교육학에 대한 학문적 논의가 전개되도록 하는 데 도움을 주었다(정영근 외, 2000). 이러한 노력들은 오늘날 교육현장에서 모호하게 사용되는 제반 용어들을 정확하게 함으로써 교육의 과학화에 일정 정도 기여했다고 평가할 수 있다.

### 3) 포스트모더니즘과 교육

포스트모더니즘(Post Modernism)의 개념은 리오타르(J. F. Lyotard)가 처음 학문적 영역 안으로 끌어들여 활발한 논의가 시작되었다. 그 후 문학, 연극, 음악, 무용, 영화, 건축 등의 예술의 영역뿐 아니라 사회학, 철학 등의 인문, 사회과학 등 모든 학문분야에서 폭넓은 관심과 논의의 대상이 되어 20세기 후반의 새로운 철학사조로 자리잡았다(정영근 외, 2000).

포스트모더니즘의 기본 원리는 사상의 지평이 넓고 방대하여 그 의미를 단순하기 규정하기 어려우나, 가장 넓은 의미는 인간과 세계에 대한 새로운 사고방식과 관점을 나타낸다고 볼 수 있다. 포스트모더니즘의 관점은 그동안 이성 또는 도덕성이란 이름 아래 인간 자신을 속박하여 갈등하게 만들고 긴장시키고 억압하였던 인간의 주체성, 역사성, 정통성으로부터의 해방을 지향한다(박의수 외, 2003). 즉, 모더니즘이 주장하는 절대성, 보편성, 객관성, 본질적인 것을 거부하고 우연성, 임의성, 상대성, 역사성을 기본으로 강조한다(정영근 외, 2000).

포스트모더니즘의 주요 특징으로는 지금까지 인류사의 전개를 통해 확립되었던 전체성, 이성, 보편성에 대한 비판, 즉 절대화의 원리를 부정하고 다원성의 원리에 입각한 인간관, 세계관의 강조를 들 수 있다.

이러한 포스트모더니즘의 전반적인 특징을 고려하여 이것이 교육학에 미치는 영향을 살펴보면 다음과 같다. 포스트모더니즘 철학이 교육학에 미친 장점은 현시대의 정신을 밝혀주고 사고 방향을 제시하는 역할을 감당한다는 것이다. 포스트모더니즘 철학의 기본 원리가 표면적으로 상대주의를 표방하지만, 이는 상대주의나 허무주의를 의미하는 것이 아닌 본래적 의미의 합리성과 개방성을 의미하는 것이기 때문에, 교육학이론의 도그마적인 현상을 방지하여 폐쇄성을 극복하고, 이론의 다양성에 대한 공존현상이 가능하며, 이는 다시 건전한 상호 경쟁으로 나타날 수 있다는 것이다.

반면 포스트모더니즘 철학이 교육학에 미친 단점으로는 교육적 행위에 대한 전통적 개념과 견해의 입장이 설 자리를 잃어버린다는 것이다. 지금까지 모더니즘 사상을 계승, 발전시키는 데 주도적 역할을 해 온 것은 학교였다. 학교는 전통적으로 기성세대가 이룩해 놓은 사회의 문화를 전승하고 발전시키고 보편적인 가치와 진리를 가르쳐 학생들이 그들의 세계관을 확립시키는 데 주력했다. 그러나 포스트모더니즘 철학은 교육에 대한 전통적인 개념을 흔들어놓음으로써 교육 전반에 혼란을 가져다줄 수도 있다(정영근 외, 2000).

### 4) 비판이론과 교육

현대 산업사회는 과학기술문명을 바탕으로 발전하면서 조직화, 관료화, 공업화, 기능화, 자동화가 가속화되었다. 그러다보니 인간 삶의 목적보다는 수단과 방법에 주된 관심을 가지고 그 효율성 추구에 몰두하게 되면서, 과정보다는 결과를 중시하는 경향으로 나타났다. 사회 전반에 만연해 있는 이러한 가치관의 전도는 곧 인간의 존엄성에 대한 순수한 의미를 의심케 하였다. 비판이론은 바로 이러한 현대사회의 비판을 의미한다. 즉, 사회 전반에 걸쳐 만연해 있는 왜곡된 가치관으로부터 개인의 자아를 지켜 새로운 인간을 요구하였다. 따라서 비판이론은 인간의 자유로운 의식의 형성을 억압하고 왜곡하는 사회적, 경제적, 정치적 제약요인들을 분석하고 비판하고

자 하는 이론이다.

이러한 비판이론은 독일의 호크하이머(Horkheimer), 아도르노(Adorno), 마르쿠제(Marcuse), 하버마스(Habermas) 등 프랑크푸르트(Frankfurt) 대학 사회연구소의 사회철학자들에 의해 이루어졌다. 그래서 이들을 프랑크푸르트학파(Frankfurt Schule)라고 한다. 비판이론은 인간의 존재가치를 통제하거나 약화시키는 사회적인 문제를 해결하는 방법을 제공하고자 하는 일종의 사회이론이기에 철학, 사회학, 정치학, 경제학, 심리학 등의 여러 학문분야를 종합하고 있다. 따라서 비판이론은 교육학의 영역에도 적용되었다.

비판이론은 교육의 영역에서 '왜 가르쳐야 하는가.' '무엇을 가르쳐야 하는가.' 라는 근본적인 물음보다는 '어떻게 가르쳐야 할 것인가.' 라는 방법적 물음에 대한 해답을 찾는 일에 더 많은 노력을 기울여 왔기 때문에 교육의 비인간화현상이 나타났다고 하였다. 이것은 곧 과정보다는 결과를 중시하게 되고, 수단과 방법을 가리지 않고 목적만 달성하면 된다는 잘못된 교육관 형성으로 나타났다는 것이다.

비판이론가 중에서 호크하이머, 아도르노, 하버마스 등은 교육에 대해서도 많은 논의를 하여 비판적 교육과학이라는 흐름을 정립하였다. 그들은 교육적 활동이 단순한 지식 전달과 이미 설정된 외적 기준에 따라 인간을 제작하는 데만 관심을 가지는데, 이것은 바람직하지 않다고 비판하였다. 그들은 올바른 교육은 자율적이고도 성숙화된 인간의 이념을 지향하고 올바른 의식을 형성하는 데 힘써야 한다고 주장하였다. 올바른 의식의 형성이란 비판적인 자기성찰을 위한 교육을 의미한다(박의수 외, 2003).

결국 비판적 교육과학자들이 주장하는 핵심 내용은 교육실천의 장이라고 할 수 있는 사회와 사회적 조건들에 내재되어 있는 이데올로기를 비판적으로 분석함으로써 계몽과 해방을 향하여 교육할 수 있는 조건들을 찾아내고자 하는 것이다. 이를 토대로 적절한 교육과정을 실현함으로써 인간과 사회를 해방시키는 과정에 참여하고자 하는 교육적 시도가 바로 비판적 교

〈표 3-3〉 현대의 교육철학이론

| 구 분 | 실존주의 교육철학 | 분석적 교육철학 | 포스트모더니즘 철학 | 비판적 교육철학 |
|---|---|---|---|---|
| 특 징 | • 인간중심의 교육<br>• 인격교육 및 도덕교육 강조 | • 교육학에서 사용되는 용어와 개념을 분석 | • 인간과 세계에 대한 새로운 사고방식과 관점 강조 | • 교육의 개선과 실천을 위한 실천학문적, 규범적, 평가적 성격 |
| 교육목적 | • 주체적인 삶을 영위할 수 있는 전인적 인간의 양성 | • 교육적 용어들이 지니는 의미의 명료화 | • 인간의 주체성, 역사성, 전통성으로부터 해방을 지향 | • 사회적, 경제적, 정치적 억압과 왜곡으로부터 해방된 인간과 사회를 실현 |
| 교육내용 | • 자아인지를 위한 교과(역사, 문학, 철학, 예술 등의 교양교과) | • 교육에 관련된 여러 가지 지식, 개념, 명제, 용어 등 | • 모더니즘의 주장 거부<br>• 우연성, 임의성, 상대성, 역사성을 강조 | • 실제 교육이 일어나고 실천되는 학교현장 중시 |
| 교육방법 | • 위기, 각성, 충고, 상담, 만남, 모험과 좌절 | • 분석적인 탐구방법(분석적, 평가적, 사변적, 종합적 과정) | • 전체성, 이성, 보편성에 대한 비판<br>• 절대성의 원리를 부정하고 다원성의 원리에 입각한 인간관, 세계관의 강조 | • 자본주의 학교제도와 정책에 모순이 있음을 비판<br>• 교육적 활동에서 이데올로기를 분석하고 지식, 의식 등이 어떤 동기와 의도 하에서 가르쳐지는가 분석 |
| 사상가 | • Marcel<br>• Buber<br>• Bollnow<br>• Kneller | • M. Schlick<br>• B. Russell<br>• G. Ryle<br>• Wittgenstein<br>Peters | • Lyotard | • Reimer<br>• Illich<br>• Freire |
| 교육적 의의 | • 인간중심 교육과정의 태동에 기여 | • 교육용어 정리<br>• 교육현상에 대한 올바른 이해와 비판적 안목 | • 교육학에서 현시대의 정신을 밝혀주고 사고방향 제시 | • 인간화를 위한 방향 제시<br>• 사회적 역학관계에 의해 빚어지는 교육문제를 분석, 비판하여 개선된 교육 제시 |
| 비판점 | • 직업교육과 같은 전문교육 소홀, 사회에 유능한 인간 양성 경시 | • 인간의 정의적 특성 무시, 가치판단적 요소, 경험적 지식, 역사적 요소 무시 | • 교육적 행위에 대한 전통적 개념과 견해의 입장이 설 자리를 상실 | • 교육을 지나치게 사회, 정치, 경제논리에 의해 해석하여 교육의 진정한 의미와 가치를 소홀히 함 |

육과학인 것이다(정영근 외, 2000).

이러한 비판적 교육학은 교육에 대한 새로운 관점을 제공하여 교육학의 연구대상 영역을 확대시켰으나, 이론의 명료성에 비하여 이를 실천할 수 있는 구체적 대안의 결핍과, 성격상 자칫 정치적인 프로그램으로 변질될 가능성이 있다는 한계점을 지니고 있다.

Chapter 04

# 교육의 심리학적 기초

## 제1절 교육심리학의 기초

### 1. 교육과 심리학

교육이란 일반적으로 인간행동의 계획적 변화(정범모, 1976)다. 이 정의는 교육은 인간의 행동을 다룬다는 것, 변화에 관심을 보인다는 것, 무의도적 · 무계획적으로 우연히 일어나는 현상이 아니라 구체적이면서도 조직적으로 계획되어 일어나야 한다는 것에 관심을 가진다는 세 가지 중요한 의미를 함축하고 있다.

이런 차원에서 보면 교육은 인간을 다루는 학문이고, 그중에서도 계획적이고 의도적인 행동의 변화를 추구한다. 교육이 인간을 다루는 학문이기 때문에 인간에 대해 탐구하는 심리학을 연구하는 것은 중요하다. 또한 교육이 행동변화를 다루기 때문에 그 행동변화와 연결된 동기나 배경의 분석도 중요한데, 이것도 심리학의 영역이다. 그러므로 교육을 할 때 심리학적인 배경을 가지고 있지 않으면 어려움을 겪는 것은 당연하다고 할 수 있다.

이런 불가분의 관계인 교육과 심리학을 연결하는 것이 교육심리학이다.

전통적으로 교육심리학은 심리학의 지식을 응용하는 응용학문으로 간주되어 왔다. 그러나 실제로 심리학적 지식을 교육에 응용하는 데에는 상당한 무리가 있다. 그 이유는 교육과 심리학이 학문적 목적에서 중요한 차이가 있기 때문이다(이정자, 1986).

심리학은 인간행동에 관한 보편적 원리와 법칙의 확립에 주목적을 두지만, 교육은 특수한 상황에서 개개 학습자의 행동변화에 관심이 있다. 보편적 법칙을 확립하고자 하는 현대의 심리학은 방법론적으로 정밀성과 경제성(parsimony)을 지향하고 있기 때문에 행동의 작은 변화와 차이도 중요한 고려의 대상이 되지만, 교육은 크고 의의 있는 변화와 차이에 관심을 두고 학습자의 행동에 의미 있는 변화를 일으키는 변인과 방법에 관심을 갖는다.

심리학은 특수한 영역을 제외하면 가치중립적이며 기술적인 반면, 교육은 가치지향적이기 때문에 심리학적 지식을 교육에 응용하는 데 어려움이 있다. 교육 자체는 어떤 가치를 실현하려는 과정이기 때문에, 가치중립적인 심리학과 상당히 다른 결정을 해야 한다.

연구방법에서 보면 심리학의 원리나 법칙들이 주로 통제된 실험실에서 확립된 반면, 교육은 자연상태에 가까운 교실에서 일어나는 과정이기 때문에 심리학적 지식을 교육의 장에 적용하는 데에 무리가 있다. 그러므로 심리학을 교육에 응용할 때는 두 학문 간의 차이에 주의해야 한다.

〈표 4-1〉 교육과 심리학의 차이

| 구 분 | 교육학 | 심리학 |
|---|---|---|
| 학문목적 | 응용학문 | 기초학문 |
| 관 심 | 학습자의 행동변화 | 인간의 보편행동 |
| 가 치 | 가치지향적 | 가치중립적 |
| 연구방법 | 자연상태 | 실험실 |

심리학을 교육에 응용할 때에는 적어도 두 가지를 염두에 두어야 한다(장상호, 1983). 첫째, 기초학문들이 교육에 관한 타당한 지식을 확보하고 있지 못하다는 점, 둘째, 응용은 가치판단을 전제로 하는데, 이를 정당화시킬 수 있는 객관적 방법이 없다는 점이다.

## 2. 교육심리학의 의미

초기의 교육심리학(educational psychology)은 넓은 의미로 심리학적 지식, 즉 심리학적 개념, 법칙 또는 가설, 이론과 방법을 응용하여 교육문제를 발견하고 해결하려는 학문이다. 즉, 현상에 대한 심리학적 연구 결과 얻어진 지식을 이용하여 교육현상을 이해하고 설명하려는 노력을 집대성한 학문이다.

그러나 최근의 교육심리학은 좁은 의미로, 교사는 가르치고 학생은 배우는 수업과정인 교수(teaching)와 학습(learning)에 주로 관심을 갖는다. 더욱 최근의 경향을 보면, 교육심리학이 발달한 미국에서는 학습지도라고 할 수 있는 교수–학습과정에 주로 관심을 갖는다.

스키너(Skinner)는 교육심리학을 교수와 학습을 다루는 심리학의 한 분야로 정의하고, 스텝펀(Stephone)은 교육심리학이란 교육적인 성장과 발달을 체계적으로 연구하는 학문이라고 정의하였다. 위트록(Wittrock)은 교육심리학은 교육장면에서 인간의 행동을 과학적으로 연구하는 학문이라고 정의하였다. 이 외에도 다양한 학자들의 정의가 있지만, 이를 종합해 보면 교육심리학은 주로 인간은 어떻게 학습하는가와 인간을 어떻게 가르칠 것인가를 목적으로 자라나는 세대를 교육적으로 지도하기 위해 노력하는 과학적이며 기술적이고 유목적적인 활동이다.

## 3. 교육심리학의 대상

### 1) 학습자

교육심리학의 최초의 관심은 학습자다. 교육의 목적이 학습자의 행동변화에 있고, 교육이 학습자를 중심으로 일어나기 때문에 학습자의 학교교육과 관련된 심리적 속성에 관심을 갖는다.

학교교육과 가장 밀접하게 관련되어 있는 심리적 속성은 언어력, 기억력, 학습력, 창조력, 문제해결력, 감상력 등 학습자의 지력과 흥미, 동기, 기대수준, 자아개념, 성격 등 학습자의 정의적 요인, 교육의 시기를 결정하고 교육내용 및 방법을 모색하는 데에 반드시 동원되어야 하기 때문에 중요한 지식인 학습자 변인의 발달과정 등이다. 특히 발달이론의 단계 개념은 교육계획에 유용한 준거점을 제공한다. 교육은 어떤 면에서는 인간발달을 촉진하는 과정이다.

### 2) 교육환경

인간은 환경과의 상호작용을 통하여 성장 · 발달한다(정원식, 1979). 교육심리학은 학교의 환경이 학습자에게 미치는 영향에 관심을 갖는다. 학교환경의 중요한 측면은 학교의 위치, 교실의 크기, 소음 등 학교의 물리적 환

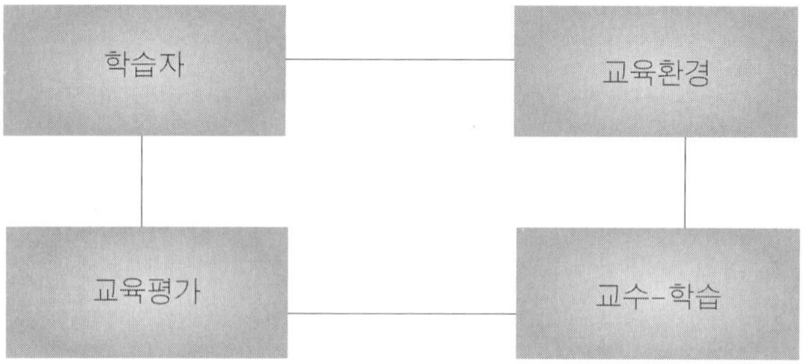


[그림 4-1] 교육심리학의 대상

경, 학교에 실제로 존재하는 압력과 개별 학생이 지각하는 현상에 대한 해석을 기초로 한 압력 등으로 개념화한 심리적 압력, 교수와 학생 간에 상호작용하는 양태의 밀도와 지속성 등으로 개념화한 작용환경 또는 과정환경이다. 교육심리학이 특별히 관심을 가져야 하는 환경은 교사와 학생, 학생과 학생의 상호작용이 만들어 내는 상호작용환경이다.

### 3) 교수-학습

학습은 교육현장과 가장 밀접한 관계를 맺고 있는 변인으로서, 학습자와 환경이 교육과정을 중심으로 하여 만났을 때 학습자에게 일어나는 사상이다. 현대 학습이론 중 가장 심각하게 대립하고 있는 이론은 행동주의이론과 인지이론이다. 행동주의이론은 학습자의 외형적 행동변화에 관심을 가지고 있는 반면에, 최근에 강세를 보이는 인지이론은 학습자의 내적인 변화에 관심이 있다. 인지이론이 내용 중심이라면, 행동이론은 과정 중심이다. 따라서 인지이론이 교육내용에 대한 설명에 강하다면, 행동이론은 그 내용을 담고 끌고 가는 역할에 강하다.

학습과 교수(instruction)는 서로 분리할 수 없는 관계에 있다. 교수가 교육심리학의 핵심적 관심사가 되는 것은 교수의 과정이 심리학적인 과정이기 때문이다. 교수과정에 관한 과학적, 체계적 연구는 최근에 와서야 교육학자들의 관심을 끌기 시작하였다.

### 4) 교육평가

교육의 목적이 인간행동을 바람직한 방향으로 변화시키기 위한 것이며, 교육의 과정이 계획적이어야 한다면, 교육이 종료되는 시점—그 시점이 한 단원이 끝나는 시점이건, 한 학기, 한 학년이 끝나는 시점이건—에서 앞서 일어난 교육 또는 수업이 적절했는가, 그리고 설정한 목적이 달성되었는가를 따져 보아야 한다. 교육평가를 교육심리학의 주요 관심사로 간주하는 것은 평가의 결과가 학습자에 의한 학습과정과 교사에 의한 수업과정에 피드백됨으로써 학습과 수업의 과정에 어떤 변화를 초래한다는 것을 가정하기 때문이다.

## 4. 교육심리학의 연구방법

교육심리학의 내용은 어디까지나 사실에 기초를 둔 기술이며 설명이어야 한다. 대상 그 자체에 대한 사실에 근거하지 않고 객관적으로 취급하고 그 방법 및 결과를 사변적으로만 서술한 것이라면, 그것은 철학 내지 철학에 유사한 학문이 되고 만다. 교육심리학의 연구방법은 사실을 추출해 내어 그 사실을 객관적으로 조작할 수 있는 과학적인 방법이 기초가 되어야 한다.

### 1) 관찰법

관찰법(observation)은 인간이해의 기본적인 방법으로 피험자의 연령의 제한을 받지 않는다는 점에서 유아, 아동, 청년, 성인에 이르기까지 적용될 수 있는 방법이다. 관찰법은 관찰자 자신이 사실을 직접 관찰하고 기록해 두었다가 자료로 삼는 것이 특징이다.

관찰법에서는 관찰계획을 사전에 면밀하게 수립하는 것이 중요하다. 관찰계획을 성공적으로 이끌어 갈 수 있는 필수조건은 관찰할 대상을 결정하고, 이 대상에 필요한 어떤 특별한 조건을 선택하고 배치하는 것이다. 또한 관찰기간 또는 관찰과 관찰 사이의 간격과 횟수를 결정하는 것도 중요하다. 관찰자의 위치와 피험자에게 미칠 영향, 관찰하려는 활동이나 행동단위를 정의하고 관찰의 범위를 결정하는 것, 관찰의 기록 형성과 관찰의 해석을 정확히 하는 것도 중요하다.

### 2) 실험법

실험법(experimental method)은 통제된 관찰법으로 학생에 의해서 사전에 면밀하게 짜여진 조작을 필요로 한다는 점에서 단순한 관찰과는 구별된다. 실험은 대체로 개인에 대한 실험도 있을 수 있지만, 다른 개인이나 집단과 비교해서 실험하는 것도 가능하다. 실험법은 독립변인이 종속변인에 미치는 영향, 즉 인과관계를 직접적으로 증명할 수 있고, 밝혀진 여러 가지 이론의 예언율을 검증할 수 있으며, 새로운 이론 구성, 가설 검증을 위한 수단으로서 중요한 방법이다.

### 3) 질문법

질문법(question and answer method)은 미리 준비한 문제를 질문하여 그 응답에 따라서 그 문제에 대한 지식과 이해 혹은 의지와 사고 또는 태도 등을 알아내는 것이다. 이 방법에는 주로 질문지법(questionnaire method)과 면접법(interview method)이 있다. 질문지법을 사용할 때는 사전에 신중한 절차와 질문지의 작성, 출제방법, 응답방법 등을 충분히 검토하는 것이 중요하다. 또한 실시 시기와 주위환경 및 분위기를 고려하여 성의 있는 응답을 얻을 수 있도록 응답자의 협력을 얻는 것도 중요하다. 면접법에는 피면접자로부터 어떤 정보의 획득이나 자료수집을 목적으로 하는 조사면접과, 면접과정에서 진단과 치료적, 교육적 가치를 중요시하는 상담면접 등이 있다.

### 4) 평정법

평정법(rating method)은 개인의 어떤 행동특성에 관한 의견을 객관적으로 수집하는 방법이다. 평정법은 관찰이나 면접 등 어떠한 경우에도 손쉽게 교사가 제작해서 사용할 수 있다는 특징이 있다. 평정법은 정신물리학이 독립된 학문으로 특수화되면서 발달하였다. 처음에는 주로 미적 가치에 관한 문제에만 국한되었으나, 현재에는 그 대중성, 보편성, 간편성 때문에 응용심리학, 사회심리학 분야에까지 널리 이용되고 있다.

### 5) 사회성 측정법

사회성 측정법(socio-metric method)은 집단 내의 학습자의 관계성을 객관적으로 측정하려는 것이다. 사회성 측정법은 학습자들이 몇 개의 하위 집단을 구성하고 있는지, 왜 그런 하위 집단이 형성되었는지, 학습자는 그 집단에서 어떤 위치를 가지고 있는지를 확인해서 학습자를 지도하는 데 도움을 주는 방법이다.

### 6) 사례연구법

사례연구법(case study)은 한 가지 사실이나 상황에 관련된 측면을 여러 각도에서 포괄적으로 다루는 것으로, 사례분석(case analysis)이라고도 한다. 이 방법은 개인의 적응곤란이 원인이라고 생각되는 현재 상황과 관련되는 여러 종류의 항목을 조사해서, 그가 가지고 있는 문제의 원인을 진단하고, 그에 따른 적절한 치료방법을 찾는 것이다. 따라서 문제를 가진 사람을 중심으로 여러 측면에서 자료를 모으고, 이 자료에 대해 예리한 통찰과 기능을 활용하여 집중적인 분석과 해석을 한 다음, 진단과 적절한 지도를 하는 방법이다.

## 제2절 발달과 교육

인간은 적극적이고 동적인 유기체이므로 계속적으로 변화하고 발달한다. 계속적으로 변화하고 발달한다는 것은 단순히 시간의 계속만을 뜻하는 것이 아니라, 개인의 행동체제가 상황에 따라 독자적인 모양을 갖추고 성장해 나가는 과정이라는 의미다.

교육은 인간의 성장과 발달을 대상으로 하지만, 그중에서도 행동에 관심을 갖는다. 행동은 단순히 표출된 외현적 행동뿐만 아니라 내면적이고 불가시적 행동인 사고, 상상, 기억, 지각 등의 내재적 행동을 포함한다.

일반적으로 성장과 발달은 도구가 될 수 있는 지식과 기능을 학습하는 것이나 문화를 이해할 수 있는 능력을 갖게 되는 것이라고도 할 수 있다. 여기서의 성장과 발달은 지식과 기능을 습득할 뿐만 아니라 신체적, 정서적, 사회적으로도 폭넓게 발달하는 것을 의미한다.

## 1. 발달의 의미와 원리

발달이란 선천적인 요인(유전)과 후천적인 영향(환경)을 상호 연결하면서 눈에 띄게 급속한 변화의 과정을 밟으며, 점차로 개성을 뚜렷하게 나타내는 모습이다. 따라서 발달은 개체가 가지고 있는 제 요인들과 환경의 제 요인들의 상호작용으로 이루어진다.

허록(Hurlock)은 발달의 영역을 크기의 변화, 비율의 변화, 새로운 특징의 획득, 낡은 특징의 소실 등으로 나누고 이들이 서로 작용해서 일어나는 과정을 발달이라고 하였다. 코프카(Koffka)는 유기체와 그 기관이 양이 있어서 증대하고, 구조에 있어서 정밀화하고, 기능에 있어서 유능화할 때 이것을 발달이라고 한다고 정의하였다. 이에 반해 맥그로우(McGraw)는 유기체 내에 있는 힘과 환경 속에 있는 힘이 끊임없이 교류하며, 교류한 결과로 산출되는 과정이라고 정의하였다. 이상에서 언급한 것을 토대로 한다면 발달이란 어떤 상태에서 보다 더 나아지는 변화, 즉 진보적인 변화를 의미하며, 이 변화에는 구조의 정밀화와 같은 양적인 변화와 기능의 유기화와 같은 질적인 변화가 있다.

성장이란 양적인 변화, 즉 특별한 외적 자극이 없이도 자연히 일어나는, 비교적 환경의 영향을 적게 받는 것으로, 키가 크고 체중이 느는 신체적 증가, 이가 생기고 뼈가 굳어지는 골격의 변화, 제2차 성특징이 보이는 성적 기능의 발현 등을 뜻한다. 발달이란 비교적 외적인 환경의 영향을 많이 받는 것으로서 정서적, 사회적, 지적 변화를 뜻하며, 성장보다도 광범위한 개념이다.

발달에 대한 다양한 의견을 제시하고 있는 학자의 견해를 종합해 보면 성숙에 이르는 양적, 부분적인 변화를 성장이라고 보고 환경적인 힘, 즉 학습에 의한 질적, 전체적인 변화를 발달이라고 볼 수 있다. 성장은 주로 연령에 따라 나타나는 신체적인 변화를 말하는 데 반해, 성숙은 전체로서의 성장 또는 완전한 성장이라 말할 수 있다. 그러므로 발달이라고 하는 경우에는 단지 신체적, 생리적인 특성만을 의미하는 것이 아니고 이것들을 배경으로 한 기능과 행동의 변화까지도 의미한다.

발달의 원리로는 일반적으로 여섯 가지를 들 수 있다. 개체와 환경과의 상호작용의 과정이며 결과라고 보는 상관성의 원리, 분화와 통합에 의한 구조화의 과정이라는 분화성의 원리, 연속적 과정이라는 연계성의 원리, 발달에는 일정한 순서가 있다고 보는 순서성의 원리, 발달속도에는 개인차가 있다는 개별성의 원리, 발달의 속도는 불규칙적이라고 보는 주기성의 원리가 그것이다.

## 2. 발달단계와 과업

발달은 연속적인 과정이지만 발달의 속도는 일정하지 않다. 어느 시기에는 대단히 빠르고 어느 시기에는 몹시 느리다. 그리고 한 단계에서 다음 단계로 넘어갈 때 명확한 구별이 있는 것이 아니기 때문에 엄밀하게 선을 그어 구분하기가 어렵다.

〈표 4-2〉 프로이트의 발달단계

| 단 계 | 연 령 | 특 징 |
|---|---|---|
| 구강기 | 0~1세 | • 입과 입술을 통해 만족을 추구한다.<br>• 원초아(id)가 활동하며 쾌락의 원리에 따라 움직인다. |
| 항문기 | 2~3세 | • 배설활동을 통해 만족을 추구한다.<br>• 자아(ego)가 발달하기 시작한다.<br>• 자아는 현실생활에 대한 적응을 돕는다. |
| 남근기 | 4~5세 | • 성기의 자기 자극을 통하여 만족을 추구한다.<br>• 오이디푸스, 엘렉트라 콤플렉스가 나타난다.<br>• 부모를 동일시한다.<br>• 초자아(superego)가 발달하기 시작한다. |
| 잠복기 | 7세~사춘기 | • 성욕은 무의식 속에 억압된다.<br>• 자아와 초자아가 상당히 발달한다. |
| 생식기 | 사춘기 이후 | • 생식기의 자극을 통해 만족을 추구한다.<br>• 이성에 대한 성적 만족을 추구한다.<br>• 오이디푸스, 엘렉트라 콤플렉스가 되살아난다. |

프로이트(Freud)는 발생적 가정으로서 성본능의 발달과 관련하여 발달단계를 구강기(oral stage), 항문기(anal stage), 남근기(phallic stage), 잠복기(latent stage), 생식기(gential stage)로 구분했다. 각 발달단계는 나름의 독특한 심리적인 특징을 지니고 있으며, 발달과정에 있어서 환경이 적당하지 않으면 어떤 단계에 고정된다. 그 단계에서 충분히 해결되지 못한 심리적 경향은 이후 성인이 되었을 때에 나타난다.

에릭슨(Erikson)은 프로이트의 전통을 이어받아, 발달에 중요역할을 하는 정신기능에 따라 8단계, 즉 구강기, 항문기, 성기기, 잠복기, 청년기, 성인전기, 성인중기, 성인후기로 분류하였다.

〈표 4-3〉 에릭슨의 도덕발달단계

| 단 계 | 연 령 | 발달과업 | 그림자 | 특 징 |
|---|---|---|---|---|
| 1 | 0~1세 | 신뢰감 (T) | 불신감 (Nt) | 어머니의 적절한 보살핌이 제공되면 신뢰감이 형성된다. 어머니에 대한 신뢰는 이후에 사람이나 사회에 대한 신뢰감의 바탕이 된다. |
| 2 | 1~3세 | 자율성 (Au) | 수치감 (Sh) | 스스로 행동하려는 아동의 노력을 칭찬하고 격려하면 자율성이 형성된다. 그러나 지나친 억압과 조롱은 수치와 의심을 발달시킨다. |
| 3 | 3~6세 | 선도성 (Ini) | 죄책감 (Gu) | 스스로 계획하여 주도적으로 행동하려는 아동은 열심히 배우며 경쟁한다. 그러나 잦은 실패와 주위의 억압은 죄책감을 형성하게 한다. |
| 4 | 6~11세 | 근면성 (Ind) | 열등감 (Inf) | 또래와의 접촉을 통하여 함께 일하고 노는 법을 학습한다. 학습과 놀이를 통한 성공경험은 근면성을 발달시키나, 실패는 열등감을 야기한다. |
| 5 | 11~22세 | 정체감 (Id) | 역할혼란 (Ide) | 내가 누구인지에 대한 물음에 해답을 얻기 위해 갈등한다. 자신의 존재와 추구해 나갈 가치에 대한 확신이 서면 정체감이 획득되지만, 그렇지 않으면 역할혼란에 빠진다. |
| 6 | 성인전기 | 친근감 (Int) | 고립감 (Is) | 정체감이 획득되면 자기 자신을 잃을지도 모른다는 두려움이 없이 타인과 친밀한 관계를 형성하고 친근감을 획득하지만, 그렇지 못하면 고립감에 빠진다. |
| 7 | 성인중기 | 생산성 (Ge) | 침체감 (St) | 친근감이 획득된 사람은 자녀를 낳고 양육하고 직업을 가짐으로써 생산성을 획득한다. 그렇지 못한 사람은 자기 자신에게로만 빠져들고 자기침체에 빠진다. |
| 8 | 성인후기 | 자아통합 (Inte) | 절망감 (De) | 자신의 인생을 되돌아보았을 때 나름대로 의미있었다고 수용할 수 있는 사람은 자아통합을 이룬 반면, 후회하고 무가치하다고 생각하는 사람은 절망을 경험한다. |

해비거스트(Havigust)는 각 발달단계에서 획득해야 하며, 만약 획득하지 못하면 적응에 장애가 되는 행동특징을 발달과업이라 하여 각 발달단계에 있어서의 발달과업을 검토 · 발표하였다. 발달단계에 따른 발달과업은 문화와 계층, 지위, 직업에 따라서 크게 차이가 있다. 시기에 따른 발달과업은 〈표 4-4〉와 같다.

〈표 4-4〉 해비거스트의 발달과업

| 시 기 | 발달과업 |
|---|---|
| 유아기 | • 말과 보행을 배운다.<br>• 배설통제를 배운다.<br>• 생리적인 안정을 유지할 줄 안다.<br>• 사회적, 자연적 현실에 관한 단순개념이 형성된다.<br>• 부모, 형제, 자매, 타인과 정서관계를 맺는다.<br>• 선악을 판단할 수 있으며, 양심이 발달한다. |
| 아동기 | • 일상적인 활동에 필요한 신체적 기능을 배운다.<br>• 같은 연령의 친구와 사귀는 법을 배운다.<br>• 읽기, 쓰기, 셈하기의 기본 기능을 배운다.<br>• 양심, 도덕, 가치척도가 발달한다.<br>• 적절한 성역할을 배운다.<br>• 사회집단제도에 대한 태도가 발달된다. |
| 청년기 | • 부모 또는 다른 성인으로부터의 정서적 독립을 이룬다.<br>• 경제적 독립의 필요성을 절실히 느낀다.<br>• 직업을 선정하고 그에 맞는 준비를 한다.<br>• 시민생활에 필요한 지식과 태도를 키운다.<br>• 사회적으로 책임 있는 행동을 원하고 이를 실천한다.<br>• 결혼과 가정생활을 준비한다. |
| 성인전기 | • 배우자를 발견하여 안정된 결혼생활에 적응하고, 자녀를 양육하며, 가족관계를 원만하게 유지한다.<br>• 최소한의 경제적 생활을 유지, 운영하고 능력 있는 사회인으로 참여한다.<br>• 급격하게 변화하는 지식 및 문화에 익숙해지고 그것을 받아들임으로써 자기성장의 욕구를 유지한다. |
| 성인중기 | • 청년기에 이른 자녀를 보다 자율적이고 책임감이 있으며, 행복한 성인이 되도록 도와준다.<br>• 보다 안정된 가정을 유지하고, 직장에서는 성취감과 능률을 얻으며, 성인으로서의 여가이용 활동을 발전시킨다.<br>• 성인으로서 시민적, 사회적, 직업적 역할을 다한다.<br>• 가족관계, 부부관계, 자녀관계, 사회관계에서 조화로운 자아개념을 발달시키고 적응한다.<br>• 자신에게 찾아온 신체적 변화를 인정하고 이에 적응한다. |

〈계속〉

| | |
|---|---|
| 성인후기 | • 신체적인 면에서 힘과 건강이 노쇠해 가고 있다는 것을 받아들이는 자아개념이 형성된다.<br>• 자기의 능력과 성격에 맞는 사회적, 시민적 역할을 찾아 호응한다.<br>• 텅 빈 보금자리에 적응하고, 부부관계를 원만하게 유지하며, 배우자가 사망했을 때 그 상황에 적응한다.<br>• 성인이 된 자녀를 성인으로 대우할 수 있는 태도를 형성한다.<br>• 만족할 만한 신체적 생활조건을 수립하며, 새로운 취미와 사회생활, 여가생활 방법을 찾는다. |
| 노년기 | • 감소된 수입에 적응하며, 노인생활을 위한 적절한 준비를 한다.<br>• 부부가 서로 이해하고 배우자의 사망에 대처한다.<br>• 자녀 및 손자녀들과 적절한 관계를 가지며, 나이 많은 친척을 돌보아준다.<br>• 적절한 여가선용의 방법을 찾으며, 인생의 참된 의미를 찾는다. |

## 3. 지적 행동의 발달

지적 행동은 자아가 환경과 자기 자신을 인지하는 과정이다. 이러한 과정은 서로 독립한 심적 요소가 기계적으로 통합되는 것이 아니고, 하나의 통합된 역학적인 전체 체제를 형성하는 것이다. 지적 발달(또는 인지발달)은 출생

〈표 4-5〉 피아제의 인지발달단계

| 단 계 | 연 령 | 특 징 |
|---|---|---|
| 감각운동 단계 | 0~2세 | 환경과 상호작용하기 위하여 즉각적인 신체감각, 지각 및 신체활동에 의존한다. |
| 전조작 단계 | 2~7세 | 언어와 같은 상징적 기호를 사용함으로써 사고능력이 발달한다. 그러나 직관적이고 전조작적 사고이므로 논리성이 결여되어 있다. |
| 구체적 조작단계 | 7~11세 | 구체적 사물을 사용한 논리적 조작이 가능하고, 보존개념을 획득하고 사물들 사이의 관계를 이해한다. |
| 형식적 조작단계 | 12~18세 | 추상개념을 사용하여 논리적 사고를 할 수 있다. 가설을 설정하고 체계적으로 검증하며, 모든 가능한 해답을 논리적으로 검토할 수 있다. |

부터 시작되는 지적 구조 내지 인지구조의 계속적인 변화과정이다.

피아제는 지적 발달을 4단계로 나누었다. 이 발달단계들은 독립적이 아니고 서로 관련이 있을 뿐만 아니라 연속적이면서 비연속적이다. 연속적이라는 것은 한 발달단계가 다음 단계의 기초가 된다는 의미이고, 비연속적이라는 것은 각 단계마다 질적인 변화가 뚜렷하다는 뜻이다. 지적 발달은 아동에 따라 약간 빠르거나 늦을 수 있으나, 모든 아동들은 이 단계를 밟으면서 발달한다.

### 1) 감각운동단계(sensori-motor stage): 0~2세

유아는 출생 후 약 2년 동안 감각적 인상과 동작을 통해서 환경에 대한 기초적인 이해를 하게 된다. 이때는 감각적 동작이 지력의 전부를 대표한다. 출생 후 스스로 주위를 돌아다닐 수 없는 자신의 몸과 신체 각 부분을 활용해 주위 사물을 탐구함으로써 기초적인 쉐마(빨기, 잡기, 흔들기)의 발달을 가져온다. 걷게 되고 주위의 사물을 만질 수 있게 되면, 그들이 접하는 모든 사물이나 상황에 대한 상당한 양의 쉐마가 형성된다. 유아들은 처음에 반사반응으로 환경에 대해 감각적 활동을 조작하다가, 차츰 시행착오 학습과 단순한 문제를 푸는 행동단계로 발달해 나간다. 두 살이 되기 전 거의 모든 유아들이 신체적인 시행착오행동과, 동시에 지적인 시행착오행동에 해당하는 쉐마를 사용할 수 있게 되고, 보다 목표지향적이 되고, 또한 주위환경으로부터 자신을 변별하는 자아의식을 갖게 된다.

### 2) 전조작단계(pre-operational stage): 2~7세

이 단계의 아동들은 감각동작적 행동에의 의존도가 줄어들면서 주위에 있는 물건, 장소, 사람 등을 표상하는 언어와 같은 상징적 양식을 사용하기 시작한다. 이것은 언어, 소꿉장난, 지연모방(遲延模倣) 같은 행동에서 볼 수 있다. 이것은 바로 사고의 발달을 의미한다. 그래서 이 단계는 구체적인 사물을 표상하는 상징적 기초체제가 발달하기 시작하는 시기라고 할 수 있다. 이 단계의 상징적 기호는 언어뿐만 아니라 시각적 영상과 신체적 감각을 포함한다. 피아제는 상징적 기호가 지적 모방에 의해서 획득된다고 믿었다. 이 단계의 아동들은 사고가 발달하지만, 한 번에 하나의 특성에 대해서만 주의를 기울인다.

그리고 이 단계 아동의 사고는 정신적인 역전, 즉 가역성이 불가능하다. 가역성이란 물리적 형태에 변화를 주었을 때 정신적으로 원래의 형태로 되돌려볼 수 있는 사고능력을 말한다. 이 단계 아동의 특징은 사고가 자기중심적이고, 어른의 입장에서 보면 비논리적이라는 것이다. 다른 사람의 역할과 견해를 고려할 줄 모르고, 오직 자기 방식대로 생각하고, 자기 생각대로 행동하며, 논리적인 사고가 곤란하며, 사물을 겉모양 그대로 봄으로써 직관적으로 사고한다.

### 3) 구체적 조작단계(concrete operational stage): 7~11세

이 단계의 아동들은 보통 그들이 경험한 내용을 어떤 질서와 관계에 따라 조직적 형태로 정리할 수 있는 조작적 사고가 가능해진다. 한 사물이 여러 가지 모습으로 보일 수 있음을 알게 되어, 그 모양이 변해도 같은 사물임을 알게 된다. 주위의 사물을 보고 '책', '사과' 등으로 명명하여 사물을 분류하게 된다. 이것이 바로 구체적 개념의 발달이고 개념의 이해다. 그러나 그들의 조작적 사고는 현재 관찰하고 있는 대상이나 구체적이고 직접 경험한 대상에 한정되어 있다.

### 4) 형식적 조작단계(formal operational stage): 12~18세

형식적 조작단계의 아동들은 추상적인 용어를 다룰 수 있고, 가설적 상황을 현실처럼 다룰 수 있다. 이들은 환경과의 적극적인 교류를 통해서 논리적이고 체계적인 추리를 하고, 일반적 원리를 추출할 수 있다. 이 단계에서는 구체적인 대상을 추상화하고, 과학적이고 조직적으로 추리할 수 있는 능력이 성인의 수준에 도달한다. 그래서 머릿속에서 가설을 설정하고 검증할 수 있다.

피아제는 이 단계의 학생들이 보여 주는 사고의 구조 또는 형태의 발달은 순수한 과학적 분석방법으로 발전하는 전조라고 하였다. 과학적이고 조직적인 추리를 할 수 있다고는 하지만, 문제해결에서 시행착오의 행동을 할 때도 많다는 것을 이해할 필요가 있다. 사실 대부분의 성인들도 가장 경험이 많다든가 흥미가 있는 몇 개의 영역에서만 형식적 조작사고를 한다 (Piaget, 1963).

## 4. 지능과 교육

지능에 대한 정의는 학자마다 다르다. 터만(Terman)은 추상적 사상을 다루는 능력이라고 정의하였고, 웩슬러(Wechsler)는 유목적적으로 행동하고, 합리적으로 사고하고, 환경을 효과적으로 다루는 개인의 종합적 능력이라고 정의하였다. 스피어맨(Spearman), 서스톤(Thurstone), 길포드(Guilford)와 같은 학자들은 지능의 구조에 관심을 가지고, 지능은 일반요인과 여러 개의 특수요인으로 구성되었다고 보았다.

여러 학자들의 지능의 개념을 정리해 보면 지능은 추상적인 개념들을 효과적으로 다루는 능력, 학습하는 능력, 문제해결능력(새로운 상황에 적응하고 다루는 능력)이다. 지능검사는 지능을 측정하는 도구다. 지능검사의 문항은 지능을 어떻게 보느냐에 따라 다르다. 그림, 나무토막 등으로 문제를 풀도록 하는 작업검사도 있고, 책자를 인쇄하고 문항을 풀도록 하는 필답검사도 있다. 검사 결과로 지능의 정도를 나타내기 위해서 IQ(지능지수, Intelligence Quotient) 척도를 사용한다.

IQ에는 비율 IQ(ratio IQ)와 편차 IQ가 있다. 비율 IQ는 정신연령(mental

age)의 연연령(chronological age)에 대한 비율로 IQ = MA/CA × 100이다. 편차 IQ는 한 연령집단의 평균을 100으로 하여 편차를 15 내지 17로 한 척도에서 읽어 내는 지수다.

지능의 차이가 유전적 차이에서 오느냐 환경적 차이에서 오느냐의 문제는 오랫동안 논란이 되어 왔다. 많은 사람들이 지능의 차이는 유전과 환경의 상호작용의 결과로 보고 있다. 일란성 쌍생아의 지능 간의 상관계수가 그 환경이 다를수록 낮아지는 것을 볼 수 있고, 또 어릴 적 가정의 사회경제적 지위(교육적 환경)에 따라 집단의 평균 지능의 차이가 의미 있게 나타나는 것을 볼 때, 환경적 영향도 크다. 오늘날은 좋은 환경의 조성(특히 어릴 때)으로 측정된 IQ를 높일 수 있다(약 IQ 20점까지)는 연구 결과들에 따라 지능 및 인지발달을 촉진시키기 위해 조기교육이 강조되고 있고, 지능개발 프로그램도 나오고 있다.

## 제3절 학습과 교육

학습이란 경험을 통한 개인의 지식 혹은 행동에서의 지속적인 변화다. 이 정의는 세 가지 요소로 되어 있다. 첫째는 변화가 단기적이 아니라 장기적이라는 점, 둘째는 변화의 대상이 학습자의 기억이나 행동에서의 지식의 내용과 구조라는 점, 셋째는 변화의 원인이 피로, 약물, 신체적 조건 등이 아니라 환경에서의 학습자의 경험이라는 점이다. 그러나 학습은 직접 관찰되고 측정되지 않기 때문에 학습자의 성취변화를 관찰함으로써 학습이 일어났다는 것을 간접적으로 추론한다.

학습은 지식이나 행동의 획득이고, 성취(成就, Performance)는 주어진 사태에서 학습자가 보여 주는 실제 행동이라 할 수 있다. 여러 가지 이유로 학습된 것이 검사 결과에 그대로 나타나지는 않을 수도 있기 때문에, 학습자의 성취는 항상 그가 배운 것을 그대로 나타내지는 않는다. 학습이론은 크게 행동주의, 인지주의, 구성주의 학습이론으로 나눌 수 있다.

〈표 4-6〉 행동주의와 인지주의 학습이론의 비교

| 구 분 | 행동주의 | 인지주의 |
|---|---|---|
| 학 습 | 자극과 반응의 결합 | 인지구조의 변화 |
| 관 심 | 외현적 행동 | 정보의 내적 조작 |
| 학습방법 | 환경 통제, 변화 | 사고나 문제해결 |
| 대표 학자 | Pavlov, Thorndike, Skinner | Kohler, Tolman, Wertheimer |

## 1. 행동주의 학습

행동주의 학습은 학습을 경험의 결과로 나타나는 관찰할 수 있는 행동의 변화라고 보고, 학습자의 외현적인 관찰 가능한 행동에 관심을 가진다. 그래서 환경을 통제하거나 변화시킴으로써 학습자의 행동을 변화시킬 수 있다고 하였다. 행동주의는 학습을 자극과 반응의 연합 혹은 결합이라고 설명한다(박성익 외, 2003). 행동주의 학습의 대표적인 학자는 파블로프, 손다이크, 스키너, 반두라 등이 있다.

고전적 조건화(classical conditioning)는 파블로프(Pavlov)에 의해서 연구된 학습이론이다. 파블로프는 개에게 종소리(조건자극: conditioned stimulus)를 들려주면서, 동시에 음식(무조건자극: unconditioned stimulus)을 제공하다가 무조건자극(US) 없이 조건자극(CS), 즉 종소리만 제시하여도 개가 여전히 침을 흘리는 것을 발견하였다. 개는 종소리와 음식을 연관시키는 것을 학습한 것이다. 이러한 현상을 조건화, 조건반사 또는 조건형성이라고 하고, 파블로프의 이론을 고전적 조건화라고 한다.

손다이크(Thorndike)의 이론은 결합설(connectionism)이라고 한다. 그는 학습이란 근본적으로 시행착오(trial and error)의 과정을 통해서 이루어지는 자극과 반응의 결합이라고 보았다. 그는 실험을 통해 준비의 법칙, 연습의 법칙, 효과의 법칙을 제안했는데, 그중에서 가장 중요한 것은 효과의 법칙이라고 보았다. 반응이 만족스런 결과를 생성시킬 때 S-R의 연결은 강화된다는 것이다.

스키너(Skinner)의 조작적 조건화(operant conditioning)에서는 자극에 의해서 반응이 생성되는 경우의 행동을 감응(respondent)이라 하고, 능동적으로 환경에 영향을 주는 반응을 작동(operant) 또는 조작이라 한다. 작동, 즉 행동이 즐거운 자극을 생성하는 효과를 가지면 그 반응행동은 다시 일어날 가능성(확률, 빈도)이 높다.

## 2. 인지주의 학습

행동주의 학습은 내부적인 정신작용보다는 외부적인 행동에 초점을 두는 이론이다. 행동주의자들은 상황을 통제함으로써 행동을 통제하고자 하였다. 이에 비해 인지주의자들은 관심의 초점이 외부적인 행동이 아니라 학습자 내부에서 일어나는 인지과정, 즉 학습자들이 어떻게 정보를 받아들이고 해석하고 생각하고 문제를 해결하는지에 있다(Gagne, 1985). 인지주의자들은 학습을 상황에 대한 반응으로 보는 것이 아니라, 사고나 문제해결과 같은 방법으로 정보를 조직하고 재정비하는 과정으로 보았다.

인지주의 학습의 대표적인 학자로는 형태주의 심리학자인 쾰러, 톨만, 피아제, 브루너, 베르트하이머, 가네 등이 있다.

형태주의 심리학에서 'gestalt'는 '형태(pattern)' 또는 '윤곽(configuration)'의 뜻이다. 형태주의자들은 인간은 분리된 부분들의 덩어리를 보는 것이 아니라 조직되고 구조화된 전체로서 사물을 본다고 한다.

형태이론에서 대표적인 학습이론이 장(場)이론, 즉 통찰(insight)설이다.

장이론에서의 학습은 통찰, 즉 통합된 전체의 갑작스러운 재구성이다.

형태이론에서 중요한 학습법칙은 유사성, 인접, 폐쇄, 연속의 법칙이다. 유사성의 법칙(the law of similarity)은 좋은 형태는 같거나 유사한 요소로 구성된다는 것이고, 인접(근접)의 법칙(the law of proximity)은 형태는 시간적 · 공간적으로 서로 가까운 요소로 구성된다는 것이다. 폐쇄의 법칙(the law of closure)은 폐쇄된 영역이 형태를 잘 구성한다는 것이고, 연속의 법칙(the law of good continuation)은 지각은 미완성 형태에서 지각된 패턴을 계속, 즉 연속시켜서 완성된 패턴으로 형성시킨다는 것이다.

(1) 유사성의 법칙 (2) 인접의 법칙 (3) 폐쇄의 법칙 (4) 연속의 법칙

[그림 4-2] 형태주의 학습법칙

쾰러(Kohler)는 아무런 학습경험이 없는 침팬지들을 통해 유기체는 시행착오와 자극반응의 연합을 거치지 않고도 문제를 해결할 수 있음을 증명하였다. 그는 실험우리의 천장에 바나나를 매달아 놓고 나무막대와 상자를 놓아둔 후에 침팬지의 행동을 관찰하였다. 행동주의자들의 이론에 의하면, 침팬지는 계속적인 시행착오를 거쳐야 하지만, 그렇지 않고 한두 번 시도한 후에 잠시 행동을 멈추고 생각하면서 주위를 둘러본 후에 갑자기 상자들을 쌓고, 그 위에 올라가서 바나나를 따 먹었다. 이것은 학습이 시행착오가 아니라 통찰에 의해서 일어난다는 것을 보여 주는 것이다.

베르트하이머(Wertheimer)는 교실수업 상황에 적용할 수 있는 인간의 학습과 문제해결과정을 연구하였다. 그는 학습들에게 암기법을 사용하여 특정한 기하문제를 푸는 방법을 가르친 후에 일련의 비형식적인 실험을 실시하였다. 그는 단순히 과정의 경험을 회상하거나 시행착오를 통해서 학습이 일어난 것이 아니라 문제의 요구에서 나온 통찰력이라고 보았다.

정보처리이론(information-process theory)은 인간의 인지를 정보처리과정으로 보고, 이를 컴퓨터에 비유하여 객관적, 과학적으로 연구하려는 접근이다. 이 이론은 인간의 지각, 기억, 상상, 문제해결, 사고 등 인지의 가설적 과정을 설정하고 연구하며, 특히 지식의 획득과정에 관심을 둔다. 정보처리이론의 구조는 정보저장소와 인지처리과정의 두 가지 요소로 구성되어 있다. 정보저장소란 투입된 정보가 머무르는 곳이며, 인지처리과정이란 각각의 정보저장소로부터 정보의 이동과 관련된 처리과정을 의미한다.

인간은 누구나 환경에 속해 있다. 수용기를 통해서 들어온 모든 정보는 감각등록기(sensory register)에 저장된다. 이곳은 정보를 최초로 저장하는 장소로, 아주 정확하게 저장하지만 약 4초 정도의 짧은 시간 동안 저장한다. 이것이 처리되지 않으면 소실된다. 감각등록기의 정보는 단기기억(short term memory)에 저장되는데, 감각등록기의 정보들 중에서 학습자가 선택적 지각을 통해서 주의집중한 정보만이 단기기억에 저장된다. 단기기억의 저장용량은 기본적으로 7±2다. 그리고 저장시간은 약 20초 정도다. 이것은 단기기억의 정보를 시연이나 정보분할을 통해서, 단위나 의미화를 통해서 기억의 양을 확대할 수 있다는 것을 의미한다. 단기기억의 정보들은 의미적 부호화를 통해서 장기기억(long term memory)에 저장된다. 무한대의 저장용량을 가지고 있는 장기기억이지만 이것은 실제로 쓸 수 있는 기억이 아니기 때문에, 단서(cue)를 통해 단기기억으로 불러내서 활용할 수 있다. 또한 장기기억의 정보들은 유의미한 망구조의 정보들이다. 그러므로 어떻게 조직하여 연결하느냐에 따라 회상이 잘 될 수 있는지를 결정한다.

이상의 이론을 토대로 인지학습의 주요한 개념을 간단히 살펴보면, 유의미화(meaningfulness)는 정보가 더욱 유의미할수록 기억하기 쉬워진다는 것이다. 의미 없는 정보의 나열보다는 의미 있는 내용으로 연결될 때 더 잘 기억한다는 것이다. 순서적 위치(serial position)은 정보가 어느 순서에 위치하느냐에 따라서 정보의 기억이 달라진다는 것이다. 일반적으로 사람들은 목록의 처음에 나오는 항목과 마지막에 나오는 항목들을 중간의 항목들보다 더 많이 기억하는 경향이 있다.

또한 연습(practice)을 많이 할수록 더 많이 기억하는데, 연습에는 집중연습(massed practice)과 분산연습(distributed practice)이 있다. 정보의 조직(organization)도 정보를 기억하는 중요한 방법이다. 전이나 간섭도 정보의 기억에 영향을 미친다. 기억술(mnemonic devices)은 의미가 없는 자료를 더 유의미하고 기억하기 쉬운 이미지나 단어, 어구 등과 연결시킴으로써 기억을 돕는 기법이다.

## 3. 구성주의 학습

행동주의나 인지주의는 학습이 이루어지는 과정에 대해 연구하는 심리학적인 접근인 데 비해, 구성주의는 지식이란 무엇이며 지식이 어떻게 구성되는지에 관심을 갖는 철학적 접근이다. 구성주의에서는 지식이란 외부에 객관적으로 존재하는 것이 아니라 인간에 의해 의미가 부여되는 것이며, 학습은 능동적으로 의미를 구성하는 과정이라고 주장한다.

구성주의 입장에서 볼 때, 세계는 인간에 의해 부과되는 것이지, 인간과 독립적으로 존재하는 것이 아니라고 생각하기 때문에, 지식을 구성하는 방법에 관심을 둔다. 구성주의 학습은 학습자가 지식의 내적인 표상을 구축하는 과정으로, 경험에 의해 독특하게 개발되는 개인적인 해석이다. 그러므로 학습은 개인적인 경험에 근거해서 의미가 개발되는 능동적이며 개인

〈표 4-7〉 객관주의와 구성주의의 비교(박성익, 2003)

| 구 분 | 객관주의 | 구성주의 |
|---|---|---|
| 철 학 | 세계는 우리의 경험과는 별도로 외부에 객관적으로 존재 | 세계는 인간의 해석. 우리가 경험하는 세계는 존재하나, 그 의미는 인간에 의해 부여되고 구성되는 것임 |
| 학 습 | 외부의 절대적인 진리가 학습자의 내부 세계로 전이되는 것 | 개인적인 경험에 근거해서 의미를 개발하는 능동적인 과정 |
| 학습의 조건 | 절대적 진리 자체는 상황과 분리되어 가르칠 수 있음 | 어떤 사실과 기술도 그것이 사용되는 문제상황과 독립적으로 해석될 수 없으므로 풍부하고 실세계를 반영하는 상황이 제공되어야 함 |
| 학습의 결과 | 모든 사람이 같은 이해에 도달 | 구성된 실제의 모습이나 의미는 개인에 따라 다름 |
| 교 수 | 교사에 의해 기존의 진리가 전달되는 것 | 학습자가 세상에 대한 의미를 구성하도록 보조, 지원하는 것/세계에 대한 의미구성방법을 보여 주는 것 |
| 교수의 목적 | 가장 효과적이고 효율적인 방법으로 지식을 전달하는 것 | 학습자의 의미화, 문제해결력 배양 |
| 수업의 중심 | 교사 | 학습자 |
| 교사의 역할 | 진리전달자 | 학습보조자, 학습촉진자, 코치 |
| 교수설계 | 결정된 내용을 효과적으로 전달하는 것 | 학습이 일어날 수 있는 환경 설계 |
| 교수의 초점 | 사실의 이해 | 지식의 전이, 활용 |
| 지식의 형태 | 사실적 정보 | 문제해결능력, 고차적 인지전략 |
| 주된 교수방법 | 강의식 | 문제중심, 토의식, 발견학습 |

적인 과정이다. 따라서 세계에 대한 객관적이고 절대적인 지식은 존재하지 않고, 개인에 따라 다양한 의미나 관점이 존재하게 된다.

구성주의자들은 구성적 과정이 학교나 교실의 훈련을 넘어 발생하고 전이되기 위해서는 학습이 반드시 실세계를 반영하는 풍부한 맥락 안에서 이루어져야 한다고 주장한다(Winn, 1993). 학습은 개인의 경험에 의한 의미를 구성하는 과정이므로 학습의 중심은 학습자가 되고, 교사는 학습자의 의미를 구성하는 보조자, 촉진자의 역할을 하며, 의미를 구성하는 방법을 보여주는 모델이 되어야 한다. 또한 학습자들이 문제를 해결하고, 의미를 구성할 수 있는 풍부한 환경을 제공해야 한다.

구성주의 학습에는 인지적 구성주의와 사회적 구성주의가 있다. 인지적 구성주의는 지식의 구성이 개인의 정신적 활동에 근거한다고 전제하고, 피아제의 인지발달이론에 이론적 근거를 두고 있다. 사회적 구성주의는 비고츠키의 발달심리이론에 기초를 두고 학습에 영향을 미치는 사회적인 요소에 관심을 갖는다. 그는 인간의 정신은 독립적 활동이 아니라 사회학습의 결과이며, 일상에서의 과제 해결은 성인이나 혹은 뛰어난 동료와의 대화로부터 영향을 받는다고 주장하였다. 비고츠키는 사회적 상호작용의 중요성을 아동의 근접발달영역(Zone of Proximal Development)을 통해 설명하였다.

〈표 4-8〉 인지적 구성주의와 사회적 구성주의의 비교

| 구 분 | 인지적 구성주의 | 사회적 구성주의 |
|---|---|---|
| 지식 구성단위 | 개인 | 사회 |
| 대표 학자 | Piaget | Vygotsky |
| 지식을 구성하는 주된 요인 | 개인의 인지적 작용 강조 | 개인이 참여하고 속해 있는 사회, 문화, 역사적 상황 강조 |
| 주요 관심사 | 개인이 지식을 구성해 나가는 과정과 인지적 작용 | 개인에 의해 형성된 의미의 사회적 지식으로의 형성과정 |

Chapter 05

# 교육의 사회학적 기초

## 제1절 교육과 사회

### 1. 교육의 사회적 성격

교육은 구체적인 사회 속에서 벌어지는 활동이다. 다시 말하면 교육이라는 활동은 인간사회 속에서, 인간사회에 의해, 인간사회를 위해 존재한다고 할 수 있다. 인간은 자신의 의지와는 상관없이 특정한 가정, 특정한 계층, 특정한 국가와 특정한 지역사회에서 태어나고 자란다. 따라서 인간 삶의 양식은 그가 속해 있는 사회 · 문화적 환경, 즉 언어적 습관, 이념, 사상, 인간관계 등에 의해 규정된다. 그러므로 인간 고유의 활동인 교육은 삶에 결정적인 영향을 미치는 사회와 밀접한 관련이 있다고 할 수 있다.

교육과 사회의 이러한 밀접한 관계는 19세기 이후에 많은 학자들의 노력에 의해 가능하게 되었다. 대표적으로 교육사회학의 창시자라고 불리는 뒤르켐(Durkeim)과 미국의 실용주의 교육학자인 듀이(Dewey)를 들 수 있다. 뒤르켐에 의하면, 교육이란 비사회적 존재를 사회적인 존재로 만들어 가는 과정이며, 성숙한 세대가 아직 사회생활에 익숙하지 못한 세대에게 주는 영향이다.

듀이는 교육을 사회적 필요에 의해 생긴 사회적 활동으로 간주하고, 학교는 사회적 필요에 의해 생긴 사회적 기관이라고 보았다. 교육적인 활동, 특히 학교는 개인적인 차원의 덕성이나 가치를 가르치는 곳이 아니라 주어진 사회의 중심적인 가치체계를 학습시키고, 사회적 존재의 필요성을 각성시키는 장이라는 것이다. 교육과 사회와의 관계에 대한 이러한 주장들은 곧 교육의 사회적 성격, 즉 교육과 사회의 밀접한 관계에 대한 인식을 기초로 하고 있다.

결론적으로 교육은 현존 사회를 떠나 존재할 수도 없고, 진정한 교육이 되기 위해서는 사회를 떠나 존재해서도 안 된다. 교육은 그것이 놓여 있는 사회의 정치 · 경제 · 문화적 환경에 의해 직접적으로 영향을 받기도 하고, 반대로 영향을 주기도 하기 때문에, 교육과 사회는 서로 분리할 수 없는 불가분의 관계에 있다.

## 2. 교육과 사회화

흔히 사회화라고 하면, 한 사회의 문화가 개인에게 내면화(internalization)되는 것을 말한다. 백지상태로 태어난 인간은 성장해 가면서 그 사회구성원들과의 상호작용을 통하여 새로운 지식, 기술, 태도, 규범, 가치 등을 습득하게 된다. 그리고 개인이 처한 사회적 · 문화적 특성에 따라 서로 다르게 사회화되어 간다. 개인이 자기가 속해 있는 사회집단의 행동양식, 가치관, 규범과 같은 문화를 학습하여 내면화하고 자기 자신의 독특한 개성과 자아를 형성하는 과정을 사회화라고 한다.

문화인류학적 입장에서는, 사회화의 개념을 한 사회에 속한 모든 사람이 공유하는 행동양식 또는 규범에 따라 행동하도록 그 사회의 문화유형을 습득하는 것으로서, 문화유형을 전달하는 과정으로 이해하여 문화화(enculturation)라고 부르고 있다(김병성, 2001).

사회학의 입장에서 사회화는 사회의 여러 기능을 수행하는 데 필요한 행동양식을 습득하는 과정이다. 유능한 사회성원이 되기 위해서는 사회적 지위에 따르는 역할 수행을 통해 행동양식을 습득하는 것에 초점을 둠으로써 역할학습을 강조하게 된다. 사회심리학자들은 개인의 심리적 측면을 강조하여 자아의 형성, 발달과정을 사회화 과정으로 이해하려고 한다.

## 3. 사회화 기관

사회화의 대표적인 기관으로는 가정, 또래집단, 학교, 대중매체를 들 수 있다. 이 중에서도 가정이 가장 큰 영향을 미친다.

### 1) 가정

인간은 태어나면서 속하게 되는 가정으로부터 가장 큰 영향을 받으며, 가정은 일차적 기관으로서의 역할을 한다. 자신이 태어난 가정의 생활방식에 따라 여러 가지 행동, 태도, 가치, 규범 등을 배우며, 인격의 틀을 구축하게 되는 것이다. 6세 이전에 모든 인성(personality)이 형성된다고 보는 심리발달 이론가들은 가정에서 주로 언어와 모방, 행위유형 습득 등이 이루어진다고 주장한다. 이러한 특징은 인간의 성장발달과정에서 가정이 중요한 역할을 한다는 것을 증명해 준다.

### 2) 또래집단

아이가 성장하면서, 이웃이나 놀이터에 혼자 나가 놀 수 있게 될 무렵부터는 또래의 동무들과 어울리는 시간이 많아지고 그들로부터 영향을 받게 된다. 또래집단은 가족과는 상당히 다른 새로운 언어 및 의사전달능력, 인지기술, 사회적 기술, 성역할, 사회성 등을 형성하게 된다. 실제로 가정이나 학교에서 가르쳐 주지 않는 여러 가지 사고방식이나 행동양식은 또래집단에서 또래들과의 커뮤니케이션을 통하여 형성된다.

### 3) 학교

학교에 입학하면서, 가정이나 또래집단 등의 비형식적인 사회화 기관과 달리, 집단 속에서 형식적 기대와 규범을 통한 조직적인 생활을 습득하게 된다. 학교는 계획적 · 합리적 · 의도적인 사회화 기관으로서 주로 특수한 지식과 기술을 가르치기도 하고, 또 사회의 도덕적 규범이나 가치체계를 함양시키는 구실을 한다.

학생들은 학교생활을 통하여 일반적인 지식, 태도, 기술을 습득할 뿐만 아니라 동료들과의 비공식적인 상호작용을 통하여, 또는 교사와의 관계를 통하여 사회적 역할 등을 습득함으로써 사회화된다. 또한 학교에서 아동 및 청소년들을 사회화시키는 데 있어서 중요한 역할을 하는 것은 교사다. 교사는 학생의 사회화를 담당하며 사회화 모델, 행동수정 등의 역할을 한다.

### 4) 대중매체

대중매체(mass media)는 과학기술의 발달로 말미암아 우리 생활에 크게 영향을 미치고 있으며, 주요한 사회화의 대행자 역할을 담당한다. 어릴 때부터 TV와 컴퓨터 등을 접하게 되는 인간은 성장과정에서 대중매체의 위력을 실감한다. 인간은 대중매체를 통해 전달되는 각종 지식과 태도와 생활양식을 맹목적으로 받아들이며 생활하는 경향이 있다. 대중매체가 인간을 사회화시키고 있는 것이다.

이러한 대중매체의 사회화 방법은 첫째, 모방(modeling)으로 행위에 영향을 주는 준거집단(reference groups)이 영향을 미친다. 둘째, 모형학습

(modeling)으로 동일시(identification)와 같은 의미를 지니며, 모방과는 구별된다. 특정 대상을 무조건적으로 모방하는 것이 아니라 자신이 본받을 만한 대상의 행위에 대해 알고 싶어 하는 충동을 통하여, 자신을 같은 입장에 놓고 행동함으로써 긍정적 행위를 닮고자 하는 경향이다. 셋째, 역할학습(role learning)의 방법으로 한 개인이나 집단에게 주어진 역할기대가 영향을 준다. 넷째, 자아 형성의 방법이 있으며, 한 개인이 사회적·문화적으로 규정되는 행동규범을 자기의 행동규범으로 바꾸어 자의적으로 수용하고 발달시켜 나가는 과정을 일컫는다. 이것은 외부의 어떤 자극이나 영향을 받지 않고 자신이 누구이며, 현재 어느 수준에 위치해 있는지, 또 무엇을 해야 하고 해서는 안 되는지를 스스로 확인하는 행위를 의미한다.

## 4. 사회화의 방법

개인의 입장에서 사회화는 사회적 학습과정이다. 사회적 학습은 타인과의 상호작용을 통하여 그의 사회적 행동을 수정하고 보완하는 과정이다. 사회적 학습의 과정에 영향을 미치는 요소로서 행위학습을 들 수 있다.

행위학습은 외형적으로 관찰될 수 있는 행동의 변화과정을 의미하며 조건에 의한 학습, 도구적 학습, 역할학습, 모방학습, 동일시 등이 포함된다.

### 1) 조건화에 의한 학습

파블로프(Pavlov)로 대표되는 학습유형으로서 조건반사로 행동이 형성되는 학습을 의미한다. 즉, 기대되는 행동을 위해 자극을 주어 학습자가 반응하도록 하는 학습유형이다. 아동이나 학습자는 기대되는 행동을 함으로써 주어지는 보상에 대한 기대심리로 요구되는 바람직한 행동을 반복하게 된다.

### 2) 도구적 학습

도구적 학습은 보상을 받기 위한 목적의 학습이다. 이때 행동과 학습을 유발하는 요소는 내적 욕구의 충족이며, 행동과 학습의 방향과 강도를 결정하는 요소는 외부에서 주어지는 보상이다. 사회적으로 바람직한 행동을 함으로써 다른 사람들에게 인정과 칭찬을 받게 되면 그 행동을 반복적으로 나타낸다.

### 3) 역할학습

역할학습은 어떤 지위를 차지한 사람이 그 지위에 요구되고 기대되는 행동을 학습하고 수행하는 과정이다. 역할기대의 내용은 문화적, 제도적으로 혹은 접촉하는 개인에 의하여 한 지위에 요구되는 기대다. 학생은 어떤 일을 해야 하고 어떠한 태도와 몸가짐을 취해야 하는가, 또 교사는 어떤 일과 태도로 행동해야 하는가 등은 교사나 학생이라는 지위에 수반되는 행동을 의미한다. 역할학습은 집단이나 사회체제 속에서 지위를 차지한 사람들의 상호작용과정에서 이루어진다. 즉, 인간관계가 이루어지는 모든 곳에서 역할학습은 진행되는 것이다. 지위에 부과되는 역할기대가 분명할수록 역할학습은 촉진되고, 모호할수록 역할갈등을 야기시켜 역할학습은 저해된다.

### 4) 모방학습

모방학습은 타인의 행동을 모방하는 사회적 학습을 말한다. 부모나 교사, 동료 또는 소설이나 영화, TV 등의 특정 인물의 행동을 모방하는 것이다. 사람은 자기에게 유리한 타인과 보상을 받을 수 있는 타인을 하나의 모형으로 삼게 된다. 칭찬과 보상을 받기 위하여 타인의 행동을 모방하게 되는 것이다. 예를 들면, 친구가 어떤 특정한 행동으로 주변의 칭찬을 들었을 때 그 친구의 행동을 모방하게 되며, 그의 모방된 행동에 칭찬을 기대하여 친구의 행동을 계속 모방하게 된다.

### 5) 동일시

동일시는 모방할 타인을 어떻게 선택하느냐의 과정까지 포함하는, 모방학습보다 좀 더 넓은 의미를 갖는다. 학습자가 접촉하는 사람들 중 누구를 선택하느냐에는 여러 가지 요인이 작용하는데, 보상을 주는 사람, 지위나 권력이 높은 사람, 본인과 유사한 점이 있는 사람, 동일시 인물로 규정하지 않으면 해가 미칠 수 있는 사람 등이 요인으로 작용한다.

## 제2절 교육의 사회적 기능

교육의 사회적 기능은 보는 시각에 따라 다양하게 논의될 수 있다. 예를 들어, 앤더슨(Anderson)은 교육이 사회에 대해 수행하는 기능 또는 역할을 미래에 대비한 직업의 준비, 좁은 문화로부터 전체 문화로의 확대 참여, 개인적 성장 · 발달 도모, 사회적 선발, 지식의 보존과 개방 등으로 보았다. 반면에 김병성은 문화유산의 전달, 사회통합, 사회충원, 사회적 지위 이동, 사회개혁의 기능 등을 교육의 사회적 기능으로 제시하였다. 또한 교육의 사회적 기능은 크게 보수적 기능과 진보적 또는 개혁적 기능으로 분류할 수 있다.

### 1. 보수적 기능

교육의 사회적 기능 중 보수적 기능은 교육이라는 활동을 통해서 기존의 사회체제 및 질서를 유지하는 기능을 말한다. 교육은 사회체제 및 질서를 유지하기 위해 다양한 역할을 수행하는데, 먼저 문화유산 전달의 기능이 있다. 문화란 한 집단에서 습득된 제반 생활양식의 총체다. 사회구성원들이 기존의 문화를 학습하지 못하면 인간다운 인간으로서 생활할 수 없을 뿐만 아니라, 그 사회 자체의 유지도 위협을 받게 된다. 사회가 유지되기 위해서는 생활양식의 총화인 문화유산이 다음 세대에 전달될 수 있어야 하는데, 교육이 이러한 기능을 담당한다. 교육을 일종의 문화전달 또는 번식의 과정으로 이해하는 이유가 여기 있다. 이렇듯 사회적 활동으로서의 교육은 과거와 현재의 다양한 문화유산들 중에서 중핵적이고 본질적이며 영원하고 보편적인 지식을 다음 세대에 전달하는 기능을 담당한다. 즉, 사회의 유지를 위해서 교육은 근본적인 것, 영원한 것, 중추적인 것, 전통적인 것을 존중하고 이것을 전달하는 것을 사명으로 해야 한다. 이런 맥락에서 보면 학교라는 기관은 교재 또는 교과서를 통하여 단순히 지식을 전달하는 곳이 아니라, 가치 있는 문화내용의 조직을 체계적으로 전달하는 기관이라 할 수 있다. 또한 교사는 문화유산의 가장 대표적인 전달자라고 할 수 있다.

다음으로 사회통합의 기능이 있다. 사회유지를 위해서는 다양한 구성원들이 지적 · 정서적으로 일체화되어 하나의 통합된 집단으로 형성되어야 한다. 국가의 경우, 국민 형성과 통합이 반드시 필요하며, 이것은 국민교육제도를 통하여 보다 효과적으로 달성된다. 그러나 학교가 존재하지 않는다면 국민 누구나 지녀야 할 문화의 공통요인의 층이 엷아지고 계층문화와 지역문화의 층이 두터워지기 때문에, 사회의 안정성과 통합을 가져오는 데 불안요인이 될 수밖에 없을 것이다(이종각, 1999).

또 다른 교육의 사회적 기능은 사회충원의 기능이다. 일반적으로 사회는 새로운 성원들에 의해 지속적으로 충원되어야만 유지될 수 있다. 특히 현대는 각 분야에서 요구하는 능력을 갖춘 인력이 끊임없이 충원되어야 사회가 무리 없이 유지될 수 있다. 교육은 사회가 요구하는 인력을 공급하고 충원시키는 기능을 수행한다.

마지막으로 사회선발 및 배치의 기능이 있다. 민주사회에서는 능력과 업적에 따라 사회에 진출하고 승진하고 그에 합당한 보상을 받아야 한다. 교육은 누가 이러한 능력을 갖추었는가를 평가하고, 그 결과로 인력을 선발하여 적재적소에 배치하는 기능을 수행한다.

이상과 같은 기능들은 결국 기존 사회체제 및 질서를 유지하기 위한 교육의 보수적 기능이라고 할 수 있다. 사회체제 및 질서의 유지를 위해서는 보수적 기능들을 수행하는 것이 중요하다. 그러나 교육의 보수적 기능만이 지나치게 강조되면, 교육이 과거지향적인 경향을 띠게 되거나 사회구성원의 다양성과 자율성을 해치는 결과를 초래할 수 있다.

## 2. 진보적 기능

교육적 활동은 보수적 기능과 함께 사회개혁 또는 발전이라는 진보적 기능도 있다. 즉, 교육은 문화유산의 전달, 사회통합, 사회충원, 사회선발 및 배치의 기능을 수행할 뿐만 아니라, 오늘의 문제점을 해결하고, 사회의 발전을 도모하며, 미래의 문제점에 대한 대책을 세움으로써 사회개혁의 기능도 수행한다. 이러한 교육의 진보적 또는 사회개혁적 기능은 듀이(J. Dewey)와 브라멜드(T. Brameld)의 교육이론에 잘 나타나 있다.

먼저 듀이는 『나의 교육신조』에서 교육은 사회진보를 가져오는 가장 근본적인 수단이요, 방법임을 강조했다. 그는 교육을 통해서 학생의 사회의식을 높이고 그들에게 사회적 문제의식을 촉구하여 사회진보와 사회혁신의 동력을 키워 가야 한다고 생각했다. 듀이의 주장은 결국 학교가 기존의 사회를 개혁하여 보다 이상적인 사회를 구축하는 데 중요한 역할을 수행해야 한다는 것이다.

브라멜드 역시 듀이와 유사하게 교육을 통해 사회를 혁신함으로써 위기에 처해 있는 인류를 구원해야 한다고 주장하였다. 그에 의하면, 교육의 주된 목적은 현대의 위기에 대처하기 위하여 사회를 재건하는 데 있다. 즉, 교육이란 학교를 통하여 학생에게 인류의 위기의식을 고취시켜 새로운 사회질서와 복지사회를 창출할 수 있는 기반을 조성하는 것이다. 여기에 그의 재건주의 사상이 나타나 있다. 따라서 교육은 필연적으로 혁명적인 성격을 지녀야 한다.

브라멜드는 교육은 명확하게 짜인 사회개혁 프로그램을 강력하게 추진해야 하며, 교육자가 이 개혁운동에 앞장서야 한다고 주장하였다. 또한 교실에서는 인류가 앞으로 풀어야 할 긴급한 당면문제들을 조명해서 다루어야 하며, 필요하다면 강력한 주입식 교육방법으로라도 학생의 사회의식을 높여야 한다는 것이 그의 신념이었다.

결론적으로, 교육의 보수적 기능과 진보적 기능 중 무엇이 더 중요하고 우선적인가를 가늠하는 일은 생산적이지 않다. 바람직한 교육을 위해서는 두 가지 대립적 기능을 지양하고 통일하여 보다 발전적인 사회적 기능을 수행하도록 해야 할 것이다.

## 제3절 교육사회학의 접근이론

사회학의 이론에는 크게 구조기능주의이론, 갈등이론, 신사회학이 있다. 이들 사회학이론과 교육과의 관계를 고찰한 것이 구조기능론적 교육사회학, 갈등론적 교육사회학, 신교육사회학이다. 전자의 두 입장은 교육사회학의 거시적 관점이고, 후자는 미시적 관점이다. 즉, 구조기능주의이론과 갈등이론에 기초하고 있는 교육사회학은 교육의 기능을 설명하는 데 있어 주로 교육의 본질 또는 교육 내적 과정보다는 외적 기능에 초점을 두는 반면, 후자는 주로 교육 내부의 과정에 관심을 두고 있다.

### 1. 구조기능주의이론과 교육

구조기능주의이론(structural-functional theory)은 사회학의 창시자로 불리는 콩트(Comte)와 사회유기체설을 제시한 스펜서(Spencer) 등의 사상 및 이론적 기초 위에 뒤르켐에 의하여 이론적 근거가 발전되었으며, 사회학이론으로의 구축은 파슨스(Parsons)에 의해 이루어졌다.

### 1) 구조기능주의의 관점

구조기능주의이론은 사회를 생물학적 유기체에 비유하여 상호의존적인 여러 기관이나 부분이 전체의 생존과 존립을 위하여 필요한 각각의 기능을 수행한다고 설명한다. 따라서 인간 신체의 팔, 다리, 머리, 가슴 등이 비정상적으로 작동할 때 정상으로 회복하려는 속성이 있는 것과 마찬가지로, 사회는 항상 안정을 유지하려는 속성을 지니고 있으며, 안정이 깨질 경우 이를 회복하려고 노력한다는 것이다. 이 때문에 구조기능론자들은 한 사회를 구조와 기능이라는 측면에서 분석하고 이해하려고 하며, 그 지속과 번영을 위하여 질서 · 균형 · 안정을 추구하며, 이로써 사회구성원 또는 구성요인 간의 합의(consensus)와 통합(integration)을 이루게 된다(김병성, 1993).

뒤르켐은 모든 사회가 해체되지 않고 응결, 지속되고 있는 이유는 사회질서 때문이라고 생각했고, 사회질서의 기초는 사회구성원 간의 상호의존성과 합의에 있다고 하였다(Durkheim, 1956).

구조기능주의자들은 사회를 많은 부분들로 이루어진 존재로 본다. 각 부분들은 구조를 가지고 있으며, 구조를 분해하면 개인에 이르게 된다. 개인은 사회의 여러 구조 안에서 어떤 위치를 차지하여 역할을 수행하게 되는데, 이것은 사회가 유지 · 존속되기 위해 수행되어야 하는 활동을 의미하는 것이며, 곧 기능이다. 즉, 사회의 각 부분이 전체의 존속을 위하여 필요한 기능을 수행하며, 상호 보완 · 협동하여 사회가 유지된다는 것이다.

### 2) 구조기능주의이론과 교육

구조기능론적 교육사회학은 사회학이론인 구조기능주의이론에 기초해서 교육현상에 접근하고 이해하는 입장이다.

다렌도르프(Dahrendorf)는 구조기능주의이론의 기본 가정을 다음과 같이 제시하고 있다. 첫째, 모든 사회는 비교적 지속적이고 안정된 부분요소들의 구조다. 둘째, 모든 사회는 부분요소들이 잘 통합된 구조다. 셋째, 사회의 모든 부분요소는 어떤 기능을 수행한다. 즉, 전체 사회가 하나의 유기적인 체계로서 유지·발전되는 데 기여한다. 넷째, 모든 기능적인 사회구조는 구성원들 간의 가치관의 합의에 바탕을 두고 있다.

이러한 구조기능주의이론에 기초하고 있는 교육사회학자들은 교육을 전체 사회의 하위체제 또는 부분요소로 이해하고, 사회의 존속을 위한 나름의 역할과 기능을 수행하고 있다고 생각한다.

이종각은 구조기능주의이론에 입각한 교육사회학자들의 (학교)교육관을 다음과 같이 제시하였다(이종각, 1999). 첫째, 학교교육의 목적은 본질적으로 기존 사회의 유지와 변화하는 사회에 적응하기 위한 사회화에 있다.

둘째, 학교교육의 기능은 재능 있는 사람들을 분류하고 선발하는 합리적인 방법을 사회에 제공하여, 업적주의 사회의 기반을 튼튼히 하는 데 있다. 흔히 교육의 사회적 기능을 문화전달 기능, 사회통합 기능, 사회충원 기능, 사회이동촉진 기능, 사회혁신적 기능으로 제시하는데, 이는 기능론적 시각에서 제시된 교육의 사회적 기능이다.

셋째, 학교는 지식과 전문적 소양을 중시하고 있는 현대 전문가 사회에서 제반 역할 수행에 필요한 각종 지식, 기술, 가치규범을 함양하여 전문가 사회에 적응해야 한다.

넷째, 학교는 능력 있는 사람을 분류·선발하는 합리적인 방안으로서, 가장 능력 있는 사람들이 높은 사회적 지위를 획득할 수 있도록 해 준다.

다섯째, 능력별 분류에 의한 서로 다른 교육적 성취는 장래 성인사회의 직업적 분화에 도움을 준다.

여섯째, 교육개혁에서 점진적 개량주의의 입장을 취하며, 변화하는 사회에의 적응과 기회균등 확보를 기본 원리로 삼는다.

이 입장에서의 교육은 업적주의를 지향한다. 업적주의란 사회경제적 보상이 개인의 능력이나 업적 정도에 따라 분배된다는 것으로서, 자본주의 사회의 계층에 대한 구조기능주의이론의 핵심을 이루는 논리다. 즉, 능력에 따라 혜택이 분배된다는 것이다. 이것은 개인주의를 바탕으로 하며, 경쟁의 공정성과 개방성을 전제로 하고 있다. 그러나 이러한 전제들이 완전히 충족된 사회는 없으며, 그것이 충족되는 정도도 사회마다 다르다.

또한 구조기능주의이론에 입각한 교육사회학자들은 교육민주화와 평등화를 위해 교육기회를 확대해야 한다고 주장하며, 이를 위해 다음과 같은 조치가 따라야 한다고 주장한다(한준상, 1982). 첫째, 아동은 가정환경을 고려하여 능력에 따라 분류해야 한다. 왜냐하면 적성에 맞는 학습기회를 제공해야 하기 때문이다. 둘째, 적성 · 학습능력에 맞는 교과과정을 제공해야 한다. 이러한 교과과정 준비는 어렵지 않다. 왜냐하면 학교에서는 적성검사나 지능검사 실시, 상담 등의 활용이 활발하기 때문이다. 셋째, 학습능력에 맞는 학습방법, 학급 편성이 고려되어야 한다. 넷째, 아동의 능력, 교과과정, 학급 편성, 교사 배치 간의 연계성이 고려되어야 한다. 다섯째, 서로 다른 아동들의 학업 및 기술 습득은 다양한 평가방법으로 판단해야 한다.

구조기능주의 교육사회학에서의 이러한 논리는 결국 민주사회의 이상인 기회 평등이 교육기회 평등으로 이어지고, 이것은 다시 능력과 환경에 맞는 재능개발과 효과적인 선발기능으로 이어져, 업적과 능력에 따른 사회진출이 가능하게 됨으로써 업적주의 사회 건설로 이어지고 있다는 것을 보여주고 있다(이종각, 1999).

구조기능주의자들의 교육에 대한 관점을 요약하면, 학교는 사회를 유지 · 존속시키는 여러 제도들 중의 하나이며, 자라나는 세대를 사회화시킨다. 또한 장차 성인이 되어 담당하게 될 사회에서의 특정 역할을 위해 능력 있는 사람들을 교육을 통하여 선발 · 배치한다. 이러한 선발과 배치의 과정에서 학교는 특정 직업적 지위에 능력 있는 사람을 선발하기 위하여 학생들에게 경쟁을 유도함으로써 포부를 과열시키기도 하고, 소수의 직업적 지위 경쟁의 무의미성을 강조함으로써 냉각시키기도 한다. 학교가 성원들을 사회화함으로써 사회의 안정 · 통합을 가져올 수 있고, 개인들이 특정 직업을 갖는 것은 분업의 원리에 의해 공정한 경쟁을 통하여 능력에 따라 배치된다.

### 3) 구조기능주의이론에 대한 비판

사회를 하나의 커다란 체제로 보고 교육적 활동을 체제의 일부분으로 간주하면서 교육이 사회발전의 원동력이라는 긍정적 측면을 제시하였음에도 불구하고, 구조기능주의 교육사회학은 어느 정도 한계점을 지닌다. 이것을 몇 가지로 요약해 보면 다음과 같다.

첫째, 사회 내의 개인과 집단 간의 대립과 갈등을 경시하고 통합성과 합의성을 지나치게 강조함으로써 변화와 개혁보다는 현상유지를 지지하여 학교교육을 규격화시켰다. 둘째, 교육을 둘러싼 사회가 경쟁적인 이데올로기의 각축장이라는 점을 고려하지 못했다. 셋째, 교육선발이 능력본위로 이루어진다는 기본 전제 때문에 선발과정의 귀속적 측면에 대한 관심을 소홀히 다루었다. 넷째, 교육선발의 방법, 제도 등이 고소득층에 유리하도록 되어 있다는 점을 간과하였다. 다섯째, 구조기능주의 관점에서는 교육문제들이 일시적인 병리현상 정도로만 이해되기 때문에 부분적 개선책의 개발에만 집중해 왔다. 여섯째, 교육을 정치 · 경제적 구조의 종속변수로만 인식함으로써 교육의 본질을 밝히려는 노력이 부족하였다.

## 2. 갈등이론과 교육

갈등이론(conflict theory)은 마르크스(Marx)나 베버(Weber) 등의 사상과 이론을 토대로 왈러(Waller), 보울즈(Bowles), 코저(Coser), 다렌도르프(Dahrendorf) 등을 중심으로 하여 등장했다. 이들은 구조기능주의 이론가들이 사회의 기능적 통합, 사회의 안정에 초점을 맞추고 있는 것에 반해, 사회의 강제적인 변경과 사회변화에 역점을 두고 있으며, 교육은 지배집단의 권익을 정당화하고 주입시켜 기존 사회계층구조를 재생산하는 데 주력하고 있다고 보았다.

### 1) 갈등이론의 관점

갈등이론의 핵심은 사회가 개인 및 집단 간의 끊임없는 경쟁과 갈등의 연속이라는 것이다. 즉, 사회는 세력다툼, 집단 간의 이해대립, 지배자의 압제와 피지배자의 저항 등으로 끊임없는 변화가 일어나는 곳이다.

다렌도르프는 갈등이론 입장에서 사회를 다음과 같이 요약하고 있다. 첫째, 모든 사회는 시시각각으로 변화과정을 겪게 마련이다. 따라서 사회변동은 아무 때나 어디에서나 일어난다. 둘째, 모든 사회는 언제나 불합의와 갈등을 나타낸다. 따라서 모든 곳에서 사회적 갈등이 늘 존재한다. 셋째, 사회의 모든 부분요소는 사회의 와해와 변동에 기여한다. 넷째, 모든 사회는 일부 구성원들에 대한 다른 구성원들의 강제에 바탕을 두고 있다. 즉, 사회질서란 어떤 사람이 다른 사람, 집단에 일정한 제약을 부과해 놓은 상태를 말할 뿐이다.

이러한 것을 볼 때 갈등이론가들은 사회의 모든 요소는 긴장 · 경쟁 · 갈등을 일으키는 원인이며, 갈등의 근본 원인은 사회계급 간의 권력 또는 경제적 부의 차이에서 비롯된다고 믿고 있음을 알 수 있다. 또한 이들은 지배집단과 피지배집단 간에는 언제나 불일치와 갈등을 보이며, 이것은 사회분열과 사회변동을 초래하기도 한다고 주장하였다. 또한 사회질서 유지는 피지배집단에 대한 지배집단의 강제와 억압을 통해서 가능하다고 하였다.

### 2) 갈등이론과 교육과의 관계

사실 1970년대 초까지는 구조기능주의이론이 주류를 이루었으며, 학교교육에 대한 비판의 소리는 일부 학자들의 메아리 없는 주장에 불과하였다. 그러다가 교육의 현실을 올바르게 설명하지 못한다는 비판이 거세지면서, 1970년대 중반 이후 갈등이론이 확산되기 시작하였다.

갈등이론은 교육이 불평등을 재생산시키는 도구라고 하였다. 한 사회의 지배계급이 갖고 있는 문화를 사회화를 통하여 전수시키고, 능력을 토대로 한 선발보다는 사회·경제적 배경에 의해서 사회계층이 재생산되는 불평등의 구조를 교육이 담당하고 있다고 주장하였다. 그 결과 사회는 계층 간의 경쟁과 갈등의 현장이며, 이러한 현상은 교육의 기능상의 문제가 아니라 사회구조상의 결함 내지 사회체제 자체의 모순에 기인한다고 하였다.

이러한 갈등론적 관점을 취하는 교육사회학자들의 교육관에 따르면, 학교는 다음과 같은 성격을 지니고 있다(이종각, 1999). 첫째, 학교는 객관적이고 중립적인 기관이 아니며, 지배집단과 관련을 맺고 있다. 둘째, 학교는 지배집단의 이데올로기를 전수하는 곳으로, 불평등한 사회구조를 심화시키는 역할을 한다. 셋째, 학교는 업적주의 이념으로 공정성을 위장하고 있으며, 실패의 원인을 사회구조적인 측면보다 개인의 능력과 노력 부족으로 돌리고 있다. 넷째, 학교에서 가르치는 것은 인지적 능력보다는 지배집단이 선호하는 가치, 태도, 규범 등이다. 다섯째, 결국 학교는 기존의 불평등한 사회질서에 개인을 편입시키며, 지배집단의 이익에 기여하는 도구적 장치에 불과하다.

### 3) 갈등이론에 대한 비판

구조기능주의 관점의 사회이론에 반기를 들면서 등장한 갈등이론은 학교와 사회의 기본적 문제를 들추어내는 데 주력하였다. 그 결과 오늘날 학교교육을 통한 사회적 불평등의 재생산, 특정 문화와 이념의 표준화 등 교

〈표 5-1〉 구조기능주의이론과 갈등이론에 대한 이해

| 구 분 | 구조기능주의이론 | 갈등이론 |
|---|---|---|
| 대표자 | • Comte<br>• Spencer<br>• Durkheim<br>• Parsons | • Marx<br>• Weber<br>• Bowles<br>• Dahrendorf |
| 사회관점 및 기본 전제 | • 사회의 모든 요소는 안정지향적, 상호의존적, 통합적<br>• 사회변화는 점진적이고 누적적(개량주의적)<br>• 사회체제 유지를 위한 공동체의식 강조 | • 모든 사회는 변화지향적, 불일치와 갈등이 산재<br>• 사회변화는 급진적, 비약적(개혁주의적)<br>• 사회의 각 집단은 경쟁적, 대립적, 관계부정적 |
| 핵심 요소 | • 구조와 기능<br>• 통합<br>• 안정<br>• 합의 | • 갈등<br>• 변동<br>• 강제 |
| 교육의 기능 | • 사회화<br>• 선발 · 배치의 기능 | • 지배집단의 이데올로기 정당화<br>• 강제적 사회화 |
| 학교에 대한 관점 | • 사회의 안정과 질서에 기여하는 제도<br>• 기술, 지식 등의 공동체의식을 전수<br>• 국가경제 성장, 발전과 자아실현 역할<br>• 삶의 기회를 공평하게 하여 사회적 불평등을 해소<br>• 개인의 재능과 노력에 따른 공정한 평가<br>• 지위를 위한 사다리, 사회이동 촉진 | • 지배계급의 이익에 종사하는 도구<br>• 기존의 질서를 재생산함으로써 사회 불평등을 영속화<br>• 교육은 이데올로기적 상부구조, 교과내용은 지배계급의 문화와 이익과 관련<br>• 피지배계층에게 기존의 불평등 위계구조에 순응하도록 강요하는 이데올로기적 기관<br>• 인간을 강요하고 억압함으로써 타율적이고 수동적인 존재로 전락시킴 |
| 교육목적 | • 사회화와 사회적 선발을 통한 사회질서 통합 · 안정 · 발전 | • 사회의 구조적 불평등 개선 |
| 비판점 | • 지나치게 보수적 입장<br>• 학력경쟁 가열화 | • 교육의 기능 과소평가<br>• 대안 제시의 부재 |

육적 현실에서의 단점을 파악하여 교육의 실천적인 측면에 대하여 숙고해 볼 수 있는 기회를 제공하였다. 그러나 이러한 긍정적인 측면에도 불구하고 갈등론적 교육사회학은 몇 가지의 한계점을 지니고 있다. 그것은 갈등론적 관점이 교육적 행위 속에서 갈등과 세력경쟁을 지나치게 강조하다보니, 교육이 사회적 결속력을 높이고 국가적 공동체의식을 높이는 데 기여한 점은 과소평가한다는 것이다.

또한 교육선발의 불평등요소를 지나치게 강조함으로써 학교교육을 통한 능력과 재능의 선발과 배치를 제대로 인정하지 않으며, 사회적 상승이동에 기여한 학교교육의 기여에 대해 인정하지 않으려 한다는 점이다. 따라서 갈등이론이 기존 학교제도의 근본적인 문제점을 파악하여 교육학적인 관심을 제시한 것은 커다란 공헌이라 할 수 있지만, 현존 교육제도에 대한 비판이 지나쳐 그것이 지니는 긍정적인 측면까지도 부정함으로써, 기존 제도를 근본적으로 도외시한다는 한계를 나타냈다(김신일, 1987).

## 3. 신교육사회학

구조기능주의이론과 갈등이론은 주로 거시적인 시각에서 학교교육을 바라봄으로써, 결과적으로 학교 안에서 일어나는 실제적이고 구체적인 교수-학습의 과정을 놓치고 있다. 다시 말하면 학교에 어떤 요인이 투입되어 어떤 결과가 산출되는가에만 관심을 갖고 있을 뿐이지, 학교라는 구체적인 현장에서 그 투입요인이 어떤 과정을 통해 어떻게 변화되는지를 파악하지 못했다. 마치 학교를 일종의 블랙박스(black box)로 간주해버리고 말았다.

신교육사회학은 구조기능주의이론과 갈등이론의 이러한 한계에 주목하여, 교실현장에서 어떠한 지식이 어떻게 분배되고 조직되며 계층화되는지 등에 관심을 기울이고자 하는 새로운 경향이다. 구조기능주의이론과 갈등이론이 숲을 보려고 하는 접근방식이라면, 신교육사회학은 나무를 보고자 하는 접근방식이라고 할 수 있다.

신교육사회학의 대표적인 학자로는 번스타인(Bernstein), 영(Young), 고버트(Gorbutt), 데이비스(Davis) 등이 있다. 고버트는 교육내용의 중요성을 강조하는 이러한 새로운 학문동향을 가리켜 신교육사회학이라 명명하였다. 영은 종래의 교육사회학을 단호하게 비판하면서 신교육사회학은 언어나 교육과정의 사회학적 연구에 관심을 모아야 하며, 지식의 사회적 조직의 문제, 즉 어떤 지식과 기준에 의하여 교육이 조정되고 지배되느냐 하는 것에 의문을 두었다. 『지식과 통제』라는 책을 통하여 종래의 교육사회학은 사회계층과 교육기회의 분배문제에만 집착한 나머지 학교 내부의 현상에는 등한시하였다고 지적하면서, 교육기관에서는 지식의 사회성에 눈을 돌려야 한다고 주장하였다(김신일, 1987).

신교육사회학의 핵심적인 질문은 '학교의 지식은 누구의 지식인가.' '그것은 어떻게 조직되고 분배되며 계층화되는가.' '특정 지식이 학교지식으로 선택되는 이유는 무엇인가.' '그 지식은 어떠한 사회적, 이념적 배경을 지니고 있는가.' 등이다. 그리고 그러한 질문에 답하기 위해서 구체적인 교실현장에서 교사와 학생이 그리고 학생과 학생이 서로 어떻게 상호작용하는지와 같은 세부적인 사항을 분석하고자 한다. 즉, 신교육사회학은 지식내용 자체의 합리성, 타당성을 검토하는 입장을 취하고 있다.

이러한 견해는 지식사회학이 체계화되고 지식에 대한 사회학적 탐구를 가능하게 하는 방법론이 주어지면서 새로이 대두된 것이라고 할 수 있다. 문화적 현상을 이해하기 위해서는 그것이 생겨나고 인식된 사회적 배경을 탐색해 봄으로써, 사회적 하부구조와 지적 상부구조의 관계를 정확히 알 수 있다는 것이다(정봉도, 1993).

신교육사회학은 지식사회학을 중심으로 현상학, 해석학, 상징적 상호작용론, 민속방법론, 신마르크스주의적 비판이론 등에 그 이념적 뿌리를 두고 있으며, 신교육사회학을 다른 말로 교육과정사회학이라고도 한다.

신교육사회학은 갈등이론이 학교교육문제를 문화재생산이나 사회재생산이라는 관점에서 학교 내의 요인에 초점을 두고 있는 것과 마찬가지로, 학교교육의 기능적인 면보다는 역기능적인 면에 관심을 두고 있다. 그러나 갈등론자들은 교육 불평등의 원인이 사회제도에 있다고 보는 반면, 신교육사회학자들은 교육 내부의 문제로 시선을 돌렸다. 즉, 교육 불평등을 제거하기 위해 구조적으로 마련된 일련의 교육개혁의 실패는 학교교육과정에서 새롭게 검토되어야 한다고 강조했다(김병성, 1990).

신교육사회학에서 주장하고자 하는 요점은 학교에서 가르치는 교육내용으로서의 지식은 시대와 사회를 초월해서 존재하는 것으로 생각하는 경우가 많았다는 것이다. 따라서 우리는 학교에서 다루어지는 지식이 누구에게나 보편타당하다고 생각해 왔으며, 어떻게 하면 이 지식을 효율적으로 학생들에게 전달할 것인가에 많은 관심을 기울였을 뿐 이것이 어떻게, 누구에 의해, 왜 구성되는지에 대해서는 관심이 소홀했다는 것이다(김영우 외, 1995). 그러므로 신교육사회학자들은 학교에서 가르치는 지식이 가치중립적인 것이 아니라 특권 지배층의 여러 생활양식이 반영되어 재생산된다는 것을 새로운 시각에서 조명하려고 했다.

이상에서 교육과 사회의 관계, 교육의 사회적 기능, 교육사회학의 주요 이론들에 대해 살펴보았다. 가장 중요한 것은 교육 또는 학교교육이 사회와 밀접하게 관련되어 있다는 사실을 보다 깊이 인식하는 것이다. 교육의 목적이나 내용 또는 방법, 교육제도, 교육정책 등은 모두 그 사회의 구조적 특성으로부터 자유로울 수 없다. 일반적으로 매우 객관적이고 거의 절대적이라고 믿고 있는 교과서 내용조차 우리 사회의 여러 특성들을반영하고 있다. 중요한 것은 어떤 특성이 어떻게 반영되어 있고, 교육은 또한 그 특성들에 대해 어떻게 대응하고 있는가를 심도 있게 이해하는 것이다. 이것이 바로 사회와의 관계 속에서 파악되어야 할 교육학의 과제다.

# 제4절 사회계층과 교육

## 1. 사회계층의 개념

사회구성원들은 개인의 소득, 직업, 교육수준, 사회적 명망 등의 기준에 따라 사회적 지위를 가지게 되며, 이에 따라 역할도 결정된다. 사회계층은 사회 내에서 동일한 혹은 유사한 사회적 지위를 가진 사람들의 집단을 말한다. 즉, 사회를 그 성원의 속성, 이를테면 직업, 재산, 수입, 학력, 직책 등에 따라 몇 개의 범주로 나누고, 그 각각을 계층으로 파악하는 것이다.

일반적으로 사회계층이라는 말 대신 사회계급이라는 말도 사용되나, 엄격하게 구분하면 사회계급은 경제적 조건이 유사하고, 비슷한 생활습관, 태도, 행동, 가치관을 가지고 있는 집단을 의미하고, 사회계층은 사회계급에 비하여 포괄적인 개념이며, 객관적인 서열구조에 의해 지위의 상하가 결정된다. 사회계급은 생산수단의 소유, 지배수단 및 권력에 어느 정도 접근해 있느냐에 따라 결정된다.

사회계층을 논할 때 항상 등장하여 대비되는 개념이 부르주아와 프롤레타리아다. 이에 대해 마르크스(Marx)는 계층은 인간이 제도적으로 만들어 놓은 불평등의 체계라고 하고, 계급은 생산수단의 소유여부와 생산관계의 지위와 역할의 차이에 의해서 구별된다고 하였다. 부르주아는 근대 자본가나 생산수단의 소유자 및 임금노동 고용자 계급이며, 프롤레타리아는 생산수단이 없기 때문에 살아가기 위해서 노동력을 팔 수밖에 없는 근대 임금노동자 계급이다.

베버(Weber)는 마르크스의 기본적인 사상에는 동의하나, 경제적 차원으로만 국한시키는 것에는 한계가 있다고 생각하여 경제적 요인 외에도 권력과 권위를 보충하여 재산, 권력, 권위가 사회계층을 형성한다고 설명하였다.

구조기능주의 관점에서는 사회조직(사회체제)에 의해 계층체계가 만들어진다고 본다. 사회계층은 통합, 조정, 응집을 위한 사회적 욕구에서 생긴다고 하여, 보편적이며 필요하고 또 필연적인 것으로 간주한다. 사회계층은 사회와 개인이 적절한 기능을 하도록 촉진하며, 사회적 공통가치의 표현이며, 항상 진보적인 과정을 통하여 변화한다고 본다.

이에 반하여 갈등주의 입장에서 사회계층은 집단정복, 경쟁, 갈등으로부터 생기며, 사회와 개인이 적절한 기능을 못하도록 방해할 뿐 아니라 이것은 권력집단들의 가치의 표현이며, 이로 인해 일자리, 보상, 권력은 늘 불평등하고 부당하게 배분된다고 강조한다.

## 2. 사회계층의 결정요인

사회계층에 관심이 있는 사람들은 수입, 교육, 직업 등 세 가지 기준을 사회계층으로 결정하는 가장 중요한 요소로 본다.

### 1) 재산과 수입

재산과 수입의 원천이 떳떳하고, 수입이 안정적일수록 높은 사회계층의 지위를 차지할 수 있다. 술집주인은 돈을 많이 벌지만 그의 사회적 지위는 대학교수보다 낮으며, 교회의 목사는 수입은 적지만 그의 수입의 수십 배가 넘는 야구선수보다 사회적 존경을 더 받는다.

### 2) 직업

그 사람의 직업을 알면 그 사람의 교육정도, 생활수준, 그의 친구들이 누구인가 대강 짐작할 수 있다. 직업은 그 사람의 생활과 양식을 알기에 가장 좋은 요인이다.

직업의 평가는 직업에 따른 수입의 정도, 그 직업을 갖기 위해 필수적이며 필요한 훈련이나 교육정도, 직업의 사회적 중요도, 권위의 정도, 작업상의 조건 등과 관련 있다.

### 3) 교육

오늘날의 직업구조는 대개 초등학교 졸업생들에게는 육체노동의 사회적 지위를, 중등학교 졸업생들에게는 하급 관리층의 사회적 지위를, 대학졸업생들에게는 전문직의 기회를 주고 있다. 이는 개인이 얼마나 학교교육을 많이 받았느냐 하는 것이 그 사람의 일생 동안 사회적 지위와 직접적으로 관련되어 있다는 것을 말해 주고 있다. 요즘 같은 전문화 사회에서는 지식과 기술이 사회적으로 요청되고, 그러한 지식이나 기술이 오랫동안 학교교육에서 습득되는 경우에는 학교교육의 중요성이 더욱 커진다. 하지만 학교교육을 받기 위해서는 돈이 많이 들고, 또 중류사회의 부모들이 하는 것과 같은 격려가 있어야 하기 때문에 학교교육은 사회계층과 밀접한 관계를 갖는다.

교육의 질을 평가하는 요인으로는 학교에 다닌 햇수와 함께 학위의 종류, 전공분야, 학교의 종류와 명성, 학업성적 등을 들 수 있다. 일류학교의 졸업생은 상류사회에 올라가기에 더 용이한 위치를 차지해 왔다.

## 3. 사회계층의 문화적 특징

### 1) 상류층

우리나라의 경우 상류층은 아직 학문적으로 논의되지 않았다. 미국의 경우를 살펴보면, 직종별로는 박물관 이사, 심포니 오케스트라 관계자, 상공회의소의원, 종교적으로는 영국의 성공회 및 장로교가 많다. 이들은 이미 사회적으로 지위가 확립되어 있기 때문에 굳이 자기의 위치를 높이기 위하여 전시효과가 큰 자동차나 큰 저택을 갖는 경우가 다른 계급에 비해 흔하지 않다. 반면 자기들끼리의 배타적인 클럽을 갖는 경우가 많다. 그들은 학벌에 관계없이 상류층 지위를 가질 수 있다고 생각하기 때문에 중류층 사람들보다 학벌을 덜 중요하게 생각한다. 그러나 상층문화에 따라 행동하지 않으면 압력이 가해진다.

### 2) 중상층

중류층에서 상층은 주로 전문직 종사자, 변호사, 의사, 저명한 목사, 교수, 회사 사장, 상공회의소의원이 포함된다. 사회적으로 저명한 가족 전통은 없으며, 자신의 노력으로 현재의 위치에 오른 경우가 많다. 상당수의 사람들이 상류층으로 이동한다. 이들의 행동특징은 사교적이며 미래지향적이고 독립심이 강하고 경쟁적인 사회생활에 강하다. 그들이 현재 차지하고 있는 위치는 돈과 학벌에 의존하기 때문에 돈과 학벌, 특히 대학교육을 중요시한다. 학교교육을 높게 평가하기 때문에 학교에 대한 열성이 대단하다. 또한 다른 사람으로부터 인정을 받으려고 애쓰기 때문에 사교적 모임, 학교 사친회, 지역사회모임 등에서 가장 활동적이다. 이들은 '우리의 조상이 누구인가를 따지지 않는다. 내가 어디 출신인가보다 현재의 내가 누구인가가 더 중요하다.' 고 생각한다. 이들은 남과 조화적이고 관용적이며 독단적이지 않고 융통성이 있다. 또한 성공은 노력이 결과라고 생각하고 열심히 일하고자 하는 태도를 가지고 있다.

### 3) 중하층

이 계층은 사회의 하부 관리인, 판매원, 공장노동자, 감독, 숙련기술자, 철도기술자 등 하층의 관리직과 기술자들이다. 수입은 국가적으로 보면 중간에 속한다. 검소하고, 특히 경제적인 독립을 중요하게 여기며, 남에게 신세지지 않고 살아가는 것을 큰 자랑으로 생각한다. 학교와 교회를 존중하고 안정적인 생활을 하는 모범적인 소시민이다. 이들의 행동특징은 중상층과 마찬가지로 학벌을 매우 중요시하며, 학교에 대한 열성이 강하다. 따라서 중상층과 함께 가장 이상적인 교육환경을 이룬다고 볼 수 있다.

### 4) 하상층 노동자계층

이 계층에는 숙련 또는 미숙련의 노동자들이 속한다. 미국에서는 이민 온 사람들의 대부분이 여기에 속한다고 보고 있으며, 종교적으로는 카톨릭, 여호와의 증인, 유태인들이 많다.

우리나라에서는 노동자 외에 영세상인, 자급자족을 겨우 하는 영세농가들이 여기에 포함된다. 중등교육을 마치는 사람이 많지 않으며, 대학에 자녀를 보내는 사람이 많지 않아 빈곤의 악순환이 일어날 소지를 안고 있다.

### 5) 하하층 노동자계층

사회의 최하층에서 몇 세대를 살아오는 사람들로서 막일로 생계를 유지하는 사람들이 주로 여기에 속한다. 우리나라에서는 생활이 매우 어렵고 일정한 주거와 직업이 없이 방황하는 사람들이 여기에 포함된다.

사회적으로 존경받지 못하고, 통계적으로 보아 성적 탈선, 범죄, 빈민굴 등과 관련된 사람들이 많다. 초등학교를 마치지 못한 사람들도 상당수 있다. 애써 취직했다 해도 입에 풀칠하기 어렵고, 한평생을 빚 속에서 살기 때문에 인생의 성공을 근면이나 절약의 결과로 믿지 않고 오히려 행운이나 가족적 배경 때문이라고 생각한다. 그들의 인간관계는 친척 및 가까운 동료들과의 비공식적인 관계에 그치고, 사회적으로 남 앞에 나서서 활동하기를 꺼린다. 이러한 환경이 이 계층에 속한 자녀들을 지진아, 공격적인 문제아, 게으름뱅이, 도움이 필요한 특수아동이 되게 하는 원인이 된다.

## 4. 사회계층 이동의 관련요인

교육은 사회계층 사이에 존재하는 장벽을 무너뜨리려고 하면서, 다른 한편으로는 각자에게 주어진 사회적 역할을 존중하도록 강조하고, 사회계층 사이의 차이를 굳히는 역할도 동시에 수행한다. 이런 측면에서 교육은 사회적 기능으로서 사회적 이동을 촉진하며, 평등사회의 이념 실현에 이바지한다.

사회이동이란 한 개인이나 집단이 어떤 사회적 위치로부터 다른 사회적 위치로 이동하는 것을 말한다(김병성, 2004). 예를 들면, 농민의 자녀가 의사, 변호사, 전문직종이나 회사임원이 되는 경우다. 사회이동은 수직이동과 수평이동으로 다시 나누는데, 수직이동은 계층적 위치가 상승하거나 하강하는 경우를 의미한다. 예컨대, 수입이 많아지거나, 직업에서 계급이 높아지거나, 또는 높은 사회적 신분의 사람과 결혼함으로써 위로 올라가는 상승이동과 그 반대의 경우인 하강이동이 여기에 속한다. 수평이동이라 함은 동일한 계층 내에서의 위치변화를 말하는 것으로서 한 학교의 교사가 다른 학교로 이동하는 경우가 좋은 예다.

사회계층 이동은 개인의 특성, 직업과 수입, 가정요인과 밀접한 관련이 있다(김병성, 2004).

### 1) 개인적 특성

개인의 지능이라든가 학업성취, 특기 등은 사회적인 상승이동을 가능하게 한다. 우리 사회의 예를 보면 명문대 진학이라든가, 고등고시 등은 개인적인 특성인 지능이라든가 학업성취를 통해서 수직적 상승이동을 이룰 수 있다는 것을 보여 주는 좋은 예다. 따라서 학생의 지능지수라든가, 학업성적을 잣대로 미래를 예측하는 경우가 많다.

경우에 따라서는 개인적인 특기가 사회이동의 촉진 수단이 되기도 한다.

유명한 스포츠 선수, 영화배우 중에는 그들의 특기가 사회적 상승이동을 촉진시키기도 한다.

### 2) 직업과 수입

직업에는 단순노동직부터 고도의 전문직까지 수많은 형태가 있다. 그러나 직업의 유형과 전문성의 정도에 따라 사회적 권위와 가치가 분명하게 구분된다. 그것은 곧 직업이 사회적 신분의 수직적 상승이동과 밀접한 관련이 있다는 것을 의미한다.

또 직업적 지위는 수입과도 연관된다. 그러나 무엇보다도 수입을 결정하는 직업의 선택에 영향을 주는 것은 교육수준이다. 따라서 직업이나 직업에 따른 수입에 의해 상승이동이 되지만, 직업은 교육수준과 상관관계가 있기 때문에 결국은 사회이동을 결정하는 요인은 교육수준이라 할 수 있다.

### 3) 가정요인

사회적 상승이동에 영향을 미치는 요인으로 가정배경을 들 수 있다. 가정에서의 형제와 자매의 수, 부모의 교육수준, 부모의 결혼시기와 사회경제적 지위 등은 사회적 상승이동과 밀접한 관련이 있다.

자녀의 사회이동에 주는 영향은 아버지보다 어머니가 더 크다. 어머니가 자녀들과 더 많은 시간을 보내기 때문에 야심 있는 자녀를 만드는 데 어머니의 역할이 클 수 있다는 것이다. 또한 어머니의 높은 학력이 자녀의 사회적 이동에 더 효과적이라는 견해도 있다. 그리고 지배적인 아버지보다 자녀들에게 자유로운 의사표현과 분위기를 허용하는 아버지가 자녀의 상승이동에 더 영향을 준다. 아버지가 강압적인 지시나 명령을 하지 않고 자녀들의 자유로운 분위기를 조장하면, 자녀들은 자신의 과업을 능동적으로 처리하기 때문에 자율적인 힘이 길러지는데, 이것은 사회이동의 가능성을 높일 수 있다는 것이다.

또 사회적으로 조혼보다는 늦은 결혼이 사회적 상승이동에 도움이 된다는 경험적 연구 결과도 있다. 연구에 의하면, 늦게 결혼한 여성들이 조혼한 여성에 비하여 지능과 학업성적이 높고 사회적 상승이동을 더 많이 하였다. 이러한 결과는 유럽의 경우와도 일치한다(김병성, 2003).

Chapter 06

# 교육과정

## 제1절 교육과정의 개념

### 1. 교육과정의 의미

교육이 이루어지기 위해서는 교육을 하는 사람이나 기관이 있고, 배우는 주체가 있어 이들이 성취하려고 하는 교육목적이 있으며, 그 목적을 성취하기 위해서 계획하고 선정해야 할 과업내용이 있어야 한다. 이때 과업내용의 선정과 계획이 교육과정(curriculum)에 해당한다.

교육과정은 관점에 따라서 다양하게 정의할 수 있다. 이를 세 부류로 유목화하면 첫째, 교육과정을 일종의 교수요목(course of study) 또는 교과라고 정의하는 입장이다. 이것은 가장 전통적인 정의로서, 교육과정을 교사가 가르쳐 나갈 교수내용의 체계 또는 학생이 학습해 나갈 코스라고 보는 견해다. 일반적으로 학교에서 국어, 수학, 영어, 사회 등 여러 과목을 배워왔다. 그 각각의 과목은 각 학년에 따라 가르치고 배워야 할 일정한 내용이 사전에 짜여져 있다. 한마디로 말해서, 교사가 가르쳐 갈 교수내용의 체계 또는 학생들이 학습해 나갈 코스로서, 사전에 이미 계획되어 있는 내용의 체계를 교육과정이라고 생각하는 입장이다. 교육과정을 이러한 교수요목 또는 교과로 보는 견해는 주로 20세기 이전 또는 20세기 초반까지 일반적이었다. 이 입장이 가진 맹점은 교육과정이 일상적인 생활 또는 경험과 분리되어 존재한다는 사실이다. 예를 들어, 교과서가 그 자체로서 가치와 의의를 가진 것으로, 그 자체로서 하나의 진리인 것처럼 보여지는 것이 이 경우에 해당된다.

둘째, 교육과정을 학교에서 교사의 지도 하에 학생들이 가지는 모든 경험이라고 정의하는 입장이다. 1930년대 이후 미국 진보주의의 영향으로 발생한 교육과정으로, 일상적인 생활에서 발생하는 제반 문제를 효율적으로 해결할 수 있도록 하기 위한 교육과정, 즉 실생활을 위한 교육과정이다. 이 교육과정은 일상적인 생활과 학교에서 가르치고 배우는 교육과정이 매우 밀접하게 연결될 수 있다는 장점이 있다. 반면에 학문적이고 체계적인 사고와 연구를 소홀히 하게 된다는 단점이 있다.

셋째, 교육과정을 일련의 의도된 체계적인 학습 결과로 보는 입장이다. 이것은 생활중심 교육과정이 지닌 폐단을 극복하기 위해 1950년대 이후에 나타난 교육과정으로, 학문중심 또는 탐구중심 교육과정이라고 한다. 학문에서 요구되는 체계적 지식과 탐구능력을 길러 주는 것이 현대사회에서 학교가 해야 할 중대한 임무라고 보고, 교육과정도 학문적 체계와 탐구방식을 강조하는 방향으로 조직되어야 한다고 믿는다.

## 2. 교육과정의 성격

현대 교육과정의 기본적인 요구는 교육과정의 민주화, 생활화라는 대전제 하에 종합화, 활동화 그리고 개별화의 요구를 충족시키는 방향으로 나아가고 있다. 종전의 교과과정 또는 학과과정이라는 좁은 뜻에서, 학교의 지도 하에 이루어지는 학생의 학습활동의 총체 또는 경험의 총체라고 보는 넓은 의미로 변화하였다.

이러한 의미로 본다면 교육과정이 학교교육에서 갖는 일반적 성격(강현석, 2003)은 첫째, 넓고 포괄적이어야 한다. 즉, 학생과 교사가 행하는 일이 교육과정의 전체이고, 생활이 바로 교육과정이 되어야 한다는 것이다.

둘째, 교육과정은 교육목적을 달성하기 위한 수단이어야 한다. 언제나 교육목적과 교육이념이 반영되어 있어야 하고, 교육목적의 변화와 더불어 교육과정도 바뀌어야 한다.

셋째, 교육과정에는 개인차가 고려되어야 한다. 교육은 한 사회의 구성원 혹은 시민으로서의 일반적 수준도 고려되어야 하지만, 그 응용에 있어서는 각 개인의 능력과 흥미에 따라 다르게 반영되어야 한다.

넷째, 교육과정은 아동이나 학생의 창조력을 기르는 것이어야 한다. 일정한 모습을 모든 학생에게 강요하는 것은 그들의 천재적 재능을 말살하는 것이다. 밖으로부터 교사가 부여하는 것보다 학생의 흥미에 의하여 활동을 일으키게 하고, 기초적이며 이질적인 것을 제외하고는 기억적인 학습은 추방되어야 한다.

다섯째, 교육과정은 생활중심적이어야 한다. 생활중심의 교육과정은 아동, 학생과 사회와의 현재 및 미래의 생활뿐 아니라 과거의 생활도 고려해야 한다.

여섯째, 교육과정은 민주적으로 협력하여 마련되어야 한다. 학교의 교육과정도 민주적으로 사회구성원들의 의견을 수렴하여 그 사회에 필요한 것들이 편재되어야 한다.

일곱째, 교육과정은 부단히 개정되어야 한다. 변화가 없는 정적인 사회에서는 교육과정의 개정이 필요 없지만, 오늘날과 같이 끊임없는 진보와 발전이 예상되는 사회에서는 교육과정도 부단히 혁신되어야 한다. 그러나 충격이 최소화되는 방향으로 개정되어야 한다.

여덟째, 교육과정은 모든 학교에서 동일하게 적용될 수 없다. 각 지역사회는 저마다 독자적인 환경, 습관, 특성 및 요구를 갖고 있다. 뿐만 아니라 그 지역의 생활을 배경으로 하는 아동들의 요구는 제각기 다르다. 교육과정은 이러한 요구를 받아들여야 하기 때문에 한 학교의 교육과정이 다른 학교에서는 적합하지 않을 수 있다. 그러므로 학교별, 지역별로 다른 교육과정을 가져야 한다.

## 3. 교육과정의 구성

교육과정은 일반적으로 교육목적(목표)의 설정, 교육내용의 선정 및 조직, 단원의 계획과 전개, 평가와 같은 네 가지 요소로 이루어져 있다. 이 요소들은 동시에 교육과정을 구성하는 일련의 절차 혹은 단계라고 할 수 있다.

### 1) 교육목적(목표)의 설정

교육목적(목표)의 설정이란 일련의 교육작용을 통해 달성하고자 하는 목적 또는 목표를 의미한다. 따라서 모든 교육적 노력에서 가장 일차적인 과제이면서 가장 중요한 것이다. 왜냐하면 모든 교육적 노력은 교육목적 또는 목표를 어떻게 설정하느냐에 따라 달라질 수 있기 때문이다.

교육목적(목표)을 설정하는 원리에는 일반적으로 여섯 가지가 있다. 첫째, 구체성의 원리는 학습경험 선정과 지도에 구체적인 시사를 줄 수 있는 구체적이고 명확한 행동적 술어로 진술되어야 한다는 것이다. 둘째, 포괄성의 원리는 넓은 행동특성의 변화를 충분히 포함할 수 있어야 한다는 것이다. 셋째, 내면화의 원리는 교육활동에 있어 모든 교육구성원들이 내면화할 수 있어야 한다는 것으로, 모든 구성원들이 타당하다고 인정하고 그것을 용이하게 수용할 수 있어야 한다는 원리다. 넷째, 가변성의 원리는 그 타당성이 항상 비판되고 필요에 따라 언제나 변경, 변화 가능해야 한다는

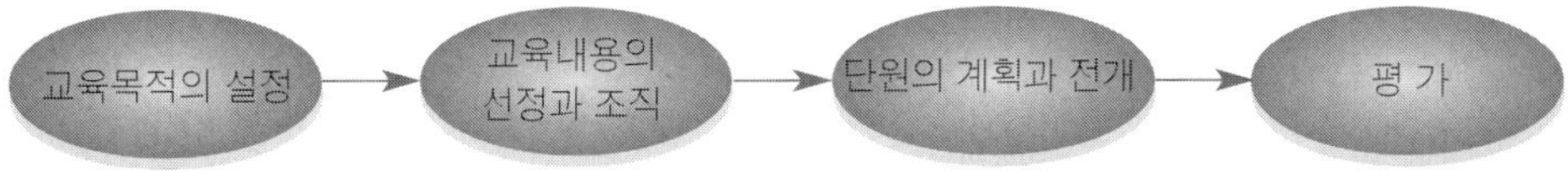


[그림 6-1] 교육과정의 구성

것이다. 다섯째, 일관성의 원리는 통일성, 일관성 있게 진술되어야 한다는 것이다. 여섯째, 실현가능성의 원리는 현실적으로 실현 가능한 교육목표를 설정해야 한다는 것이다.

### 2) 교육내용의 선정과 조직

교육목적 또는 목표가 설정되었으면, 그 목적과 목표를 실현하기에 적합한 내용을 선정해야 한다. 교육내용은 어떤 교육목적 또는 목표에 따라 구체적으로 무엇을 가르칠 것인가와 직결되는 문제다.

교육내용은 다섯 가지의 기준에 입각해서 선정하는 것이 좋다. 첫째, 기회의 원리는 교육내용은 교육목표 달성에 직결되는 학습경험을 학생에게 실제로 학습할 기회를 제공해 줄 수 있는 것이어야 한다는 원리다. 둘째, 전이의 원리는 전이 가능성이 높은 교육내용을 선정하는 것이 좋다는 원리다. 셋째, 동기유발(흥미)의 원리는 교육목적이 지시하는 학습활동은 학습자의 내부적 요구와 목적의식이 직접적으로 일치해서 동기를 유발시킬 수 있는 것이어야 한다는 원리다. 넷째, 가능성의 원리는 학습경험 또는 교육내용은 학생의 능력, 경험직 배경 그리고 현재의 발달수준에서 감당할 수 있는 것이어야 한다는 원리다. 다섯째, 동경험 다목적의 원리는 바람직한 학습경험이란 한 가지 학습경험을 통해서 여러 가지 학습 결과를 동시에 가져올 수 있는 것이어야 한다는 원리다. 여섯째, 동목적 다경험의 원리는 한 가지 목적을 달성하기 위해 그와 관련된 학습경험이 많을수록 좋다는 원리다.

구슬이 서 말이라도 꿰어야 보배라는 말이 있듯이, 그 내용들을 적절한 규칙에 따라 잘 조직해야 한다. 다시 말하면 선정된 교육내용을 횡적으로 혹은 종적으로 적절하게 체계화해야 한다. 이것은 가르쳐야 할 시기와 관련되어 있는 문제다.

교육과정을 조직할 때는 여섯 가지의 원리에 입각해서 조직하는 것이 좋다. 첫째, 계속성의 원리(반복학습의 원리)는 동일한 수준의 교육내용을 계속 반복할 수 있도록 조직해야 한다는 것으로서, 교육내용의 종적인 관계에 관련된 원리다.

둘째, 계열성의 원리(나선형의 원리)는 교육내용을 나선형 교육과정이 되도록 조직해야 한다는 것으로서, 학년이 올라감에 따라 그 내용이 보다 심화, 확대되도록 조직하는 것을 말한다. 계속성의 원리와 함께 교육내용의 종적 관계에 관련된 원리다.

셋째, 통합성의 원리는 교육내용을 다른 내용이나 경험과 밀접하게 통합시켜 조직해야 한다는 것으로, 교육내용의 횡적 관계에 관련된 원리다.

넷째, 균형성의 원리는 여러 수준의 교육내용이 조화 있게 균형을 이루도록 조직해야 한다는 것이다. 예를 들어, 일반교육에 관련된 내용과 특수교육에 관련된 내용의 균형, 추상적 목적에 관련된 내용과 구체적 목적에 관련된 내용의 균형, 신체교육과 정신교육에 관련된 내용의 균형 등과 같이 서로 대비되는 내용들이 조화를 이루어야 한다는 원리다.

다섯째, 다양성의 원리는 학생의 특수한 요구, 흥미, 능력이 충분히 반영되어 다양하고 융통성 있는 경험을 할 수 있도록 교육내용이나 경험을 조직해야 한다는 것이다. 즉, 개인차를 반영할 수 있도록 조직해야 한다는 원리다.

여섯째, 보편성의 원리는 모든 학생이 건전한 민주시민으로서 가져야 할 공통된 가치관, 이해, 태도, 기능을 기를 수 있도록 학습경험이나 내용을 조직해야 한다는 것이다.

### 3) 단원의 계획과 전개

단원이란 어떤 통일된 자원을 중심으로 한 교육내용 또는 학습경험의 일련의 조직으로서, 전체적인 학습경험 또는 교육내용 조직의 한 부분이다. 따라서 각 단원은 전체와 유기적인 관계를 이루어야 한다. 단원은 크게 단원의 계획과 전개로 이루어진다.

단원의 계획이란 학습활동에서 교사의 지도 하에 전개되는 구체적인 학습단원을 사전에 계획하는 것을 의미한다. 단원의 계획은 단원목표의 설정, 과제분석, 전개계획, 평가계획의 단계를 거친다. 첫째, 단원목표의 설정은 교과목표를 세분화하여 세운 뒤, 장기적인 목표와 단기적인 목표를 구분하여 설정한다. 둘째, 과제분석이란 전체적인 학습에 따라 해당 단원에서 가르쳐야 할 최소의 기본 학습단위를 찾아내고, 그 기본 단위의 상호관련성 및 위계적 관계를 밝히는 일이다. 여기에서 학습과제는 학습해야 할 요소와 항목이 어떤 계열에 따라 배열되어 있는 전체를 의미한다. 셋째, 전개계획은 교사 및 학생활동, 학습집단의 조직, 학습매체의 활용, 잠재적 교육과정 등을 고려하여 단원의 세부적인 전개과정을 계획해야 한다. 넷째, 평가계획은 단원의 전개 이전의 진단평가, 단원의 전개과정에서의 형성평가, 단원이 끝난 후의 총괄평가에 관련하여 어떻게 평가할 것인지를 사전에 계획하는 것을 말한다.

단원의 전개는 계획된 단원을 실제로 전개하는 과정으로서, 실제 수업지도과정에 해당한다. 단원 전개는 도입-계획-전개-정리-평가의 순으로 이루어진다. 각 단계의 특징은 〈표 6-1〉과 같다.

〈표 6-1〉 단원 전개의 특징

| 단 계 | 주요 목적 | 내용 및 활동 | 강조점 |
|---|---|---|---|
| 도 입 | • 학생이 주체적으로 참가하도록 유도 | • 선수학습과 관련짓기<br>• 동기유발<br>• 교수목표와 학습목표 제시 및 인지 | • 교수 및 학습목표를 명확하게 인지시킴 |
| 계 획 | • 문제해결의 계획 수립, 학습계획의 수립 | • 문제해결 계획 | • 교수-학습활동 순서를 명확하게 함 |
| 전 개 | • 교사, 학생들의 실제적인 교수-학습활동 전개 | • 역동적인 교수 -학습활동 | • 목표를 향한 학습활동 |
| 정 리 | • 학습성과의 정리와 개관 | • 학습내용 종합정리<br>• 확인학습 실시<br>• 차시 예고 | • 중요 요점이 정리되게 함 |
| 평 가 | • 학습성과의 확인과 피드백 | • 형성평가<br>• 교사 자신 평가 | • 피드백<br>• 개선, 보완 |

### 4) 평가

교육목적(목표)을 설정하고, 그에 따라 교육내용을 선정하고 조직한 다음, 실제로 단원을 전개했다면 마지막으로 해야 할 일은 평가다.

기본적으로 평가는 진단평가, 형성평가, 총괄평가로 나눌 수 있다. 진단평가는 수업을 진행하기 전에 사전에 어느 정도 알고 있는지를 평가하는 것으로서 학습의 준비에 해당되는 것을 평가하는 것이다. 형성평가는 수업을 진행하는 과정에서 교사가 가르친 내용을 학생들이 얼마나 잘 이해하였는지를 확인하는 것이다. 총괄평가는 수업 후에 성적과 수업을 평가하기 위한 것이다.

## 4. 현대 교육과정의 특징

현대 교육과정은 전통적 교육과정의 문제점, 즉 생활의 장(field)이 없었고, 종합성이 결여되고, 개별성이 인정되지 않았으며, 구체성이 없어 자발적인 활동장면이 약하고, 전체 계획과 교육철학이 희박한 전통적인 교육과정을 수정하고 제거하는 방향으로 나타났다.

### 1) 종합성

지금까지의 교육과정은 학교와 가정 그리고 사회가 동떨어져 학습과 생활이 유리되어 종합성이 없었다. 학습내용은 너무도 많은 교과로 구분되고 인위적인 시간표에 의해 절단되어, 아동들은 단편적인 경험만을 거듭하고 종합적인 경험을 거의 가질 수 없었다.

현대 교육과정은 이러한 과거 교육의 단편적 성격을 제거하고 살아 움직이는 생생한 생활의 장에서 종합경험을 얻을 수 있는 종합성을 요구하고 있다. 그것은 민주사회가 사물을 종합적으로 생각하고 판단하여 그것을 바르게 처리하고 종합할 수 있는 인간을 요구하고 있기 때문이다.

### 2) 지역성

지금까지의 교육과정은 중앙통제적이고 일률적이어서 지역성이 거의 고려되지 않았다. 그러나 앞으로의 교육과정은 지역성을 충분히 반영하는 방향으로 전환되어야 한다.

각 지역사회는 지역이 갖는 독자적인 습관과 특성, 환경 그리고 요구를 갖고 있고, 또 아동도 그 지역사회의 풍토와 생활을 배경으로 성장하기 때문에 그들의 요구도 제각기 다르다. 그러므로 교육과정은 학교마다 동일한 것일 수는 없다.

### 3) 개별성

지금까지의 교육과정에는 개별성이 적었다. 종전에는 학생의 일반적인 요구에 응하는 것을 주로 하였고, 학생 한 사람 한 사람의 개별적인 요구에 응하는 바는 적었다. 그러나 새로운 교육과정은 학생들의 일반적인 요구에 응함과 동시에, 그들의 개별적인 요구도 충족될 수 있는 것이어야 한다. 10인 10색이라는 말과 같이, 집단에서는 개인차가 있기 때문이다.

여기에서 현대 교과과정은 각 아동의 개인차에 주목하여 그들의 흥미, 능력, 소질 그리고 필요 등에 응하여 커리큘럼을 구성하려는, 즉 개별적인 요구에 응하는 교육과정을 요구하게 된 것이다. 이러한 요구는 민주사회가 개성이 풍부하고 확고한 신념을 가진, 다시 말하면 어떠한 틀에 얽매이지 않고 스스로의 개성을 지닌 인간을 요구하고 있기 때문이다.

개별성을 중시하는 현대 교육과정은 수업의 형태 면에서도 전환을 가져왔다. 즉, 일제지도(一齊指導)라는 형식을 지양하고 개인차를 살리는 개별학습이 모색되었던 것이다. 근래에 등장한 프로그램 학습 등은 개별학습의 구체화된 모습이다.

## 제2절 교육과정의 주요 유형

교육과정이란 교육의 목적을 달성하기 위한 교육내용 일체를 정비하고

〈표 6-2〉 교육과정의 유형

| 구 분 | 유 형 |
|---|---|
| 개 념 | 공식적 교육과정, 잠재적 교육과정, 실제적 교육과정, 영교육과정 |
| 의사결정수준 | 국가수준 기준교육과정, 시도교육청지침 교육과정, 학교교육과정 |
| 내용조직 | 교과중심 교육과정, 학문중심 교육과정, 경험중심 교육과정, 인간중심 교육과정 |

조직화한 것인데, 설정된 목표를 달성할 수 있는 학습내용과 그것을 담을 수 있는 어떤 형태를 갖추고 있어야 한다. 교육과정의 형태는 인간생활 내용의 복잡성과 다양성에 따라 오늘에 이르기까지 많은 변천을 하였다.

## 1. 개념에 따른 유형

### 1) 공식적 교육과정

공식적 교육과정(official curriculum)은 형식적인 공적 문서 속에 기술되어 있는 교육계획으로, 교육목적과 목표에 따라 구체적이고 분명하게 의도된 교육과정을 말한다. 구체적인 계획을 표현하는 공적인 문서에는 국가교육과정 기준을 담은 국가수준의 문서, 시 · 도교육청의 교육과정 편성 · 운영 지침, 지역교육청의 장학자료, 학교교육과정 혹은 학교교육계획서 등이 있다. 미시적으로는 교과서를 비롯한 수업용 교재, 교사의 수업계획, 실시된 수업, 특별활동 등이 포함될 수 있다.

### 2) 잠재적 교육과정

공식적으로나 표면적으로 의도하지 않은 교육과정으로서 잠재되어 있는 교육과정이다. 의도되지 않은 것들이 학생들에게 영향을 미쳐 배우게 되는 것이다. 잠재적 교육과정은 공식적 교육과정과 병행의 관계에 있기 때문에 긍정적인 면과 부정적인 측면이 항상 존재한다.

### 3) 실제적 교육과정

계획은 실천으로 옮겨야 가치가 있다. 아무리 이상적인 계획이라도 실행에 옮겨지지 않는다면 쓸모가 없다. 교실 수업에서 실제적으로 운영되고 학생의 학습에 영향을 미치는 교수내용이나 시험내용과 같은 것들이 여기에 해당된다. 실제적 교육과정은 교사가 자신의 지식, 신념, 태도를 중심으로 그것을 해석하려는 경향이 있다.

### 4) 영교육과정

영교육과정(null curriculum)은 가르치지 않는 교육과정으로 공적인 문서 속에는 포함되어 있지 않지만, 학생들이 도달해야 할 교육목표나 배워야 할 교육내용을 말한다. 예를 들어, 학교에서 논리적 사고만을 강조하고 심미적 사고를 경시하고 문자나 숫자 위주의 표현양식을 강조하는 데 반해 다양한 감각적 경험을 경시하는 것, 일본이 한국역사 왜곡을 교과서에서 배제시키는 것, 생물교과에서 창조론을 배제하는 것, 지배계급의 부도덕성을 삭제하는 것 등을 들 수 있다.

## 2. 의사결정수준에 따른 유형

### 1) 국가수준 기준교육과정

국가수준에서 고시하는 교육과정으로서 교육에 대한 국가의 의도를 담은 문서내용을 말한다. 이 교육과정은 일반적, 공통적, 기본적, 요강적인 기준을 제시하고 있다는 점에서 기준교육과정이라고 부른다.

### 2) 시 · 도교육청지침 교육과정

지역수준의 교육과정으로서 현재는 시 · 도교육청수준에서 고시하는 교육과정 편성 · 운영지침을 말한다. 이 교육과정은 지역의 특성, 실체, 요구를 고려한 편성 · 운영지침으로서 지역별로 교육과정이 다르다.

### 3) 학교교육과정

학교의 실정, 학생의 실태를 고려한 구체적인 교육과정이다. 단위학교에서는 이상의 상위수준의 교육과정을 참고로 하여 학교의 특성에 부합하는 특색 있는 교육과정을 편성·운영해야 한다. 이 과정에서 흔히 학부모나 학생, 교사의 특성이나 실태 등을 반영하여 학교 차원의 교육계획서를 작성한다. 따라서 일반적으로 단위학교에서는 학교교육계획서 안에 교육과정의 편성, 운영, 평가부문을 포함하여 학교교육과정을 제시하고 있다.

## 3. 내용조직에 따른 유형

교육과정의 유형은 내용조직에 따라 교과중심 교육과정, 경험중심 교육과정, 학문중심 교육과정, 인간중심 교육과정으로 나눌 수 있다(박도순 외, 1996).

### 1) 교과중심 교육과정

교과중심의 교육과정은 가장 전통적인 교육과정으로서 희랍시대의 7개 교과목(7자유과: 문법, 수사학, 변증법, 산술, 기하, 천문, 음악)이 선구라고 할 수 있다. 이 교육과정은 지식의 체계를 중시하는 교육과정으로 교수요목, 학과과정, 교과과정과 같은 의미다. 인류문화유산이 체계화되고 조직화된 교과를 학습케 함으로써 앞으로의 여러 문제들을 해결할 수 있는 능력을 기르는 데 주안점을 둔 것이다. 교과중심 교육과정은 주지주의나 이성주의적 사고방식에 입각한 것으로 볼 수 있다.

교과중심 교육과정은 오늘날에도 대부분의 교사들이 받아들이는 개념으로서 교육과정의 가장 오래된 개념이다. 그 주요 특징은 첫째, 인류문화유산의 전달이 주된 교육내용이 된다. 둘째, 교사중심이며 지식과 기능의 신장에 주력한다. 셋째, 교과가 설명 위주로 조직되어 있다. 넷째, 한정된 교과영역 안에서만 학습활동이 이루어진다. 예컨대, 국사시간에는 국사만 다루어야지 국어를 다루면 안 된다는 것이다.

### 2) 경험중심 교육과정

경험중심 교육과정은 교과중심 교육과정에 대한 비판에서 출발하였다. 즉, 미국에서 진보주의 교육사조가 나타남에 따라 교과중심 교육과정으로는 학습자가 급변하는 사회에 적응할 수 없으며, 현실생활과의 거리가 너무 멀다는 데에서 경험중심 교육과정이 등장하게 되었다. 이 교육과정의 중심사상은 플라톤, 루소를 거쳐 제창되어 오다가, 20세기에 들어 듀이에 의해 결실을 보았다. 학습자의 흥미와 욕구 그리고 능력에 직접적인 관심을 갖는다.

경험중심 교육과정에서는 교육과정을 비교적 단절된 교수요목으로 보기보다는 '학교의 지도 하에 학습자가 가지게 되는 모든 경험'으로 정의함으로써 그 의미를 분명히 하고 있다. 근원적으로 교과중심 교육과정을 배격한 것이 아니라 교육과정에 따라 기본 관점에서 큰 차이가 있는 것이다.

주요 특징은 첫째, 학습자의 흥미와 필요가 교육과정 구성의 기초가 되고 자발적인 활동을 촉진한다. 즉, 사회적으로 가치가 있고 개인적인 성장 면에서 의의가 있는 흥미를 중심으로 해서 학습자의 자발적인 활동을 전개한다는 것이다. 둘째, 생생하고 활기 있는 학습을 할 수 있다. '행함으로써 배운다(learning by doing).'라는 학습심리의 근본적 원리 하에 이루어지기 때문에 자연히 학습은 자율성을 띠게 되므로 동적으로 활기 있게 전개된다. 셋째, 현실적이고 실제적인 생활문제를 해결할 수 있는 능력을 기른다. 넷째, 민주사회의 시민 양성에 유리하다. 다섯째, 경험중심 교육과정은 사전에 계획될 수 없다. 학습자들의 흥미와 필요에서 교육이 출발하기 때문에 사전에 학습활동의 내용을 계획해서 조직한다는 것은 어려운 일이다.

### 3) 학문중심 교육과정

학문중심 교육과정을 일으키게 한 중요한 요인은 1957년 구소련의 인공위성 발사다. 스푸트니크호의 발사는 미국교육에 대한 비난과 반성을 일으켰으며, 그로 인해 그때까지 환영받던 진보주의자들은 한발 뒤로 물러서고 본질주의 학파들이 등장하게 되었다. 즉, 학습이란 즉각적인 적용을 하는 것이기보다는 힘들여 공부하는 것이며, 교육을 주도하는 사람은 학습자가 아닌 교사여야 하며, 교육과정에서 가장 필요한 것은 정신훈련의 원천인 지식이라는 것이다.

학문중심 교육과정의 특징은 첫째, 이성적인 마음을 망라하여 학습자로 하여금 학문을 연구하도록 한다. 즉, 학문분야에 관한 체계적인 지식을 습득함으로써 보다 넓은 사회에 적응하여 성장할 수 있도록 하는 것이다. 어떤 교육학자들은 인지적 개념을 받아들여 지적 기능을 바로 교과에 적용함으로써 개발된다고 보고 있다. 필수과정과 탐구의 즐거움을 그 핵심 요소의 하나로 하고 있다. 둘째, 교육과정의 대상으로 선정될 수 있는 지식은 정당화될 수 있는 신념(종합성), 사회적 유용성, 교육의 기초가 되는 필수지식이다.

### 4) 인간중심 교육과정

1960년대부터 학문중심 교육과정이 기초과목으로 학습내용을 강조하여 기술·과학적 혁신에만 열중한 결과, 교육제도에 대한 논쟁, 학교교육에 대한 비판, 교육본질에 대한 논쟁이 일기 시작했다. 즉, 교육대상으로서의 인간을 보는 눈을 달리했던 것이다. 교육이란 지식과 기술을 습득하기 위해서만 행해지는 것이 아니라 인간에 대한 이해, 인간성의 개발, 타인과의 관계, 새로운 인간형의 창조를 위해 행해져야 하고, 또 그러한 내용들을 교육목표로 삼아야 한다는 전제 하에 나타난 것이 바로 인간중심 교육과정이다.

인간중심 교육과정의 특징은 첫째, 교육과정의 기능은 개인에게 내적 경험을 제공하는 것이라고 본다. 즉, 교육의 목표는 인성적 성장, 통합, 자율성을 꾀하고 자아 및 타인 그리고 학습에 대한 건전한 태도를 형성하는 과정으로서 자아실현에로 나아가는 길이라는 것이다. 둘째, 잠재적 교육과정을 표면적 교육과정[1]과 똑같이, 경우에 따라서는 더 중시한다. 셋째, 교육환경의 인간화를 위해 노력한다. 넷째, 인간주의적 교사를 가장 필요로 한다.

## 제3절 교육과정의 최근 동향

교육과정은 학교교육과 가장 밀접하게 관련되어 있어서, 제도적인 교육정책이나 교육개혁의 방향에 가장 민감한 부분이다. 동시에 각 나라마다 교육과정을 통하여 교육의 개혁을 구체화하고 교사의 교실수업에 변화를 꾀하려고 한다. 교육과정의 측면에서 비교적 지속적으로 제기되고 강조되고 있는 최근의 동향은 수준별 교육과정으로 촉발된 교육과정 차별화의 문제, 수요자 시대로 대변되는 학습자중심 교육과정의 문제, 교수방법과 유아교육에서 유행처럼 번지고 있는 구성주의 교육과정, 선택교육과정, 교육과정 통합문제 등이 있다(강현석, 2003).

### 1. 교육과정의 차별화

학습자의 개인차에 부응하는 교육과정의 개별화를 실현하기 위해서는 그동안 한국 교육과정의 문제점으로 지적되어 온 교육과정 의사결정의 지나친 중앙집권화와, 국가교육과정의 지나친 상세화가 지양되어야 한다. 따라서 학교중심의 교육과정 개발에 대한 융통성을 폭넓게 부여하여 각 학교

---

1) 표면적 교육과정은 교사의 지도, 계획, 의도에 의해 학습자들이 가지는 경험을 중심으로 하는 교육과정이고, 잠재적 교육과정은 교사의 지도, 계획, 의도가 없거나 또는 이런 것들과 관계없이 학습자들이 가지는 경험을 중심으로 하는 교육과정이다.

의 실정에 맞게, 또 학부모와 학생들의 요구를 수렴하여 교육과정이 융통성 있게 운영되도록 하는 것이 바람직하다. 더구나 수준별 교육과정의 도입으로 각 학교별로 또 학교의 특성에 따라 다양한 교육과정 차별화 방안을 구상해야 한다. 교육과정의 차별화는 교육대상이나 여러 요인에 의해 이수해야 할 교육과정을 분화시키는 것으로, 계열화의 성격을 지니고 있다.

중 · 고등학교 수준에서는 학생들의 다양한 필요와 흥미, 진로에 따라 일반계와 실업계, 특수목적고, 대안학교 등이 설립되어 있기 때문에 각 학교에 맞는 다양하고 차별화된 교육과정을 개발하여 운영하고, 이를 지원하는 학생들에게 자연스럽게 교육과정이 차별화되도록 하는 것이 필요하다. 특히 학생들의 진로, 필요, 흥미에 따라 학교 간의 교육과정 차별화는 현실적으로 중요하다.

따라서 각 학교의 자율성을 최대한 보장해 주고, 학생과 학부모에게 학교를 선택할 수 있도록 해야 한다. 각 학교들은 자연스럽게 교과과정이 차별화되고, 또 학교 안에서도 다양한 수업방법을 개발하여 학습자 스스로가 자신의 능력에 맞는 지식을 구성하고 의미를 탐색하며, 자신의 지식을 계속적으로 재구성할 수 있도록 해야 한다.

## 2. 학습자중심 교육과정

학습자중심의 교육에서는 배우는 사람, 교육받는 대상자가 교육과정의 중심에 놓인다. 가르치는 사람의 일방적 판단보다는 배우는 사람의 관심과 흥미 그리고 욕구가 존중된다.

학습자중심의 교육은 학습자에게 교육의 초점을 맞춘 것으로서, 일반적으로 학자들 사이에서는 학습자들에게 선택권을 부여하는 것을 말한다. 학습자들의 선택권 부여는 물론, 이들의 경험과 흥미와 관심사를 반영한 교육으로 학습목표의 설정에서부터 내용의 선정, 방법, 평가에 이르기까지 학습자들에게 참여기회를 제공한다. 학습자중심 교육의 최종 목표는 학습자가 스스로 학습할 수 있는 학습방법을 터득하여 자기학습자가 되도록 하는 것이다.

학습자들의 나이에 맞는 마땅히 받아야 할 교육내용을 가르친다는 입장에서 보면, 학습자의 필요는 학습자의 연령에 맞는 교육과 같은 연령의 평균 학습자들과의 차이다. 이런 필요에 의해서 교육과정이 학습자중심으로 이루어져야 한다. 뿐만 아니라 학부모의 요구나 지역사회의 요구는 학습자들이 그 사회에서 삶을 영위하는 데 필요한 요인으로 작용할 수 있기 때문에 그러한 것들도 교육과정의 개발에서 고려되어야 한다.

최근의 구성주의자들은 학습이 일어나는 과정에서 학습자들의 특기, 호기심, 관심사 등이 반영되었을 때 지식 구성이 활성화되고, 창의적인 사고가 일어난다고 주장한다. 학습자중심의 교육은 학습자들의 개별적인 차이와 다양성에 관심을 가지고 교육하는 것이다. 교육과정의 최근 동향은 바로 이러한 학습자중심의 교육과정을 개발하는 것이다.

## 3. 구성주의 교육과정

구성주의 교육과정은 구성주의에 입각한 교육과정을 의미한다. 구성주의는 우리가 어떻게 지식을 획득하는지에 대한 인식론이라고 볼 수 있다. 구성주의에 대한 기본 가정은 학자들에 따라 약간의 차이를 보이면서 다양하게 제시되고 있다(Duffy & Jonassen, 1991; Merrill, 1991; Fosnot, 1984).

구성주의는 지식은 인식의 주체에 의해 구성되고, 맥락적이며, 사회적 협상을 통해 형성된다고 생각한다. 그러므로 오늘날 구성주의적인 관점의 사회에서는 맥락적이며 사회적 협상을 통해 교과과정을 개발하고 운영하는 것이 중요하다. 학습자 스스로 지식을 구성하게 하고, 맥락과 상황 안에서 지식의 의미를 발견하며, 사회적 상호작용 속에서 지식의 의미를 찾아가도록 교과과정을 개발하는 것이 최근의 동향이라 할 수 있다.

## 4. 선택교육과정

선택교육과정은 제7차 선택중심 교육과정에 의해 최근 들어 각광을 받고 있다. 선택교육과정은 학생에게 과목선택권한을 최대한 주어야 하지만, 선택의 주체가 학생 이외에도 국가, 교육청 등이 있으므로 합리적인 선택이 필요하다.

여러 나라에도 다양한 선택교육과정이 운영되고 있으며, 교육과정의 구조, 선택권한의 배분, 교과목 이수체계, 운영상의 요인들이 상이하므로 편성과 운영에서 다양한 요인들이 적절하게 고려될 필요가 있다.

## 5. 통합교육과정

통합교육과정은 교과영역을 분리하는 교과의 구분을 없애고, 따로 떨어진 별개의 교과영역이 사라지도록 하는 교육과정 구성의 한 접근방식으로, 둘 이상의 교과목 간에 자연적이고 조화롭게 수업계획과 수업실행을 종합하고 혼합하고 융합하는 것이다. 교과과정의 통합은 학문분야 중심 통합, 언어와 문학 중심 통합, 기능의 통합, 주제 중심 통합, 쟁점 중심 통합 등 다섯 가지다.

학문분야 중심 통합은 서로 구별되는 둘 이상의 지식체계를 통합하며, 지식의 여러 범주를 함께 묶는 방식이다. 사회과나 과학과 같은 교과는 어느 정도 서로 구분되는 지식체계를 통합하기 때문에 통합적 학문이다. 이것은 학습자들이 피상적인 지식을 넘어서서 고차원적인 사고력에 이를 수 있도록 도와주기 위한 잠재력이 있다.

언어와 문학 중심 통합은 학교 교과 내의 통합과 교과 사이의 통합을 위한 도구로서 많은 문학작품을 활용하는 방식이다. 여러 가지 면에서 교육과정 통합의 출발점이 아니라면 적어도 주요 원동력이 되는 것은 총체적 언어운동이다.

총체적 언어교수라 불리는 기능의 통합은 국어교육과정에서 읽기, 쓰기, 말하기, 듣기 등과 같은 교과의 하위 기능을 따로따로 고립된 상태로 가르치기보다는 오히려 그것들을 통합해서 가르치는 것이다. 총체적 언어 접근 교수는 교육과정 전체를 통해서 읽기와 쓰기의 역할을 강조하고, 교육과정에서 교과 사이의 관계를 맺어 줌으로써 통합교육과정을 창출한다(Tchudi, 1994).

주제 중심 통합은 핵심 주제를 중심으로 탐구와 학습이 되도록 통합하는 것이다. 효과적이고 성공적인 주제단원 설계를 위해 고려해야 할 영역으로 주제 선정, 주제  조직, 자원과 자료수집, 활동과 프로젝트 설계, 단원 실행의 다섯 가지 영역이 있다(Mainbach, 1995).

쟁점 중심 통합은 사회적 쟁점이나 문제를 중심으로 통합하는 방식이다. 사회에서 일어나고 있는 수많은 문제들을 중심으로 교과를 통합하여 진정한 학습이 일어나도록 도모하는 교과과정의 통합방법이다.

## 6. 기준교육과정운동

교육의 질을 유지하기 위해서 기본적인 교육적 기준이 필요하다고 주장하는 것이다. 가장 전이력이 있고, 생성력이 있는 지식을 학문적 · 과학적 성과로 보고, 그에 준하여 교과의 교육내용을 정비하는 운동이다. 이 운동에서는 내용기준(content standard), 수행기준(performance standard), 벤치마크(benchmarks) 등을 설정한다.

내용기준은 학생들이 무엇을 알아야 하고, 무엇을 해야 할 것인가를 구체화한 것이다. 수행기준은 얼마나 잘했으면 잘했다고 할 수 있는지를 판단하기 위한 요구를 구체화하는 것이다. 벤치마크는 일반적인 언어로 표현된 기준을 발달적으로 적합하게 그 의미를 규정한 것이다.

이러한 기준교육과정운동의 핵심은 학문적 성과 중에서도 핵심적이고 중요한 것을 서로 관련짓는 방식으로 교과의 내용을 정비하고, 이를 학생들에게 의미 있는 방식으로 실생활에서 이해하게 하며, 다시 이해한 것을 바탕으로 문제를 창의적으로 해결하게 하여, 학교에서 가르치는 내용을 초월할 수 있도록 한다는 것이다.

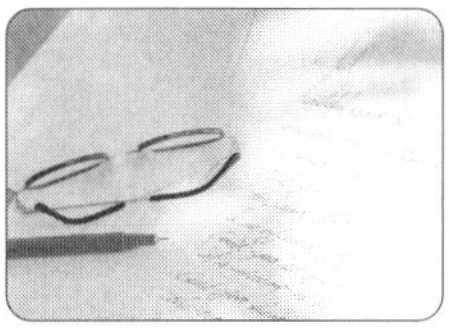

Chapter 07

# 교수-학습이론

교육에서 이루어지는 많은 활동 중 가장 핵심적인 것은 교수-학습에 관계된 것이다. 현대에 와서는 교육의 패러다임이나 개념이 학생 위주의 교육으로 바뀌고 있지만, 그래도 여전히 교사는 가르치고 학생은 배운다는 생각을 가지고 있다.

일반적으로 교사가 학생을 가르치는 것을 수업(授業, teaching) 또는 교수(教授, instruction)라 하고, 학생이 배우는 것을 학습(學習, learning)이라고 한다(김형립 외, 1988).

## 제1절 교수-학습의 개념

학습은 일반적으로 무엇인가를 배운다는 의미다. 인간은 학습을 통하여 인간으로서 살아가는 법을 배우게 된다. 태어나서 무능하고 의존적인 존재인 인간은 학습을 통해서 사물이나 사건에 대하여 배우게 되고, 문화적 요인인 가치관, 태도, 행동에 대한 것을 습득함으로써 복잡한 사회 속에서 적응하며 살아가게 된다.

인간의 성장에 영향을 주는 요인들은 주로 유전에 의해 결정되는 반면에, 학습에 영향을 주는 요인은 주로 생활환경에 따라 결정된다. 사회성원들이 가지는 가치관이나 태도 등은 학습에 의해 형성된 것이므로 궁극적으로는 사회에 책임이 있다. 그러므로 바람직한 학습이 일어나도록 의도적 · 계획적으로 특정한 사상, 즉 조건을 마련해야 한다. 이 같이 학습의 환경적 조건을 의도적 · 계획적으로 마련하는 일을 교수라고 한다.

## 1. 교수의 정의

교수는 흔히 수업이나 학습지도와 동의어로 쓰이고 있다. 그러나 학자에 따라서는 다른 개념으로 사용하기도 한다. 게이지(Gage)와 코리(Corey)는 'teaching' 은 'instruction' 보다 포괄적인 개념이라고 보았다. instruction은 계획적이고 체계적인 활동이고, teaching은 의도적이고 계획적인 활동과 무의도적인 활동을 모두 포함한다는 것이다. 따라서 instruction은 teaching의 특수한 형태 또는 사례라고 본다.

이에 반해 가네(Gagné)와 브릭스(Briggs)는 교수는 교사 개인의 행위에 의해서 조성되고 전개되는 사상이 아니라, 인간의 학습에 직접 효과와 영향을 줄 수 있는 모든 사상을 포함하기 때문에 teaching보다는 instruction이라는 용어를 사용하였다. teaching은 교사의 가르치는 행위만을 가리키는 것이라고 보고, instruction은 교사의 teaching뿐만 아니라 학습을 돕는 다른 모든 사상, 즉 활동을 포함하는 것이라고 보았다.

교수에 대한 또 다른 관점은 teaching, instruction을 포함한 보다 포괄적인 개념으로 보는 관점과, instruction의 한 형태로서 교사의 일방적 개인행동으로 보는 관점이 있다. 기본적으로 instruction은 대체로 학습에 직접 영향을 주는 계획적인 모든 활동이라고 본다. 근래에 와서 교육공학 영역에서는 instruction이란 용어를 더 즐겨 쓰고 있다.

코리는 교수란 개인으로 하여금 특정한 조건 하에서 특정한 행동을 나타내도록 하기 위하여, 또는 특정 상황에 대한 반응으로서 그 특정 행동을 할 수 있게 하기 위하여 그의 환경을 계획적으로 조작하는 과정으로 보았다. 이 정의에서 특정 행동은 교수목표를 가리키는 것이며, 환경은 학습환경을 의미한다. 따라서 교수란 학습자가 학습목표를 달성할 수 있도록 하기 위해서 학습환경을 계획적으로 조작하는 과정이다.

가네와 브릭스는 교수란 학습자의 내적 학습과정을 돕기 위해 마련되는 외적 사상의 집합이라고 정의했다. 이 정의에서 내적 학습과정이란 학습자가 외부로부터의 자극 또는 정보를 수용하여 학습자 내부에서 일어나는 학습의 여러 단계들을 거쳐 지식 혹은 행동을 획득하는 과정을 의미한다. 그리고 외적 사상은 학습의 외적 조건, 즉 학습환경을 의미한다. 가네와 브릭스는 학습의 내적 단계에 따라 적절한 학습환경을 마련해야 한다고 강조하였다.

## 2. 학습의 정의

많은 학자들이 학습에 대해 정의하였다. 힐가드(Hilgard, 1960)에 의하면, 학습이란 반복되는 경험을 통해서 주어진 상황에 대해 학습자의 행동이 변화되는 것이다. 단, 이런 행동의 변화는 학습의 생득적 반응경향이나 성숙이나 일시적 상태(피로나 약물 등)에 의한 것이 아니라고 보았다. 가네(Gagné, 1977)는 학습이란 상당한 기간 동안 지속적이고 연속적인 인간의 특성 또는 능력에서의 변화라고 보았다. 여러 가지 다양한 정의들 속에서 일반적으로 사용하는 학습의 정의는 경험에 의한 지식과 행동에서의 비교적 영구적인 변화다.

학습의 정의에서 변화에 대한 세 가지 요소를 지적할 수 있다(김형립,

1988). 첫째, 학습자에게 일어나는 변화의 지속기간이 단기적이 아니라 장기적이라는 것이다. 즉, 학습은 단기간에 결과를 보이고 소멸되는 것이 아니라 장기간 배운 내용을 토대로 변화가 지속되어야 한다.

둘째, 변화의 원인이 피로, 약물, 병, 신체적 조건 또는 성숙이 아니라 환경에서의 학습자의 경험에 의한 것이어야 한다는 것이다. 단순히 성숙이나 약물을 사용해서 변화가 일어나는 것이 아니라, 환경과의 상호작용 속에서 배운 것을 토대로 변화가 일어나야 한다.

셋째, 변화의 대상이 학습자의 기억구조에서의 지식의 내용과 구조 또는 학습자의 행동이라는 것이다. 변화의 대상에 대한 의견은 행동주의 심리학자와 인지주의 심리학자들 사이에 차이가 있다. 행동주의 심리학자들은 기본적으로 학습자의 수행 자체에서의 변화, 즉 관찰 가능한 행동의 변화에 초점을 두고 있는 반면에, 인지주의 심리학자들은 학습자가 아는 것에서의 변화, 즉 기억구조에서의 지식의 내용과 구조의 변화에 초점을 둔다.

학습이 경험에 의한 지식이나 행동의 비교적 영구적인 변화라고 보면, 결국 학습은 지식과 행동의 획득이다. 여기에서 간과할 수 없는 것은 외적인 지식의 획득이나 행동의 획득도 따지고 보면 내적 변화가 중요한 요인이라는 점이다. 행동이 변했다는 것은 행동을 획득한 것인데, 그것은 새로운 연합을 의미한다. 이 새로운 연합은 내적으로 일어나는 내적 변화다. 결국 학습은 학습자의 내적 변화이기 때문에 이 변화를 직접 관찰한다는 것은 불가능하다. 그래서 특정 상황에서 성취행동에서의 변화를 관찰함으로써 간접적으로 추론하고 있다.

## 제2절 교수-학습이론

교육과정을 계획하고 수업을 이끌어 가기 위해서는 학습이 어떻게 일어나고, 가장 효과적인 학습을 위해서는 어떤 조건들이 마련되어야 하는가에 대해 이해할 필요가 있다. 그래야 학습의 과정이 어떻게 이루어지는지를 살필 수 있기 때문이다.

교수-학습이론은 객관주의, 환경주의, 강화의 원리로 요약할 수 있는 행동주의(Behaviorism)와, 학습과정 자체에 초점을 두고 인간의 인지과정과 학습과정을 보다 명확히 제시한 인지주의(Cognitivism), 그리고 학습을 학습자가 스스로 지식을 구성해 가는 과정으로 보는 구성주의(Constructivism) 등 다양한 패러다임의 변화를 보이면서 발전하였다. 각 이론마다 강조하는 바는 다르지만, 궁극적으로 학습자의 학습효과를 극대화하기 위한 것이라는 목적은 같다.

## 1. 행동주의이론

행동주의이론은 학습을 자극과 반응의 결합으로 보고, 학습자의 외적인 환경변화를 통한 학습자의 외현적 행동변화에 관심을 가진다. 대표적인 학자로는 결합설의 손다이크, 고전적 조건화의 파블로프, 조작적 조건화의 스키너, 관찰학습의 반두라를 들 수 있다.

### 1) 결합설

손다이크(Thorndike)는 굶주린 고양이를 상자 속에 넣고 우연히 발판을 밟으면 상자문이 열리도록 장치해 놓았다. 그리고 상자 밖에는 먹이가 보이게 하였다. 배고픈 고양이는 실험 시작부터 눈 앞에 보이는 먹이를 먹기 위해서 상자의 창살과 문을 긁는 등 많은 행동을 하다가 우연히 발판을 밟게 된다. 발판을 밟게 되면 실험실의 문이 열리도록 장치했기 때문에 실험실의 문이 열리면 고양이는 나와서 먹이를 먹게 된다.

다시 며칠 동안 먹이를 주지 않고 실험실에 다시 넣는 것을 반복하면, 배

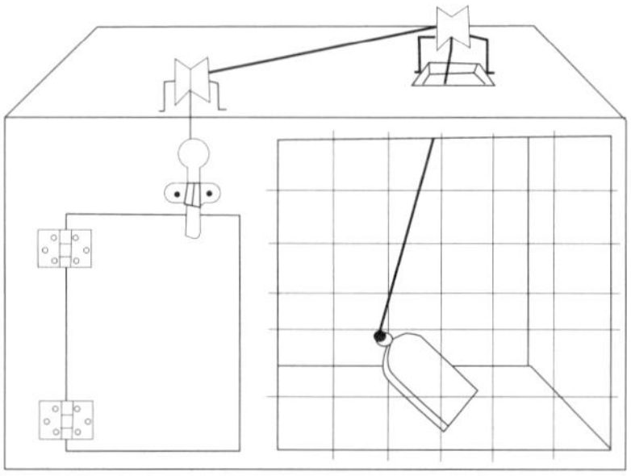

[그림 7-1] 손다이크의 문제상자

고픈 고양이는 발판을 누르는 것을 학습하게 되므로, 나중에는 실험실에 들어가자마자 발판을 누르고 나오게 된다. 이런 식으로 실험을 되풀이하면서 고양이의 행동을 관찰하면, 실험의 횟수가 늘어날수록 고양이는 발판을 밟고 나오기까지의 시간이 줄어들고, 결국은 거의 즉각적으로 상자에서 나오게 된다. 고양이는 상자문을 열고 나오는 것을 학습한 것이다.

이 같은 실험을 통해 손다이크는 학습이란 시행착오의 과정을 통해 이루어진다고 했고, 이를 시행착오학습이라고 하였다. 일반적으로 손다이크의 시행착오학습에는 세 가지 학습의 원리가 있다. 준비의 법칙, 연습의 법칙, 효과의 법칙이 그것이다.

준비의 법칙은 학습이 일어나려면 학습자가 준비상태에 있어야 한다는 법칙이다. 학습자가 준비되지 않으면 학습이 일어나지 않기 때문이다. 만

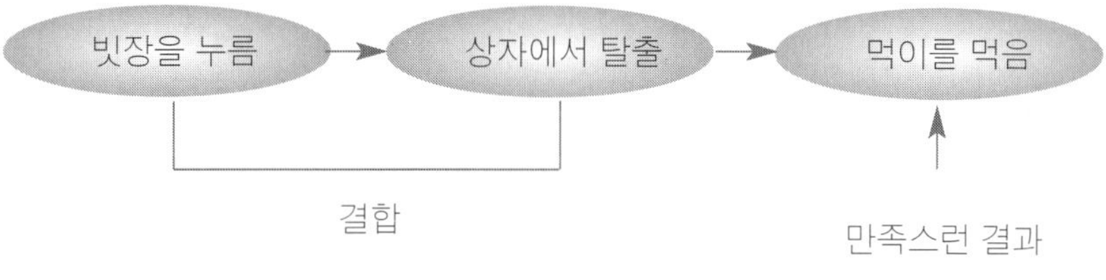


[그림 7-2] 손다이크의 실험도식

약 실험을 할 때 고양이가 배부른 상태에 있다면 아마도 그 고양이는 먹이를 보았다고 해도 움직이지 않을 것이다. 그러나 배고픈 상태에 있었기 때문에 고양이는 먹이를 먹기 위해서 다양한 시도, 즉 시행착오의 과정의 거치게 되는 것이다.

연습의 법칙은 계속적인 반복연습을 통해서 학습이 된다는 법칙이다. 좋은 경험이라고 해도 한 번에 학습되는 것이 아니라 계속적으로 반복연습을 해야 학습된다는 것이다. 배고픈 고양이가 한 번 우연히 발판을 밟았다고 해서 계속 밟을 수 있는 것이 아니다. 그 같은 행동을 반복적으로 경험했기 때문에 그것을 기억하게 되었고, 그 결과 실험실에 들어가자마자 바로 발판을 누르는 행동을 한 것이다. 연습의 방법에는 두 가지가 있다. 하나는 전체를 한꺼번에 연습하는 전습법이고, 다른 하나는 내용을 나누어서 조금씩 계속 학습하는 분습법이다. 일반적으로 분습법이 피로를 덜 느끼기 때문에 학습에 더 효과적이다.

효과의 법칙은 의미 있는 행동을 했을 때 보상이 주어지지 않으면 학습의 효과가 일어나지 않고, 불쾌한 보상이 주어지면 학습의 효과는 감소하고, 유쾌한 보상이 주어지면 학습의 효과가 높아진다는 법칙이다. 시행착오가 일어나기 위해 무엇보다도 중요한 조건은 보상이 뒤따르는 결정적 행동이 있어야 한다. 그리고 학습반응에 대해 보상이 즉각적으로 주어질 때 학습이 빨리 일어난다. 만약 실험실에서 빠져나온 고양이가 먹이를 물었는데, 그 먹이가 플라스틱으로 만든 가짜 먹이였다고 가정해 보자. 아마도 그 고양이는 다시는 그와 같은 행동을 하지 않을 것이다.

생소한 상태에서 먹이를 통해 동기유발된 동물은 욕구 충족을 위해 많은 시행착오를 하게 된다. 그러다가 아주 우연히 욕구를 충족할 수 있는 일련의 반응을 하게 된다. 실험을 되풀이하면서 의미없는 착오반응은 점진적으로 약화되고 없어지는 반면에, 옳은 반응은 즉각적으로 뒤따르는 욕구 충족 때문에 점진적으로 강하게 되이 자극(S: stimulus)과 학습된 반응(R:

response)과의 연결 또는 연합(S→R)이 형성된다. 어떤 행동이 만족스러운 결과를 수반했을 때는 결합의 강도가 증가하는 반면에, 불쾌한 결과를 수반했을 때는 그 결합의 강도가 감소하는데, 이것이 바로 효과의 법칙이다.

행동주의이론에 의하면, 어떤 행동을 수정하기 원한다면 그 행동이 일어날 때까지 기다렸다가 그것이 발생했을 때 만족할 만한 보상을 제공해야 한다. 만족스러운 보상은 특정 행동과 그 행동이 발생하는 상황 간의 연합을 강화하게 된다. 만약 행동을 제거하기를 원한다면 불쾌한 보상을 제공해야 한다.

### 2) 고전적 조건화

파블로프(Pavlov)는 우연히 자신의 집에서 기르던 개에게 먹이를 주기 위해 걸어가는데, 자신의 발자국 소리를 들은 개가 침을 흘리는 것을 발견하고, 개가 침을 흘리는 현상을 통해 학습의 원리를 이해하고자 하였다.

처음에 개는 음식을 보면 자동적으로 침을 흘렸다. 파블로프는 자극과 반응의 연결은 학습된 것이 아니라 자동적이고 반사적인 것이기 때문에 음식을 무조건자극(UCS: unconditioned stimulus)이라 하고, 음식으로 인해 침

[그림 7-3] 파블로프의 실험장치

을 흘리는 현상을 무조건반응(UCR: uncondtioned response)이라고 명명했다. 파블로프는 개에게 먹이를 주기 전에 종소리를 들려주었다. 이 시도를 몇 번 반복한 결과, 개는 종소리만 들어도 침을 흘리기 시작했다.

음식과 종소리의 연합은 개가 소리자극과 침의 반응을 조건화하도록 유도한 것이다. 여기에서 종소리는 생득적으로 주어지는 자극과 구별하기 위해서 조건자극(CS: condtioned stimulus)이라 명명하였고, 종소리에 대해 침을 흘리는 것은 종소리에 의한 반응이므로 조건반응(CR: condtioned response)이라 하였다. 무조건자극인 먹이와 종소리를 연결하고, 그것을 계속적으로 실험한 결과, 개는 종소리 자체만으로도 침을 흘리게 되는 것이다.

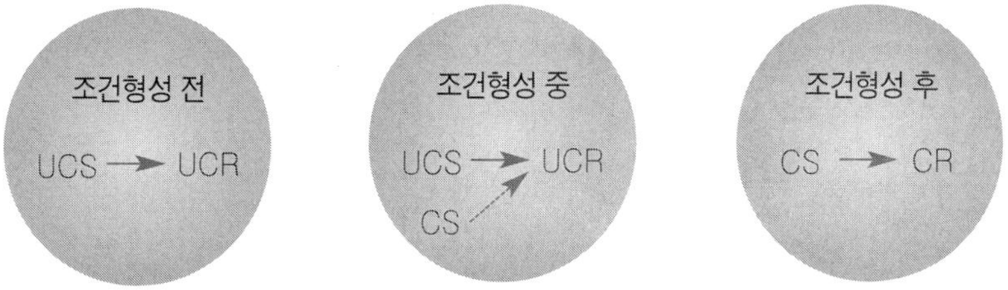


[그림 7-4] 파블로프의 실험도식

고전적 조건화에서 학습이 일어나기 위해서는 몇 개의 학습조건이 필요하다. 첫째는 무조건반응(반사)이다. 전형적인 무조건반응은 깜짝 놀람, 공포, 분노, 기쁨 같은 정서적 반응이다. 둘째는 조건자극과 무조건자극을 서로 인접해서 제시하는 것이다. 학습은 조건자극이 무조건자극보다 약 0.5초 앞서 제시되었을 때 잘 일어난다. 셋째는 조건자극과 무조건자극이 같이 제시되는 일이 반복되는 것이다.

우리는 일상생활에서 많은 조건반응을 학습하게 된다. 예를 들면, 수업시간에 떠드는 학생들을 조용히 시키기 위해 교탁을 치는 교사의 행동을 반복해서 본 학생들이 선생님이 교탁을 치려고 하는 순간 조용해지는 현상 등이다.

고전적 조건화를 통해서 학습된 행동이 오랫동안 보상이 주어지지 않아 학습고리가 끊어지면 소거(extinction)라고 한다. 또한 끊어진 학습이 오랜 시간이 지나고 난 후에 학습된 것과 동일한 자극이 주어졌을 때, 이전의 학습경험을 기억해서 다시 반응을 보이는 것이 자발적 회복(spontaneous recovery)이다. 학습된 자극과 유사한 자극에 대하여 반응을 보이는 것은 전이(transference)이지만, 반대로 유사한 자극을 구별해 내는 것은 변별(descrimination)이다.

### 3) 조작적 조건화

조작적 조건화는 유기체의 행동이 외부의 자극에 의해서 형성된다고 보며, 어떤 활동이나 과정은 관찰할 수 있어야 하고 행동적으로 수정될 수 있어야 한다고 가정한다. 조작적 조건형성이론을 구성하는 주요 변인은 세밀하게 분절된 목표에 단계적으로 도달하게 하는 자료로 제시하는 자극, 이 자극에 대한 학습자의 반응행동인 반응, 그리고 학습자의 반응에 적합한 조치인 강화다.

스키너(Skinner)는 쥐나 비둘기를 상자 속에 넣고 먹이를 찾아 먹는 행동을 관찰했다. 쥐의 실험에서 상자 속에는 지렛대와 먹이통이 있는데, 지렛대를 우연히 누르면 먹이가 나오게 되고 먹이를 먹을 수 있다. 지렛대를 한 번 누르면 먹이가 하나씩 나오게 되어 있다. 배고픈 쥐가 탐색을 하다가 우연히 지렛대를 누르면 먹이통 속에 먹이가 한 개 떨어지고, 먹이를 찾는다. 쥐는 상자 안을 돌아다니다가 다시 우연히 지렛대를 눌러 먹이를 먹는다. 쥐는 차츰 지렛대를 자주 누르게 되고, 나중에는 계속 지렛대를 눌러서 먹이를 먹는다. 쥐는 먹이를 먹기 위해 지렛대 누르는 행동을 학습한 것이다.

조작적 조건화에서 쥐가 지렛대를 누르는 반응을 작동이라고 하며, 이것은 자극에 의해서 일어나는 반사반응 또는 감응반응(response)과 구별된다. 이 행동에 뒤따르는 자극(먹이)이 그 선행행동(작동반응: 지렛대 누르는 행동)을 강하게 하거나 빈도를 높이는 현상을 강화라고 한다. 조작적 조건화에서는 학습이란 강화에 의한 행동변화이며, 강화자극과 작동반응의 연결 또는 연합(association)의 형성(S→R)이다.

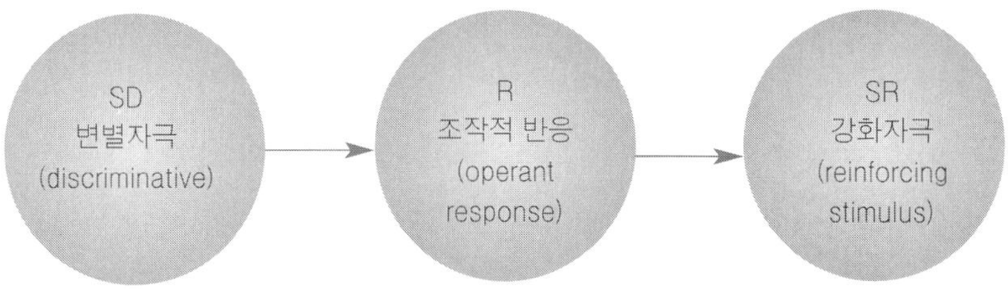


[그림 7-5] 조작적 조건화의 과정

조작적 조건화에서의 핵심은 강화다. 강화에는 정적 강화와 부적 강화가 있다. 두 가지 모두 어떤 행동을 강화하기 위해 결과를 조절하는 행동이다. 정적 강화(positive reinforcement)는 어떤 행동에 대해 좋은 결과를 제공하는 강화로, 칭찬이나 동물실험에서의 먹이가 그 예가 될 수 있다. 부적 강화(negative reinforcement)는 나쁜 결과를 얻지 않도록 하는 강화이고, 고통스럽거나 나쁜 경험을 피하도록 함으로써 행동을 증가시키는 것을 말한다.

강화이론에 따르면, 강화를 효과적으로 사용할 경우 벌이 필요 없게 된

〈표 7-1〉 강화와 벌

| 구 분 | 즐거운 자극 | 불쾌한 자극 |
|---|---|---|
| 가해지는 경우 | 정적 강화 | 제1유형의 벌 |
| 제거되는 경우 | 제2유형의 벌 | 부적 강화 |

다. 어떤 행동을 소멸시키기 위한 가장 효과적인 방법은 강화를 주지 않는 것이다. 그 다음으로 효과적인 방법은 부적 강화, 즉 바람직한 행동을 하면 싫어하는 것을 제거해 주는 방법을 사용하는 것이다.

벌은 행동을 변화시키기 위한 바람직한 방법이 아니다. 왜냐하면 벌을 받은 사람은 바람직하지 않은 행동을 그만두는 것이 아니라, 오히려 벌에 대한 저항감을 가지거나, 단순히 그 행동을 일시적으로 자제할 수 있기 때문이다. 따라서 행동은 없어지는 것이 아니라 잠시 은폐되는 것이다. 그리고 원래 의도했던 행동을 감소하게 만드는 요건이 된다.

강화이론에서 중요한 개념 중의 하나인 변별자극은 행동수정에서 중요한 역할을 한다. 스키너는 선택적 강화를 사용하여 행동을 통제하는 것을 행동수정이라고 했다. 행동수정이란 목표하는 행동을 선택하고, 변별자극과 변별강화를 사용하여 행동을 증가시키거나 감소시키는 것을 말한다.

행동수정의 단계는 4단계로 원하는 행동을 설정하고, 언제 어떤 행동을 해야 하는지, 하지 않아야 하는지에 대한 정확한 피드백을 제공하고, 목표행동이 아닌 것은 무시하고, 원하는 행동이 일어났을 때 강화를 제공하는 것이다. 행동수정의 방법으로 사용되는 것 중에서 암시(prompting)는 단순히 바람직한 행동이 일어날 때까지 기다리지 않고 원하는 단서를 제공하고 격려하는 것을 말한다. 연쇄(chaining)는 한 번에 학습하기 힘들고 복잡한 반응을 형성하기 위해 단순한 행동들을 순서적으로 연결시키는 기술을 말한다. 조형(shaping)은 목표로 하는 반응을 학생이 수행할 수 있는 것이 아니거나 그 반응을 촉진할 수 있는 방법이 없을 때 사용하는 것이다.

## 2. 인지주의이론

인지주의이론은 학습자의 내부에서 일어나는 인지과정에 관심을 가진다. 어떻게 학습자가 인지하고 행동하는지에 관심을 가지고 있으며, 결국

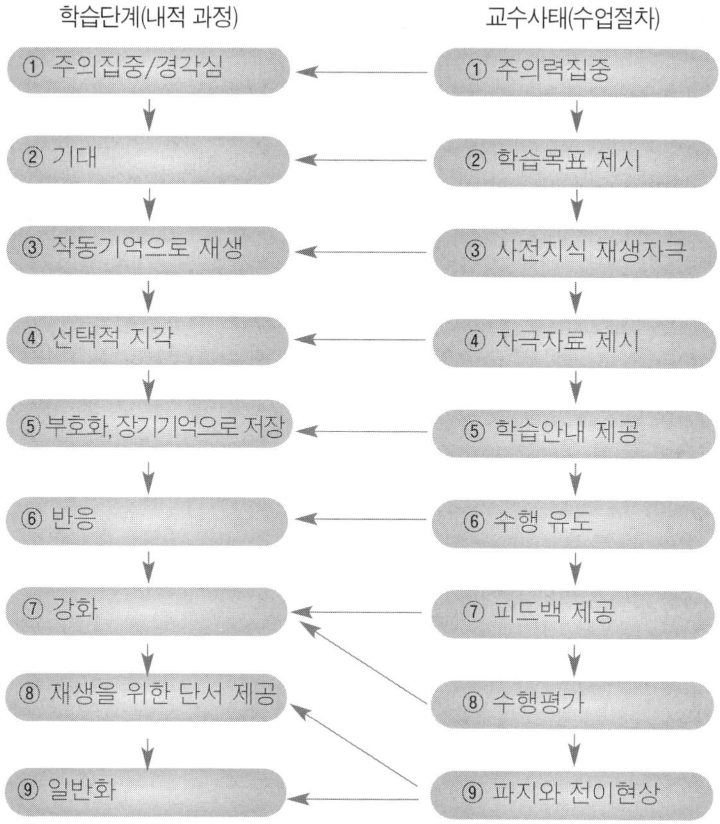


[그림 7-9] 가네의 학습과정

한다. 학습은 치밀한 교수계획 없이도 일어날 수 있으며, 자연적으로 일어날 수 있다. 그러나 학습이론의 지식은 효율적인 방법으로 학습을 증진시키려는 노력, 즉 교수의 방향을 제시해 준다.

### 3) 발견학습

발견학습은 브루너(Bruner)가 제안한 학습이론으로 수업과정에서 교사의 지시를 최소한으로 줄이고 학습자 스스로 자발적인 학습을 하도록 함으로써 학습의 목표를 달성하게 하는 형태다. 그는 발견학습을 통하여 학습자들로 하여금 여러 가지 종류의 문제를 해결할 수 있는 기술을 습득시키고, 직접 활용이 가능한 지식을 갖출 수 있게 할 수 있다고 보았다. 발견학습의 과정은 학습자로 하여금 문제의식을 갖게 하고, 예상 또는 가설을 세우도록 하고, 객관적인 개념을 확인시키고, 현실장면에 적용하게 하는 네 가지 과정을 거친다.

브루너가 주장하는 발견학습은 지식의 습득보다 과정을 중시하는 학습으로 학생들은 전통적 수업에서처럼 교사의 설명에 의해 문제를 해결하는 것이 아니라, 스스로 답을 찾도록 강조하고 있다. 또한 지식의 근본적인 구조를 찾아서 학습자의 수준에 맞춰 가르치면 어떤 지식도 가르칠 수 있다고 주장하였다. 브루너의 이론은 선행경향성, 지식의 구조, 수업계열, 강화의 네 가지 요소로 설명될 수 있다.

### (1) 선행경향성(predisposition)

학습하고자 하는 의욕 또는 경향을 말하는 것으로 학습조건의 준비성, 글레서(Glasser)의 출발점행동과 유사한 개념이다. 학습의욕을 일으키기 위해서는 가능성의 탐색을 자극하고, 그 경쟁을 계속 유지하도록 해야 하며, 방향감을 제시해 주어야 한다. 가능성의 탐색을 자극하기 위해서는 적절한 수준의 불확실성이 있어야 한다. 또한 가능성을 탐색하는 데 있어서 방향감을 갖기 위해서는 학습과제의 목표와 현재의 활동이 목표 달성과 관련 있다는 것을 알아야 한다.

### (2) 지식의 구조

지식의 구조는 학문을 구성하고 있는 가장 기본이 되는 개념, 법칙으로서 다시 말하면, 전문분야에서 가르쳐야 할 중요하고도 기본적인 요소, 개념, 원리들을 논리적 구조에 의해 체계적으로 조직한 것을 의미한다.

지식의 구조는 표상양식, 경제성, 생성력 등의 세 가지 특성을 지닌다. 첫째, 표상양식은 학습자가 자신의 정보를 표현하는 양식으로 지식의 구조가 학습자의 발달수준에 맞게 표현된다면 어떤 지식도 가르칠 수 있다는 것이다. 표상양식의 종류에는 행동적 표상, 영상적 표상, 상징적 표상이 있다. 행동적 표상(enactive representation)은 학령 전기의 아동들은 이전의 사건을 적절한 행동이나 동작을 통해서 재현할 수 있다는 것이고, 영상적 표상(iconic representation)은 초등학교 입학 전후의 정보의 재현형태로서, 어린이들은 사태를 지각과 영상의 선택된 조직에 의해서 요약하거나 공간·시간상의 구조와 이들의 변형된 이미지에 의해서 요약하게 된다는 것이다. 상징적 표상(symbolic representation)은 초등학교 고학년인 10~14세 전후의 어린이가 지니는 정보처리체계로서, 자신의 경험을 언어 등의 기호에 의해서 표현할 수 있는 것을 말한다.

둘째, 경제성은 머릿속에 기억하고 있어야 할 정보의 양이 적은 상태를 말하는 것으로, 지식의 영역에 따라 경제적인 표현이 가능한 정도가 다르다.

셋째, 생성력은 학습자로 하여금 새로운 명제를 인출해 내거나 문제해결을 위해 정보를 이용할 때 주어진 사실을 넘어서 진행할 수 있는 정도를 말한다.

### (3) 수업의 계열

계열이란 학생들이 학습내용을 이해, 변형, 전이하는 데 도움이 될 수 있도록 학습과제를 순서대로 조직·제시하는 것을 말한다. 학습의 계열은 행동적·영상적·상징적 표현의 순서를 따르는 것이 일반적이지만, 학습자의 경험수준과 발달단계에 따라서 달라진다. 그러므로 계열에 따라서 학습과제를 조직할 때에는 선행학습이나 발달단계, 자료의 성격, 개인차 등을 고려해야 한다.

### (4) 강화(reinforcement)

브루너는 외적 강화보다도 내적 강화에 중심을 두었다. 발견학습에서 탐구의 방향을 잡아 주기 위해서는 학습과정에서 결과의 지식, 즉 교정적 정보를 제공해 주어야 한다. 보상의 속성과 빈도를 구체화하고, 외재적 보상에서 내재적 보상으로 이전하도록 하여 학습자가 탐구경향성을 지속하도록 해야 한다.

### 4) 유의미학습

오주벨(Ausubel)은 인간이 가지고 있는 인지구조를 정착의미로 보았다. 정착의미는 학습자가 기존에 획득한 정보의 덩어리다. 새로운 정보를 학습할 때에는 기존의 정착의미가 새로운 인지구조를 구성한다고 보았다. 오주벨은 이것을 포섭, 즉 학습이라고 보았다.

학습자가 주어진 과제를 의미 있게 학습하기 위해서는 우선 과제 자체가 실사성과 구속성을 지녀야 한다. 실사성은 표현을 달리해도 그 관계나 의미가 변하지 않는 성질이며, 구속성은 어떤 대상의 성질과 인지구조와의 관계가 확고하여 임의적으로 변경될 수 없는 성질이다. 또한 학습자는 그 학습에 요구되는 관련정착의미를 가지고 있어야 하며, 그렇게 될 때 과제는 잠재적 유의미를 지니게 된다. 관련정착의미란 학습자의 인지구조에 이미 형성된 것으로서, 유의미학습과정에서는 새로운 개념이 인지구조와 관계를 맺을 수 있는 조건을 제공해 주며, 파지과정에서는 그 개념의 의미가 저장될 수 있도록 해 준다. 유의미학습에서 중요한 것 중의 하나는 학습준

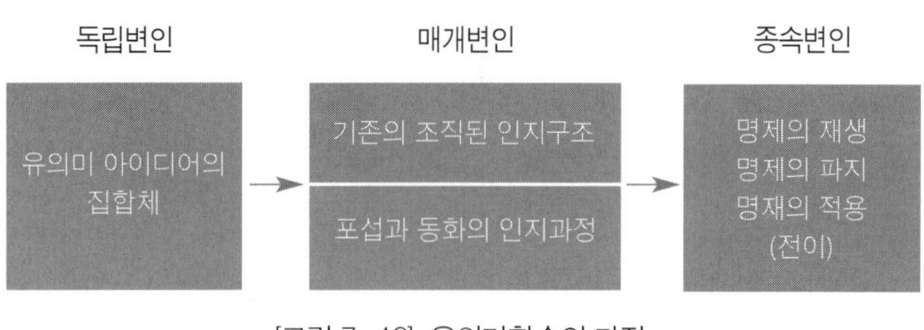


[그림 7-10] 유의미학습의 과정

비도와 비슷한 개념인 학습자의 유의미학습 태세다. 유의미학습 태세는 학습과제를 인지구조에 구속적이고도 실사적으로 관련시키고자 하는 학습자의 성향을 뜻한다. 학습자가 자신이 가지고 있는 정착의미에 관련시키고자 하는 의향을 가지고 과제를 시행한다면 유의미학습이 일어나게 되는 것이다.

유의미학습은 포섭이론이라고도 한다. 포섭(subsumption)이란 새로운 명제나 아이디어가 학습자의 머릿속에 이미 조직되어 존재하는 보다 포괄적인 인지구조 속으로 동화 또는 일체화되는 과정을 말한다(최동근 외, 2001).

〈표 7-2〉 유의미학습의 구성변인 및 개념

| 구성변인 | | 개 념 |
|---|---|---|
| 독립변인 | 유의미 아이디어의 집합체 | ① 논리적 유의미가를 갖는 학습과제<br>② 실사성과 구속성이 있는 과제<br>• 실사성: 한 과제를 어떻게 표현하더라도 그 과제의 의미가 변하지 않는 것(위계적으로 조직된 학습과제의 상부에 위치할수록 실사성이 높아진다.)<br>• 구속성: 일단 임의적으로 맺어진 관계(어떤 대상의 성질과 인지구조와의 관계)가 하나의 관습으로 굳어진 후에는 그 관계가 다시 임의로 변경될 수 없는 것 |
| 매개변인 | 인지구조 | ① 학습자의 인식 내부에 존재하고 있는 조직화된 개념이나 아이디어의 집합<br>② 위계성을 지님(상층: 포괄적인 개념 → 하층: 구체적 개념 배열)<br>③ 외부로부터 투입되는 논리적 유의미학습과제를 포섭하는 매개기능을 함<br>④ 학습자의 의식 내부에 새로 접촉하는 학습과제를 포섭할 수 있는 인지구조가 있을 때(관련정착의미) 유의미학습을 촉진하게 됨 |
| | 인지과정 | ① 포섭과 동화의 과정<br>② 포섭: 유의미의 잠재성이 있는 학습자료를 기존의 인지구조에 통합시키는 과정<br>③ 포섭자 = 개념(아이디어), '포섭한다' = '학습한다' |
| 종속변인 | 명제의 재생 · 파지 · 적용(전이) | 유의미학습을 통해 얻어지는 산물 |

종속적 포섭은 덜 포괄적인 새로운 의미를 보다 포괄적인 정착의미에 흡수시켜 상위의 인지구조에 병합하는 것이고, 상위적 포섭은 학습자의 인지구조 속에 있는 아이디어보다 상위에 있는 학습과제를 포섭하는 것이다. 즉, 기존의 아이디어를 포괄, 통합할 수 있는 새로운 명제나 개념을 학습하는 것을 의미한다. 병위적 포섭은 학습자의 인지구조 속에 있는 아이디어와 대등한 위치에 있는 학습과제를 포섭하는 것이다.

유의미학습을 수업에 적용하면 설명식 수업이 된다. 설명식 수업에는 기본적으로 여섯 가지의 원리가 있다. 첫째, 선행조직자의 원리다. 선행조직자는 학습자의 인지구조 조정을 위해 학습 이전에 미리 제공되는 일반적, 포괄적, 추상적인 도입자료다. 이에는 새로운 자료와 이전 학습의 연결을 돕는 장치로 설명조직자와 비교조직자가 있다. 설명조직자는 학습자가 선행지식이 부족한 경우에 적합한 것으로, 전혀 새로운 학습과제를 학습할 때 학습자에게 학습과제에 대한 개략적인 정보를 미리 제공하여 친숙하게 만드는 것이다. 비교조직자는 기존 개념과 새로운 개념 간의 유사성으로 인한 혼동을 방지하기 위해서 이들 개념 간의 차이점과 유사점을 열거하면서 학습하도록 돕는 것이다. 비교조직자는 비교적 친숙한 자료에 사용하고 학습자가 관련 정보를 지니고 있으나, 그것을 적절히 재생하지 못할 때 주로 사용하는 것이다.

둘째, 점진적 분화의 원리는 일반적이고 포괄적인 의미를 먼저 제시하고 점차 세분되고 특수한 의미로 분화하여 제시한다는 원리다.

셋째, 통합 조정의 원리는 새로운 개념이나 의미는 이미 학습된 내용과 일치되고 통합되어야 한다는 원리다. 즉, 일부 사실을 이해시킬 때 부분만을 가르치지 말고 전체와 관련시켜 이해시키는 것이 더욱 효과적이다.

넷째, 선행학습 요약 · 정리의 원리는 새로운 학습과제를 학습할 때 현재까지 학습한 내용을 요약 · 정리해 줌으로써 학습을 촉진시킬 수 있다는 원리다.

다섯째, 내용의 체계적 조직 원리는 설명식 수업을 할 때 학습내용을 계열적 · 체계적으로 조직하여 가르치면 학습효과를 극대화시킬 수 있다는 원리다.

여섯째, 학습준비도의 원리는 학습자의 인지구조를 포함한 발달수준에 맞게 학습경험을 제공해야 한다는 원리다.

유의미학습이론을 토대로 선행조직자의 수업모형을 단계별로 제시하면 첫째, 수업목표를 설정하기 위해서는 그 전에 학습자에 대한 사전검사, 즉 학습자의 학습능력, 학습사, 출발점행동, 지능지수 등을 점검하고, 선수학습이 부족한 학습자에게는 보충학습을 실시한다. 그 후에 수준에 적합한 수업목표가 선정되어야 한다.

둘째, 학습과제 및 자료가 제시되는데, 여기에서 학습과제는 유의미가를 가져야만 학습자의 인지구조에 의미 있게 관련지어진다. 이를 용이하게 하기 위해서 제시된 것이 점진적 분화의 원리다.

셋째, 수업의 마무리 단계에서는 새로 배운 지식이나 정보가 앞에서 학습한 내용과 통합되고 조정되어야 하며, 교사는 지금까지 배운 사실, 개념들 간의 유사점과 차이점을 찾고 불일치성을 파악하여 이들 사이에 의미 있는 연관이 지어지도록 설명과 질문을 통하여 수업을 마무리한다.

### 5) 학교학습모형

캐롤(Carroll)의 학교학습모형은 학습자가 과제를 학습하는 데 필요한 만큼 시간을 투자하면 특정 학습과제의 학습을 성공할 수 있다는 이론이다.

$$f(\text{학습의 정도}) = \frac{\text{학습에 사용한 시간}}{\text{학습에 필요한 시간}} = \frac{\text{학습기회} \times \text{학습지속력}}{\text{적성} \times \text{수업이해력} \times \text{수업의 질}}$$

이 공식에 의하면 학습의 정도, 즉 학업성적은 학습에 필요한 시간에 대한 학습에 실제로 사용한 시간의 함수관계다. 학습에 필요한 시간은 적성, 수업이해력 및 수업의 질에 의해서 결정되고, 학습에 사용한 시간량은 학습기회와 학습지속력으로 설명된다.

적성은 학습자가 일정한 성취수준에 도달하는 데 소요되는 시간의 차이다. 즉, 시간이 많이 걸리면 적성은 낮은 것이고, 시간이 적게 소요될수록 적성이 높은 것이다. 이 원리에 의하면, 학습정신이 낮은 학생도 과외수업 등을 통해서 학습에 필요한 시간을 충분히 제공해 주면 수업목표에 도달할 수 있다는 것을 알 수 있다.

수업이해력은 교사의 수업내용이나 설명을 학습자가 이해하는 능력이다. 캐롤은 수업이해력이 학습에 필요한 시간을 결정해 주는 중요한 요소라고 보았다. 그는 수업이해력에 관계되는 변인으로 일반지능과 언어능력을 들었다. 일반지능은 학습할 교재 속에 내재해 있는 여러 개념과 그 관계를 남의 도움 없이 스스로 인지하고 추리할 때 요구되는 능력이고, 언어능력은 수업에서 사용되고 있는 능력이다. 수업은 대부분 언어적 매개를 통해서 이루어지기 때문에 수업이해력을 높이기 위해서는 언어능력이 필요하다.

수업의 질이란 교사가 학습자에게 학습과제를 효과적으로 조직하여 이를 제시함으로써 그 과제를 빨리 그리고 능률적으로 학습할 수 있도록 하는 것이다. 이를 위해서 교사는 학습의 목표와 학습내용을 어떻게 학습해야 하는지를 학습자가 충분히 이해하도록 설명해 주어야 하며, 학습과제가 분명한 계열이 이루어져 있어서 앞 단계의 학습이 다음 단계의 학습을 위한 준비가 될 수 있게 제시되어야 하고, 수업의 전 과정이 학습자 개개인의 흥미와 특성에 알맞게 계획되고 실행되어야 한다.

학습기회란 특정 과제를 학습할 때 학습자에게 실제로 주어지는 시간량을 말한다. 학습기회는 학습자의 개인차에 따라서 달라지며, 수업의 질이나 적성 그리고 수업이해력과 밀접한 관련이 있다. 대부분의 학교에서는 학생들의 개인차를 고려한 학습기회를 충분히 제공하지 못하지 때문에, 우수하지 못한 학습자들은 시간이 충분하지 않아 학습의 결과에 많은 차가 난다. 따라서 개별화된 수업방법의 적용이 요구된다.

학습지속력은 지구력 및 동기와 비슷한 개념으로서 학습자가 얼마만큼의 시간을 학습에 투입하기를 원하느냐와 관계되는 변인이다. 학습지속력이 높은 학생은 학습을 위해 보다 많은 시간을 능동적으로 투입하며, 학습과정에서 나타나는 어려움이나 실패에 굴하지 않고 노력을 계속한다.

블룸(Bloom)은 캐롤의 학교학습모형에서 부족한 질적인 면을 보충한 후에 완전학습을 제안하고 있다. 완전학습(mastery learning)이란 학급 내 약 95%의 학생들이 주어진 학습과제의 약 90% 이상을 완전히 학습해 내는 것이라고 보았다.

## 3. 구성주의 학습

구성주의 학습이론은 행동주의 학습, 인지주의 학습과는 접근방법이 전혀 다른 학습이론이다. 행동주의 학습과 인지주의 학습이 심리적, 객관주의적 접근인 데 반하여 구성주의 학습은 철학적, 주관주의적 접근이다. 다시 말하면 행동주의 학습이나 인지주의 학습은 이 세상에 객관적이면서 절대적인 진리가 존재한다고 보고, 그것을 어떻게 하면 효과적이면서 효율적으로 학습할 수 있을지에 관심을 가진다. 그러나 구성주의 학습은 이 세상에는 객관적이면서 절대적인 진리가 존재하는 것이 아니라 개인이나 사회의 상호작용에 의해서 구성된다고 본다. 즉, 받아들이는 존재가 그것을 어떻게 인식하느냐에 따라서 달라질 수 있다는 것이다.

이런 차원에서 보면 행동주의나 인지주의 학습과 구성주의 학습은 교육의 목적도 전혀 다르다. 행동주의 학습과 인지주의 학습에서는 주된 목적이 얼마나 잘 학습하느냐에 있지만, 구성주의 학습에서는 어떻세 지식을 구성하느냐에 관심을 가지고 있다. 구성주의 학습에는 인지적 구성주의와 사회적 구성주의가 있다.

### 1) 인지적 구성주의

인지적 구성주의는 지식의 구성을 개인의 정신적 활동에 근거한다고 전제하고, 피아제(Piaget)의 인지발달이론에 이론적 근거를 두고 있다. 피아제는 학습이란 생물학적으로 결정되는 인지적 발달단계의 영향을 받게 되며, 효과적인 교수-학습은 적절한 발달단계에 맞는 자극이 주어질 때 발생한다고 하였다. 따라서 인지적 구성주의는 이러한 인지적 활동이 지식 구성에서 핵심적인 역할을 한다고 전제하고, 동화와 조절을 촉진할 수 있는 방법에 관심을 갖는다.

피아제는 동화와 조절의 개념으로 학습을 설명하였다. 인간은 누구나 머릿속에 인지구조를 가지고 있다. 인지구조는 개인이 알고 있는 지식의 모든 덩어리라고 할 수 있다. 이 인지구조는 네트워크 구조로서, 관련 있는 정보들이 서로 그물망처럼 연결되어 존재한다. 이때를 평형상태라고 보았다. 여기에 새로운 정보가 들어오면 기존의 인지구조는 새로운 정보의 자리를 마련하기 위해서 그 정보와 유사한 정보가 있는 부분에 인지적 작업을 하는데, 피아제는 이 상태를 불균형이라 보았다. 인간은 언제나 평형을 유지하려는 본능이 있기 때문에 조절이라는 작업을 거쳐 새로운 정보를

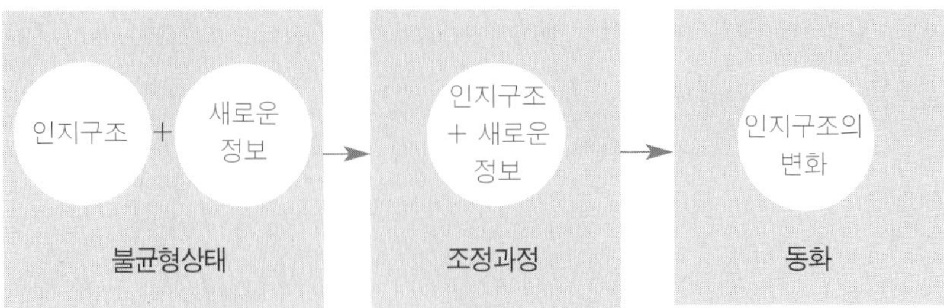


[그림 7-11] 피아제의 학습과정

기존의 인지구조 속으로 받아들인다. 그래서 안정적인 상태가 된다. 이것이 바로 동화의 과정이다. 피아제는 동화의 과정을 학습이라고 보았다.

### 2) 사회적 구성주의

사회적 구성주의는 지식의 구성이 사회적 협의에 근거한다고 전제하고, 비고츠키(Vygotsky)의 발달심리이론에 기초를 두고 있다. 사회적 구성주의는 학습에 영향을 미치는 사회적인 요소에 관심을 갖고, 인간의 인지적 발달과 기능은 사회적 상호작용이 내면화되어 이루어지는 것으로 본다. 비고츠키는 인간의 정신은 독립적 활동이 아니라 사회학습의 결과이며, 일상에서의 과제 해결은 성인이나 혹은 뛰어난 동료와의 대화로부터 영향을 받는다고 주장하였다.

비고츠키는 사회적 상호작용의 중요성을 아동의 근접발달영역(Zone of Proximal Development)을 통해 설명하고 있다. 인간의 인지영역을 세 가지 영역, 즉 인간이 혼자서는 할 수 없는 영역과 혼자서 할 수 있는 영역, 누군가의 도움을 받으면 할 수 있는 영역으로 나누고, 여기에서 근접발달영역은 아동이 스스로 문제를 해결할 수 없지만 성인이나 뛰어난 동료와 함께 학습하면 성공할 수 있는 영역을 의미한다고 하였다(Woolfolk, 1993).

타인의 도움을 받아서 수행할 수 있는 수준

↑

근접발달영역(ZPD)

↓

자기 혼자서 독립적으로 할 수 있는 수준
(실제적 발달수준)

[그림 7-12] 근접발달영역

근접발달영역에 속하는 학습자에게는 구조화를 형성할 수 있는 단서를 제공하거나 세부사항과 단계를 기억할 수 있도록 조력하고, 꾸준히 시도하도록 격려하는 도움이 필요하다. 이렇게 교사나 성인이 적극적으로 도움을 주는 것을 비고츠키는 발판이라고 하였다. 근접발달영역이 바로 가르침이 필요한 단계이며, 진정한 학습이 가능한 단계다. 따라서 지식의 구성은 개인 내면의 인지적 작용과 함께 사회문화적인 상호작용이 통합적으로 이루어지는 역동적인 과정이라고 할 수 있다.

# Chapter 08 교육공학

## 제1절 교육공학의 개요

대학에서 교육공학을 수강하는 학생들은 교육공학을 공과대학 과목으로 생각하는 경향이 있다. 그리고 교육기자재를 다루는 과목을 딱딱하고 지루한 과목으로 간주한다. 이것은 공학을 기계공학이나 컴퓨터공학 같은 개념으로만 생각하는 공학에 대한 일반적인 상식으로부터 기인한다.

공학은 기예(技藝) 및 기술을 뜻하는 희랍어인 'techne' 와 학문을 뜻하는 'logos' 에서 유래하였다. 오늘날에는 과학기술의 발전으로 이루어진 어떤 장치나 기계를 의미하기도 하며, 때로는 과학기술 그 자체를 뜻하기도 한다. 공학은 실제적 문제를 해결하기 위하여 과학적 지식 또는 조직화된 지식을 체계적으로 적용하는 것이다(Galbraith, 1967). 이 정의에서 공학은 문제해결에 초점을 맞추고, 과학적 지식 및 조직화된 지식에 바탕을 두며, 체계적이라는 특징을 가진다. 공학이 가지는 이 세 가지 개념적 특징, 즉 문제해결에 초점을 맞추고, 과학적 지식의 적용을 시도하며, 체계의 관점을 기반으로 한다는 특징은 시청각교육의 전통을 보다 학문적인 차원으로 발전시키는 데 중요한 역할을 하였다.

하나의 학문분야로서 교육공학은 1920년경 시청각교육에서 출발했다. 시청각매체인 라디오, 영화, TV 등의 교육적 활용과 효과는 학문적으로 교육공학을 정립하는 출발점이 되었다. 다양한 매체의 교육적 활용에 관한 노력은 현재까지도 계속되고 있다. 현재 많이 사용하고 있는 WWW(world wide web)을 기반으로 하는 웹기반 수업(web-based instruction)의 교육적 활용에 대한 연구도 활발히 진행되고 있다.

교사의 가장 중요한 활동인 수업지도안을 개발하는 데 중요한 이론은 교수설계 혹은 교수개발이다. 교수설계의 대표적인 모델인 딕과 케리(Dick & Carey, 1992; 1996)의 체제적 교수설계모형(Systematic Design of Instruction)을 필두로 교육공학이 학문적 영역으로서 자리매김하게 되었다. 교육공학은 교육체제 설계과정에서 복잡하게 얽혀 있는 요소들을 공학적 차원에서 규명하고 조정함으로써 최적의 해결안을 찾아내는 학문영역인 것이다. 단지 수업 등과 관련된 미시적 설계뿐만 아니라 전체 교육체제 설계와 같은 거시적 설계도 관계를 가지고 있다.

미국교육공학회(Association for Educational Communication & Technology: AECT)는 교육공학이라는 용어 대신에 교수공학이라는 용어를 사용하는데, 교수공학이란 학습을 위한 과정과 자원의 설계, 개발, 활용, 관리 및 평가에 관한 이론과 실제(Seels & Richey, 1994)라고 정의하였다. 이 정의는 크게 네 가지의 의미를 포함하고 있다. 첫째, 교육공학은 학습을 위한 것으로 학습에 영향을 주고 학습이 이루어지도록 하는 데 목적이 있다.

둘째, 교육공학은 과정과 자원을 모두 포함하고 있다. 과정은 특정한 결과를 향한 일련의 운영 또는 활동을 의미하며, 구체적으로 설계와 전달의 과정을 의미한다. 또한 산물의 의미를 가지고 있는 자원은 교육공학의 초기역사에서 교사자료에서 확장되어 인원, 예산, 시설 등을 포괄한다.

셋째, 교육공학의 영역을 설계, 개발, 활용, 관리 및 평가로 규정하였다. 교육문제를 해결하기 위해서는 교수-학습의 전 과정에 대한 탐구가 이루어져야 하기 때문에 교육공학의 영역이 확대되는 것이다.

마지막으로 교육공학은 타 학문에서 정립된 이론을 실제에 적용하는 것뿐만 아니라 자체적으로 이론을 생성한다는 점에서 이론과 실제를 모두 포함하고 있다.

## 1. 교육공학의 발달

초기의 교육공학은 시각교육을 중심으로 이루어졌다. 1905년 미국의 뉴욕 주에서는 최초로 시각수업과(Visual Instruction Department)를 설치하여 각종 매체들을 학교에 보급하기 시작함으로써 시각교육이 본격화되는 계기가 되었다.

1921년 시각수업에 관한 정기간행물 네 가지가 발간되면서 시각교육에 관한 체계적인 연구가 이루어졌다(박성익 외, 2003). 사진과 무성영화 필름 등이 등장하면서 이들을 교육에 활용하려는 시도들이 늘어나게 되었고, 1932년 전국교육연합회(National Educational Association) 산하의 시각교육국(Division of Visual Instruction: DVI)이 설치되면서 더욱 활발해졌다.

제2차 세계대전을 전후하여 기술의 발전에 따라 시각매체에 청각적 요소를 첨가한 시청각매체의 교육적 활용이 시작되었다. 1953년 *Audio-Visual Communication Review*라는 간행물이 발간되면서 통신의 이론적 틀을 시청각매체에 적용하려는 노력이 시도되었다. 여러 가지 통신모형을 통해 교수-학습과정, 특히 매체를 활용하여 상황을 재조명하려는 접근방식이 시청각통신이다. 시청각통신의 목적은 학습자로 하여금 잠재능력을 최대한 발휘할 수 있도록 통신의 모든 방법과 매체를 효과적으로 활용하는 것이다. 시청각통신은 전통적인 매체 중심의 교육공학적 개념화에서 벗어나서,

통신에서 중요한 개념적 요소인 과정을 중심으로 교육공학의 개념화를 시도하였다.

1960년대에는 스키너(Skinner)의 행동주의에 기반을 둔 교수기계(teaching machine)와 프로그램 수업(programmed instruction)과 체제이론에 기반을 둔 교수개발의 모형의 영향을 받아, 시청각통신은 전체 교수 프로그램의 설계 과정에 관한 연구를 대상으로 연구영역이 확대되면서 교수공학이 대두하였다. 이러한 추세에 맞추어 1970년대에 이르러 기존의 시청각교육국(Division of Audio-Visual Instruction: DAVI)이 미국교육공학회(Association for Educational Communication and Technology: AECT)로 바뀌게 되고, 1977년에 "교육공학이란 모든 인간학습에 포함된 문제들을 분석하고 그 해결책을 구안하여 실행하고 평가하며 관리하기 위하여 사람, 절차, 아이디어, 기자재 및 조직을 포함하는 복합적이며 통합적인 과정이다."라고 정의하면서 교육공학이 보조물이 아니라 교육 전체임을 암시하였다.

새로운 이론 또는 매체의 출현에 따라 교육공학도 새로운 모습으로 변화하였다. 컴퓨터공학의 발전과 구성주의의 영향은 변화의 핵심이다. 개인용 컴퓨터의 보급과 함께 인터넷의 활성화로 가상교육과 같은 새로운 형태의 교육을 가능해지고, 구성주의가 교육공학에 도입되면서 이전의 행동주의 또는 객관주의에 근거한 교수설계이론의 근본적인 가정이 무너졌다. 앞으로 구성주의와 컴퓨터공학의 발전은 교육공학이 새 모습으로 변화하는 데 크게 기여할 것이다(윤정일 외, 2003).

## 2. 교육공학의 영역

1994년 미국교육공학회에서 공식적으로 제시한 교육공학의 정의에 기초한 교육공학의 영역은 설계, 개발, 활용, 관리, 평가로 구분될 수 있다. 교육공학이란 학습을 위한 과정과 자원의 설계, 개발, 활용, 관리 및 평가에 관

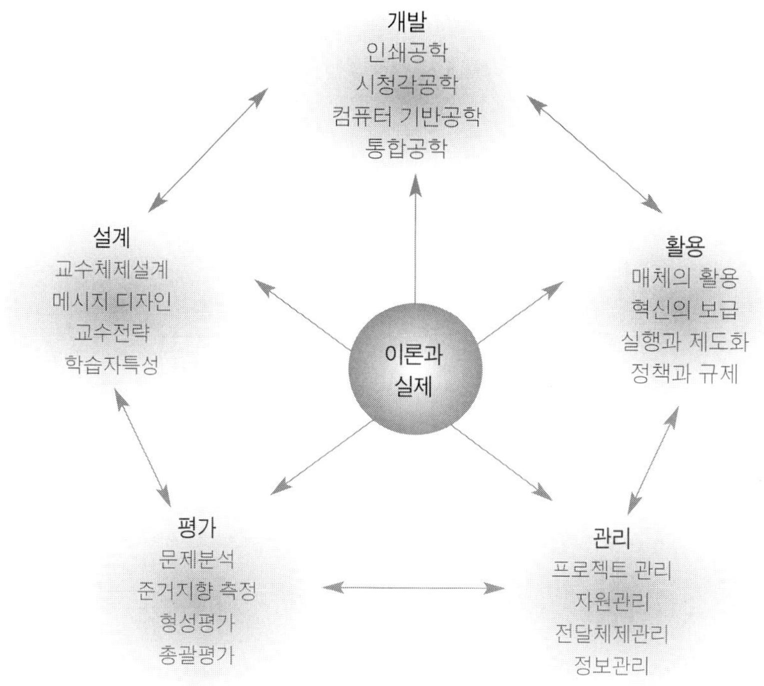


[그림 8-1] 교육공학의 영역

한 이론과 실제(Seels & Richy, 1994)라는 정의에 근거를 두고 교육공학의 활동영역을 구분하는데, 이 다섯 가지 영역은 개념적 측면에서 구분될 뿐이지, 실제로는 상호의존적이며 보완적인 관계를 가진다.

### 1) 설계영역

설계영역은 교수체제설계, 메시지 디자인, 교수전략, 학습자특성의 네 가지 하위영역으로 구성된다. 설계영역은 학습경험을 어떻게 안내할 것인가에 관한 미시적 활동으로부터 시작하여 전체 교육 혹은 수업의 과정을 기획하는 거시적 활동까지 포함한다.

교수체제설계(Instructional Systems Design)는 효과적인 수업을 개발하기 위하여 학습에 관한 과학적 이론과 수업에 관한 처방적 지식을 체계적으로 활용하기 위한 것이다. 즉, 체계의 아이디어를 교수 프로그램의 설계 혹은 개발과정에 활용하려는 접근이다.

메시지 디자인(Message Design)은 교수장면에서 어떻게 메시지를 설계하는 것이 학습의 효과를 가져올 수 있는가에 관한 연구영역이다. 지각, 기억 등과 관련된 인간의 인지과정에 관한 연구 결과를 바탕으로 문자, 기호, 그림 등을 어떠한 형태로 제시할 것인가에 관한 연구가 수행되고 있다.

교수전략(Instructioanl Strategy)은 특정한 학습이론으로부터 수업방법에 관한 시사점을 도출하려는 단편적 차원에서 벗어나서 보다 체계적인 처방성을 포함하는 교수방법에 관한 연구영역이다. 즉, 심리학적 학습이론들이 제시하는 연구 결과 등을 통합하여 실제적인 처방을 보여 줄 수 있는 이론을 구축하려는 것이다.

학습자특성(Learner Character)은 학습의 효과에 영향을 미치는 학습자의 일반적 특성과 성취하기를 기대하는 학습과제와 관련된 선수학습수준을 말한다. 학습자의 특성은 학습과제의 특성과는 별도로 학습의 성공과 실패 여부에 영향을 미칠 수 있다.

### 2) 개발영역

개발영역은 교수매체의 제작 혹은 개발에 관심을 두고 있다. 영화, 텔레비전, 컴퓨터, 멀티미디어에 이르기까지 계속하여 제공되고 있는 새로운 매체를 활용하여 교육 프로그램 또는 패키지를 개발하는 연구영역이다.

인쇄공학(Written Technology)은 기계를 이용하거나 사진인화작업에 의해 책이나 정지화상자료 등을 제작하고 전달하는 방법이다. 교육장면에서 일반적으로 쓰이고 있는 인쇄자료로서 교재는 주로 문자자료와 시각자료를 포함하고 있는데, 어떠한 방법으로 조직되어 있는가는 학습과정뿐만 아니라 학습 결과에도 영향을 미친다.

시청각공학(Audio-Visual Technology)은 음성 메시지와 시각 메시지를 제시하기 위해서 기계와 전기기자재를 사용하여 자료를 제작하거나 전달하는 방법이다. 시청각공학은 주로 교사 혹은 프로그램 제공자에 의하여 일방적으로 제시되는 형태가 일반적이지만, 최근에는 컴퓨터 기반공학과 연결됨으로써 보다 상호작용적이며, 학습자 참여의 환경을 제공하여 주기도 한다.

컴퓨터 기반공학(Computer Based Technology)은 컴퓨터를 교육매체로 활용하는 방법이다. 컴퓨터의 교육적 활용은 지금까지는 컴퓨터 보조수업(Computer-Assisted Instruction: CAI) 혹은 컴퓨터 관리수업(Computer-Managed Instruction: CMI)에서와 같이 컴퓨터가 수업과정을 직접 혹은 간접으로 지원하는 방향에서 탐색되어 왔다. 그러나 컴퓨터 기반공학은 행동주의 학습원리뿐만 아니라, 인지주의 및 구성주의 학습원리에 기반하여 효과적인 프로그램을 개발하려는 노력을 주도하여 왔다.

통합공학은 컴퓨터의 제어 하에 몇 가지 다른 유형의 시청각매체를 통합하여 다양한 자료와 정보를 개발하고 전달하는 방법이다. 첨단공학의 발전에 따라 컴퓨터는 이제 평면적인 문자자료의 제시뿐 아니라 각종 동영상자료를 입체적으로 제시할 수 있다. 입체적으로 제시한다는 것의 의미는 하이퍼텍스트 원리를 구현하여 자료를 제시할 수 있다는 것이다. 하이퍼텍스트에서는 제시되는 정보와 정보 간의 상호 연결을 즉각적으로 보여줄 수 있고, 학습자가 자신의 필요에 따라서 정보를 탐색할 수 있다. 통합공학은 미래 정보화 사회의 교육환경을 주도해 나갈 중요한 지식기반이 될 것이다.

### 3) 활용영역

활용영역은 학습을 위하여 절차나 자원을 사용하는 행위에 관한 연구영역이다. 교수매체의 설계나 제작에 대하여 관심이 있기 전부터, 시청각교육운동과 함께 교수매체의 효과적 활용에 관한 연구가 실시되었다.

매체의 활용은 학습을 위한 자원의 체계적 활용을 의미한다. 일종의 절차에 따라 기대하는 학습목표를 달성하기 위하여, 최적의 교수매체를 선정하여 활용하는 방법에 관한 의사결정을 포함하고 있다.

혁신의 보급은 새로운 아이디어의 채택과 확산을 목적으로 계획적인 전략을 사용하는 의사소통의 과정이다. 어떻게 하면 새로운 교육공학으로 제안된 혁신에 대하여 수용자가 긍정적인 인식, 태도, 행동을 나타내도록 할 것인가에 관한 체계적인 접근을 시도하는 영역이다.

실행과 제도화는 새로운 교육공학을 특정 조직 내에서 적절하게 사용하고 지원하는 것을 의미한다. 실행은 새로운 교육공학의 적절한 사용에 초점을 맞추며, 제도화는 그것의 일상화에 초점을 맞춘다. 이 영역은 특히 최근 국내에서 이루어지고 있는 학교교육의 정보화가 어떠한 방향으로 가야 하는가를 제시할 수 있다는 점에서 보다 많은 연구가 요청된다.

정책과 규제는 교육공학의 보급과 사용에 영향을 미치는 사회조직의 규칙과 행위를 말한다. 교육방송, 교육용 소프트웨어의 개발과 활용에 관련된 각종 정책과 규제에 대하여 교육공학적 기준과 표준을 제공하거나, 불필요한 규제에 대해서 문제점을 지적하는 활동이 포함된다.

### 4) 관리영역

관리영역은 설계 혹은 개발의 활동이 일종의 프로젝트 형태를 띠고 있다는 점과, 각종 매체센터 및 학습지원센터와 같은 조직의 관리가 필요하다는 현실과 연계되어 나타났다.

프로젝트 관리는 교수설계와 개발 프로젝트를 계획하고 감독하고 조정하는 활동을 말한다. 이러한 활동을 통하여 프로젝트 관리자는 프로젝트의 목적과 세부 활동을 명확히 하고, 예산을 설정하며, 교섭을 하는 하위단계를 관리한다. 특히 성공적인 프로젝트의 실행을 위하여 방해요소가 무엇인지를 해부하고 그것을 해결하는 역할 등을 규명한다.

자원관리는 자원지원체제와 서비스를 기획하고 감독하고 조정하는 업무를 말한다. 자원은 요원, 예산, 재료, 시간, 시설, 교수자원 등을 포함한다. 자원관리에서 중요하게 다루는 두 가지 특징은 비용효과성과 학습효과의 정당성이다.

전달체제관리는 교수자료를 전달할 때 조직하는 방법에 대하여 계획하고 감독하고 조정하는 것을 말한다. 하드웨어와 소프트웨어의 요구조건은 어떠한 것이고, 사용자와 관리자에게는 어떠한 기술적 지원을 하여야 하며, 설계자와 강사들에게는 어떠한 지침을 제시하여야 하는가 등의 문제를 다룬다.

정보관리는 학습자원을 제공하기 위하여 정보의 저장, 전달, 처리를 계획하고 감독하고 조정하는 것을 말한다. 정보관리는 학습자가 쉽고 용이하게 정보를 사용하게 해 줄 수 있다는 점에서 매우 중요한 영역이다.

### 5) 평가영역

평가영역은 교육공학적 과정 및 산물에 대하여 가치를 부여하는 활동영역이다. 교육공학적 과정 및 산물은 대체로 자료수준, 프로젝트 수준, 프로그램 수준으로 나누어 볼 수 있다.

문제분석은 정보수집과 의사결정전략을 사용하여 문제의 성질과 요소를 확인하는 것을 말한다. 평가의 초기과정으로 문제분석은 교육적 요구를 분석하고, 어디까지 교육적 문제로 분류할 것인가를 포함하여 학습자의 특성을 확인하여 우선 순위를 결정하는 것을 포함한다(Seels & Glasgow, 1990).

준거지향 측정은 사전에 설정된 목표를 학습자가 어느 정도 달성하였는지를 확인하는 기술을 말한다. 준거지향 측정은 준거에 비하여 학습자가 얼마나 성취하였는지를 알게 해 준다. 준거지향 측정은 수행목표의 명세화, 사전검사, 형성검사, 사후검사 등과 연계되어 발전되어 왔다.

형성평가는 수업의 전개과정에서 활용하고 있는 교수자료나 프로그램의 적절성과 효과성에 관한 자료를 수집, 분석하여 수업의 진행과정이나 수업에서 활용할 수 있는 교수자료나 프로그램을 개선하는 것을 말한다.

총괄평가는 적절성에 관한 정보를 수집한 후, 이 정보를 이용하여 향후 지속적인 활용에 관한 결정을 내리는 것을 말한다.

## 제2절 교수체제개발

### 1. 교수체제개발의 개요

교수체제개발(Instructional Systems Development)이란 교수를 일종의 체제로 보고 개발하는 것을 말한다. 체제라는 용어는 그동안 자연과학과 사회과학의 여러 분야에 걸쳐 매우 활발하게 사용되어 왔다. 딕과 케리(Dick & Carey, 1996)는 체제란 정해진 공동의 목적을 달성하기 위해서 협력하는 상호관련된 구성요소들의 집합체라고 하였고, 스테이너(Steiner, 1988)는 체제란 최소한 둘 이상의 구성요소들이 관계를 맺고 있는 특정한 단위라고 규정하였다.

체제의 특징은 체제적 접근의 근간을 이루고 있다. 카우프만(Kaufman, 1972)은 체제적 접근이란 요구에 의한 문제분석을 비롯하여, 문제해결을 위한 목표 설정과 대안적인 해결방안과 전략의 선정, 실행, 평가, 수정을 거치는 일련의 논리적이고 합리적인 과정이라고 하였다. 이와 유사하게 하이니히(Heinich)와 그의 동료들(1996)은 체제를 구성하는 모든 구성요소들의 관계를 검토하고 목표를 명세화한 후, 과업을 수행하고 그 결과를 목표에 비추어 평가하고 수정하는 체계적 방법이라고 개념화하였다.

체제적 접근을 교수에 적용한 것은 1950년대와 1960년대 초에 시작되었다. 교수에 대한 체제적 접근은 초기에는 산출물 중심의 관점에서 시작하였으나, 점차 과정 중심의 관점으로 변화하였다. 교수에 대한 과정 중심의 체제적 접근은 기본적으로 교수와 관련된 문제의 정의, 문제의 분석, 문제를 해결하는 방안의 설계 및 개발, 해결방안의 실행, 평가와 교정 등 다섯 가지 활동으로 이루어져 있다.

체제적 교수설계가 효과적인 이유(Dick & Carey, 1996)는 교수설계의 초기부터 명확한 목표 진술에 초점을 두기 때문에, 후속되는 계획 및 실행단계를 효과적으로 이끌 수 있고, 교수설계의 각 단계들을 연관시킬 수 있다. 특히 목표에 따라 가장 적합하고 효과적인 교수전략 혹은 학습조건들을 고안할 수 있으며, 실험적이고 반복적이기 때문에 초기설계과정에서의 오류를 지속적으로 수정 · 보완함으로써 보다 효과적인 교수 프로그램으로 완성할 수 있다.

## 2. 교수체제개발의 특성

교수체제개발이 지니는 주요한 특징은 첫째, 문제해결지향적이라는 것이다. 교수체제개발은 교수와 관련된 여러 가지 문제를 포착하고 이를 해결하는 것을 목적으로 한다.

둘째, 교수체제개발은 총체적인 접근이다. 교수와 관련된 문제의 원인을 규명하고, 이의 해결방안을 고안함에 있어서 여러 구성요소들을 포괄적으로 바라보며, 특히 이들 간에 형성된 관계의 속성에 관심을 기울인다.

셋째, 교수체제개발은 맥락을 중시한다. 교수체제가 사회문화적 혹은 역사적인 맥락에서 어떤 영향을 받는가를 충분히 고려하고, 이 결과를 문제의 분석 및 해결 전반에 반영한다.

넷째, 교수체제개발은 가치지향적이다. 그 과정과 결과에 있어서 개발자 혹은 관련 이해집단의 가치판단이 상당히 개입된다.

교수체제개발은 효과적인 교수체제를 개발하기 위하여 문제의 분석, 해결안의 설계 및 개발, 활용, 관리, 평가라는 다섯 가지 영역을 포함한다. 즉, 학습할 내용을 결정하기 위한 분석, 그러한 학습을 성취시킬 수 있는 방법을 구체화하는 설계, 학습자료를 실물형태로 제작하는 개발, 개발된 교재와 전략을 실제 상황에서 사용하는 실행, 그리고 교육 프로그램의 효과를 결정하는 평가의 활동들을 포함한다.

한편, 위의 다섯 가지 영역은 분석, 개발, 평가로 묶을 수 있다. 분석에서는 요구분석을 통해 여러 가지 문제 중에서도 인간의 학습 및 수행과 관련하여 교육이 필요한 영역을 선정하는 한편, 학습자와 교수조건, 가용한 자원에 대한 분석을 수행하고, 프로젝트의 일정을 수행한다.

개발에서는 보다 구체적인 교육목표 및 내용을 추출하고, 이를 가장 잘 달성할 수 있는 최적의 교수-학습방법 및 교수전략 그리고 교수전달매체를 선정한다. 특히 학습위계분석이나 내용 및 주제분석, 직무분석 등을 통해 교육내용을 범주화하고 세분화하여 교육내용들 간의 순서를 결정한다. 그리고 이를 토대로 교수-학습자료와 평가자료 등의 초안을 개발한다. 매체를 선정할 때는 학습범주, 지침, 매체의 특성, 교육장소, 비용을 고려해야 한다(Logan, 1979).

평가에서는 교수자료 및 교육 프로그램이 개발된 후 이의 적절성을 평가하는 것으로서 초안의 검증, 결과분석, 실행 및 반복수정의 단계를 거친다. 평가를 통해 개발된 교수자료의 타당화가 이루어지는데, 주로 준거지향검사, 학생 설문지, 학생 면접 등의 방법을 사용한다. 이들 검사 결과 및 자료를 근거로 하여 프로그램의 어느 부분이 수정되어야 하는지, 어떤 종류의 수정이 필요한지, 행정상의 결함이나 기타 문제가 어디에서 발생하는지에 관한 정보를 얻게 된다.

## 3. 교수체제개발모형

교수체제개발모형이란 효율적이고 효과적인 교수체제를 개발하기 위해 이에 관련되는 주요 요소들 간의 관계를 중심으로 개발과정 및 절차를 도식화하여 나타낸 것을 말한다. 교수체제개발모형은 일반적으로 구성요소들이 상호의존적이고 또한 상호작용하는 요소들로 이루어져 있다.

지금까지 다양한 교수체제개발모형이 제시되었는데, 이들 모형은 상당 부분 매우 유사하며, 어떤 단계를 더 강조하는가에 따라 차이가 있다. 한 모형이 다른 모형보다 뛰어나다는 증거는 없고(Gentry, 1994), 가장 이상적인 교수체제개발모형은 없으며, 교수-학습의 상황과 조건에 따라서 적합한 모형이 달라지게 된다.

체제적 교수개발모형들의 예로는 딕과 케리(Dick & Carey, 1996)의 모형, 브릭스(Briggs, 1970)의 모형, 국립특수매체연구소(1971)의 IDI 모형, 브란손(Branson)과 그의 동료들의 IPISD 모형, 실과 글래스고(Seels & Glasgow, 1990)의 모형 등이 있다.

하이니히(Heinich, 1989)의 모형이나 캠프(Kemp, 1985)의 모형은 교실수업모형에 해당한다. 자료제작모형은 고객이나 시장상품화를 위해 특정 교수자료를 제작하는 것에 초점을 두고 있다. 인쇄물보다는 공학매체를 바탕으로 만들어진 패키지가 더 성행하며, 대부분 자율학습자료의 형태를 띠는데, 반 패턴(Van Patten, 1989)의 모형이 이에 해당된다. 체제모형은 여러 개의 교수자료가 동시에 통합된 교수체제를 개발하는 것에 초점을 두고 있다. 교수자료, 장비, 관리계획, 강사양성계획 등이 포함된다.

### 1) 학교중심 교수설계모형(Briggs, 1970)

이 모형은 유치원부터 초 · 중 · 고등학교에서 활용할 수 있다. 일반적 절차모형의 성격을 띠고 있지만, 특히 프로그램이나 코스 설계 시에 매우 유용하다(Richy, 1988). 브릭스의 모형은 학습자들의 다양한 능력을 고려하여 프로그램을 설계하는 데 유용한 모형으로, 수업내용을 구체적으로 계열화시키는 절차를 포함하지는 않지만, 어떤 코스나 프로그램의 개발을 위한 계획을 조직화하여 제시하고 있다.

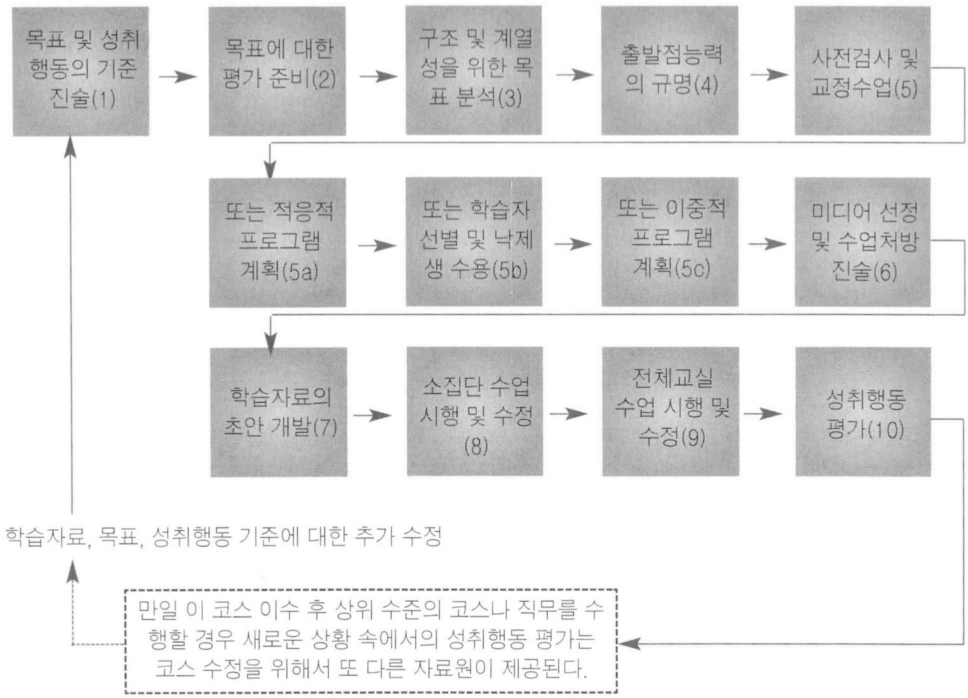


[그림 8-2] 학교중심 교수체제설계모형

브릭스 모형의 각 단계에 따라서 교수설계를 하게 되면 프로그램에 대한 평가자료를 수집할 수 있고, 최초에 프로그램 개발에서 의도했던 목적에 비추어 효과성, 효율성을 증진시킬 수 있도록 프로그램의 수정을 위한 유용한 정보들을 얻을 수 있다(Richy, 1988).

### 2) 교수체제설계모형(Dick & Carey, 1996)

이 모형은 절차적 모형으로서 체제접근에 입각하고 교수설계, 교수개발, 교수실행, 교수평가의 과정을 제시하는 대표적인 모형이다. 효과적인 교수 프로그램을 개발하는 데 필요한 일련의 단계들과 그 단계들 간의 역동적인 관련성에 초점을 맞추고 있다.

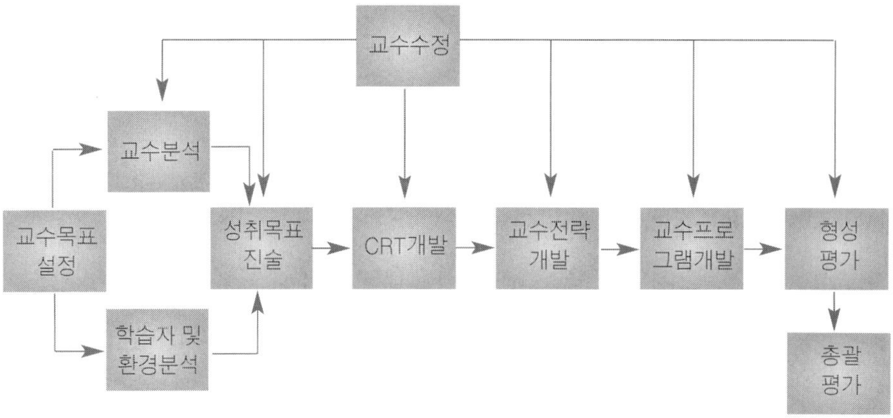


[그림 8-3] 딕과 케리의 교수설계모형

교수목표 설정은 학습자가 학습을 마친 후에 무엇을 할 수 있게 되는가를 결정하는 것이다. 최종 교수목표는 교과의 학습목표나 요구분석의 결과 등으로부터 추출된다.

교수분석은 교수목표가 설정된 뒤에 그 목표가 어떤 학습유형에 속하는가를 결정하는 것이다. 이 유형이 확인되면, 그 목표를 성공적으로 달성하기 위해서 학습자가 학습해야 하는 하위기능을 분석하고, 그 기능들이 어떤 절차로 학습되어야 하는가를 밝힌다.

학습자 및 환경분석은 학습을 시작하기 위해서 학습자들이 사전에 획득하고 있어야 하는 기능을 분석하는 것이다. 특히 가르치고자 하는 학습내용을 시작하기 전에 학습자가 할 수 있어야 하는 구체적인 기능을 찾는 것이 중요하다. 또한 교수활동을 설계하는 데 중요하게 고려해야 할 학습자의 구체적인 특성을 살펴보아야 한다.

성취목표 진술은 학습이 종결되었을 때 학습자가 할 수 있으리라고 기대되는 것을 구체적으로 진술하는 것이다. 성취목표는 학습될 성취행동, 그 성취행동이 실행될 조건, 학습이 성공적인지 아닌지를 가름할 수 있는 준거로 구성된다.

준거지향 검사(criterial-referenced test) 개발은 목표에서 가르치고자 했던 기능을 학습자가 성취했는가를 알아볼 수 있는 검사문항을 개발하는 것이다. 이때 문항에서 측정하고 있는 것과 목표에서의 성취행동이 반드시 일치해야 한다.

교수전략 개발은 교수 프로그램의 최종 목표를 성취하기 위해서 이용하고자 하는 전략을 설정하는 것이다. 교수 전 활동, 정보제시, 연습 및 피드백, 추후활동 등의 교수전략이 나와야 한다.

교수 프로그램 개발은 교수전략에 의거하여 학습자용 활용 지킴서, 교수자료, 검사, 교사용 지침서와 같은 교수 프로그램을 만드는 것이다. 새로 개발하는 대신에 기존의 자료를 선택해서 수정하여 사용할 수도 있다.

형성평가 설계 및 실행은 교수 프로그램의 초안이 완성되면, 프로그램의 질을 개선하는 데 필요한 자료를 수집하는 평가를 말한다. 여기에는 일대일평가, 소집단평가, 현장평가가 있다.

교수 프로그램의 수정은 형성평가의 결과를 바탕으로 하여 교수 프로그램이 가지고 있는 결점을 수정 · 보완한다. 또한 교수분석의 타당성, 학습자의 출발점행동 및 특성분석의 정확성, 성취목표 진술의 적절성, 검사 문항의 타당성, 절약의 효과 등을 검토하여 수정한다.

총괄평가 설계 및 실행은 교수 프로그램의 절대적 혹은 상대적 가치를 평가하는 것으로서, 충분한 수정이 이루어진 뒤에 실시한다. 보통 외부의 평가자에게 의뢰한다.

# 제3절 교수매체

## 1. 교수매체의 개요

매체는 'medium'의 복수형으로 의사소통의 채널을 말한다. medium은 라틴어 'medius'에서 나온 말로 무엇과 무엇 사이를 의미한다. 따라서 매체는 의사소통에 있어서 송신자와 수신자 사이를 연결하는 매개체 혹은 전달체로서 필름, TV, 도표, 인쇄자료, 컴퓨터 등이 이에 속한다.

교수매체란 교육목표가 효과적이고 효율적인 방법으로 달성되도록 하기 위해 교수자와 학습자, 학습자와 학습자 사이에 필요한 의사소통을 도와주는 다양한 형태의 매개수단이다. 교수매체는 기술적 속성, 내용적 속성, 상황적 속성, 상징적 속성을 지니고 있다(권성호, 2000; 나일주, 1994; 박성익, 최정임, 2001; 이화여자대학교, 2001).

기술적 속성은 매체를 구성하는 재료 및 기기의 속성으로 정보의 전달방

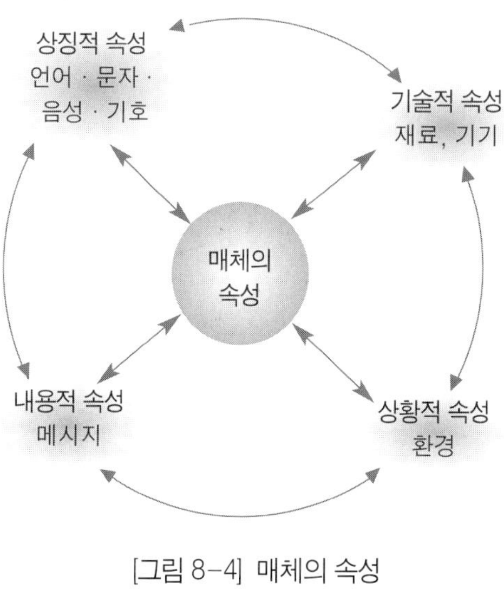


[그림 8-4] 매체의 속성

법에 영향을 준다. 예를 들면, 라디오, TV 등은 전파를 통해 전달되며, 영사기, 녹음기, 투사기 등은 기계를 통해 전달된다.

내용적 속성은 모든 매체는 특정한 내용을 포함하고 전달한다는 것을 나타낸다. 매체의 효과는 단순히 매체 자체의 기술적인 속성보다는 그 매체가 어떤 내용을 전달하느냐에 따라 달라질 수 있다. 예를 들면, TV나 컴퓨터는 어떤 내용을 전달하느냐에 따라 유용한 교수매체가 될 수도 있고, 청소년의 생활에 유해한 매체가 될 수도 있다.

상황적 속성은 메시지가 전달되는 사회적 환경이 매체의 효과에 영향을 미친다는 것이다. 동일한 매체가 전달하는 동일한 내용일지라도 그 매체를 활용하는 상황에 따라 의사소통의 효과가 달라진다.

상징적 속성은 매체에 따라 내용을 전달하기 위해 문자, 음성, 기호 및 언어 등의 특정한 상징체계를 사용한다는 것이다. 상징체계는 실물을 그대로 나타내는 실물계와, 그림의 형태로 나타내는 영상적 체계, 무용이나 동작으로 표상되는 활동적 체계로 구분될 수 있으며, 어떤 상징체계를 사용하느냐에 따라 메시지의 전달효과가 달라진다. 이러한 매체의 속성은 매체를 이해하는 데 도움을 주며, 매체활용방식과 학습효과에 영향을 줄 수 있다.

교수매체는 정확하고 효율적인 교육적 의사소통을 위한 매개체의 역할을 한다. 쉐람(Schramm, 1954)의 의사소통모형을 보면, 송신자가 자신이 전달하고자 하는 지식이나 기술, 가치를 언어나 비언어적 또는 시청각적 형태로 제시하면 수신자는 그 기호를 해독하여 의미를 산출하고 이해하는데, 이때 메시지는 의사소통의 채널, 즉 매체를 통해 전달된다. 매체는 여러 가지 상징체계를 이용해 메시지를 전달하게 되고, 어떤 상징을 사용하느냐에 따라 정보의 의미와 정확도가 달라질 수 있다.

## 2. 교수매체의 종류

교수매체의 종류와 교수매체의 유형을 나누는 기준은 학자와 목적에 따라서 다양하지만, 가장 일반적으로 사용되고 있는 것은 호반과 데일의 구분과 상징체계에 따른 분류기준이다.

호반(Hoban, 1937)은 시청각자료는 추상적인 것을 얼마나 구체적으로 전달할 수 있는가에 따라 가치가 결정된다고 생각하고, 사실의 정도에 따라 시청각자료를 구별했다. 사실과 가까운 매체일수록 더 정확한 메시지를 전달하며, 추상성이 높아질수록 이해도가 낮아진다고 하였다.

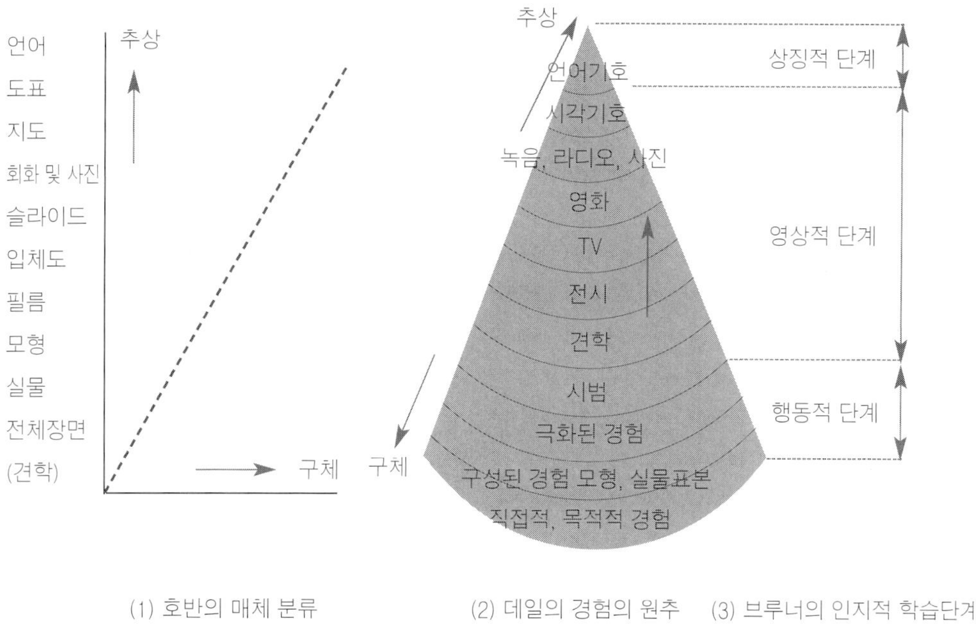


[그림 8-5] 호반의 매체 분류 및 데일의 경험의 원추

데일(Dale, 1964)은 이러한 호반의 모형을 더욱 확장하여 '경험의 원추'라는 모형을 제시하였다. 경험의 원추는 학습자의 경험이 실제적인 참여에서부터 시작하여, 실제적인 사건을 관찰하고, 어떤 매체에 의해 매개된 사건을 관찰하고, 어떤 매체에 의해 매개된 사건을 관찰하고, 최종적으로 그 사건을 표현하는 상징을 관찰하는 순서로 이루어져 있다.

상징체계에 따른 분류는 매체가 내용을 전달하기 위해서 주로 의존하는 상징체계가 무엇이냐에 따라 시각매체, 청각매체, 시청각매체, 상호작용매체로 나눌 수 있다. 시각매체는 자료의 내용을 주로 시각적인 방법에 의존해서 제시하는 매체를 말한다. 전기나 빛을 이용한 투사방법을 사용하는 매체인 슬라이드와 OHP 같은 투사매체와 실물, 모형, 사진, 그림 같은 비투사매체가 있다. 청각매체는 주로 청각적인 상징체계를 사용해 정보를 전달하는 매체로 라디오, 녹음기 등이 여기에 속한다. 시청각매체는 시각과 청각을 동시에 자극하여 정보를 전달하는 매체로 VTR, TV, 영화 등이 이에 속한다. 사실 시각매체가 청각매체와 결합하여 시청각매체의 역할을 할 수 있다. 시청각매체의 특징 중의 하나는 사진이나 그림과 같이 단순히 정지된 화면만이 아니라 움직이는 영상을 보여 준다는 것이다. 최근 부각되고 있는 멀티미디어는 바로 시각, 청각, 시청각의 모든 매체의 특징을 가지고 있음을 강조하는 용어다. 상호작용매체는 매체와 사용자의 상호작용성을 강조한 것으로 주로 컴퓨터와 관련된 매체다. CAI, 상호작용 비디오, 멀티미디어, 쌍방형 TV 등 단순히 정보를 제시하는 수준에서 벗어나, 학습자의 반응을 감지하고 그 반응에 대한 피드백이나 결과를 제공하는 매체가 이에 속한다.

## 3. 교수매체의 선정

학습내용을 전달하기에 적절한 교수매체의 선택은 효과적인 수업을 위해서 필수적인 활동이다. 교수매체의 선택은 교수설계의 모든 과정에서 이루어져야 하며, 여러 가지 상황을 고려하여 이루어져야 한다. 매체 선택에 영향을 주는 요인(박성익, 2003)으로는 학습자의 연령, 지적 수준, 적성, 태도 등의 학습자특성과 교사의 특성이 있다.

매체에 대한 교사의 태도나 사용능력 등도 매체의 선택에 영향을 미치는 중요한 요인이다. 또한 수업상황은 매체 선택에 영향을 준다. 수업상황은 소집단 혹은 대집단과 같은 수업집단의 형태와, 교사중심 수업인가, 학생중심 수업인가 또는 설명적 수업인가, 발견적 수업인가 등의 교수전략에 따라 달라진다. 뿐만 아니라 학습목표와 내용, 매체가 어떤 상징매체를 통해 메시지를 전달하느냐도 매체의 선택에 영향을 준다. 수업상황과 내용에 적절한 매체를 선택하기 위해서는 매체의 속성인 시각, 청각, 시청각, 동작, 크기, 색채 등을 고려해야 한다. 매체를 효율적으로 활용할 수 있는 시설 여부도 매체의 선택에 큰 영향을 미친다. 매체를 사용하는 데 적절한 시설이 갖추어져 있지 않다면 좋은 매체도 그 기능을 충분히 발휘할 수 없다. 현실적으로 가장 큰 영향을 미치는 요소는 해당 매체의 실용성이다. 즉, 그 매체를 사용하기 편리하거나 사용할 여건이 갖추어져 있으냐에 따라 매체의 이용 여부를 결정하게 된다. 매체의 이용가능성, 시간, 난이도, 비용 등에 따라 영향을 받는다.

매체 선택과 개발과정을 쉽게 도와주기 위해 여러 가지의 매체선정모형들이 제시되어 있다. 대표적으로 ASSURE 모델(Heinich, 1995)은 매체 선정과 활용의 6단계를 나타내는 문자들의 알파벳 첫자를 따서 만든 것이다.

교수매체를 사용하는 수업계획의 첫 번째 단계는 학습자를 분석(Analyze learners)하는 것이다. 학습자가 초등학생인지, 중학생인지, 교사인지를 결정해야 하고, 대상 학습자의 일반적인 특성, 사전지식, 능력, 태도, 학습유형 등을 분석해야 한다.

두 번째 단계는 수업목표는 가능한 한 구체적으로 진술(State objectives)하

학습자 분석(Analyze learners)

⇩

목표 진술(State objectives)

⇩

매체와 자료의 선정(Select media and materials)

⇩

자료활동(Utilize media and materials)

⇩

학습자 참여 유도(Require learner participation)

⇩

평가와 수정(Evaluation and revise materials)

[그림 8-6] ASSURE 모형

는 것이다. 수업목표는 수업을 받은 후에 학습자가 무엇을 할 수 있는가라는 용어로 진술되어야 한다. 대상 학습자와 목표가 설정되었다면, 시작점과 끝점을 연결하는 다리를 놓기 위하여 적절한 수업방법과 매체를 선택하고 이것을 실행하기 위한 자료를 결정(Select media and materials)해야 한다.

수업자료를 선택하거나 수정하거나 설계한 다음에는 그 자료들을 어떻게 활용할 것인가에 대한 계획(Utilize media and materials)을 세워야 한다.

효과적인 매체활용 수업을 위해서는 학습자의 능동적인 참여(Require learner participation)가 요구되므로, 수업 중에 학습자들의 노력에 따라 적절한 피드백을 받을 수 있는 기회가 주어져야 한다.

수업이 끝난 후에는 수업의 효과와 영향에 대한 평가를 실시(Evaluation and revise materials)해야 한다. 전반적인 파악을 위해서는 수업과정 전체를 평가해야 한다.

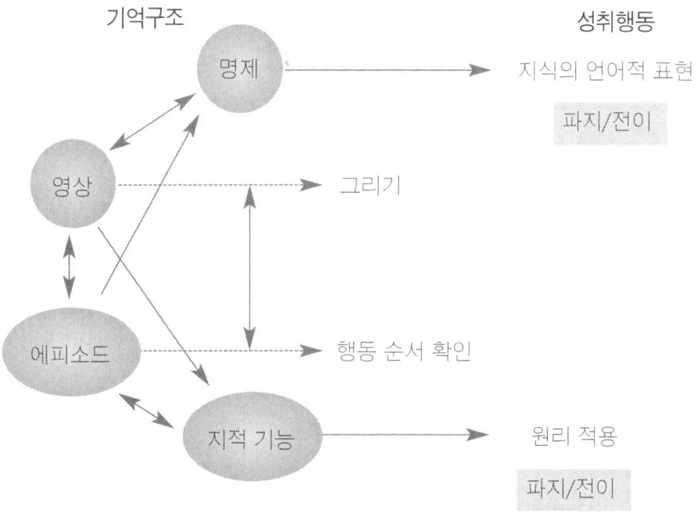


[그림 8-7] 기억구조모형

기억구조모형(Gagné & White, 1995)에서는 기본적으로 인간이 지식을 기억할 때 영상, 명제, 에피소드, 지적 기능의 네 가지 형태로 기억한다고 본다. 이런 관점에서 어떤 개념이나 원리 혹은 새로운 정보를 학습할 때 그 원리나 개념의 언어적 이해와 함께 그 개념이나 원리를 표상하는 영상(이미지)과 에피소드를 기억하면 그 학습이 효과적이라는 것이다.

이 모형은 그 매체가 어떤 기억조직을 만들 것인가, 어떤 학습활동이 그 기억조직을 가장 잘 형성할 것인가, 바람직한 학습 결과를 낳는 주된 기억조직과 어떻게 효과적으로 연결시킬 수 있는가라는 세 가지 질문에 대한 대답에 기초하여 매체를 선정, 고안해야 한다고 제시하였다.

Chapter 09

# 영재교육, 창의성교육, 특수교육

언제부터인가 교육현장이나 교육과 관련된 자료들에 영재교육, 창의성교육, 특수교육이라는 용어가 자연스럽게 등장하고 있다. 이는 21세기의 시대적 특징과 맞물려 이러한 교육의 중요성이 강조되고 있다는 것을 의미하기도 한다.

## 제1절 영재교육

교육의 기능적인 측면이 많이 강조될 때 흔히 사람들은 교육적 활동을 통하여 국가나 사회발전을 주도할 수 있는 인재 양성을 기대한다. 이것은 21세기 지식정보화 시대에 간과할 수 없는 교육의 과제다. 우리나라에서도 영재교육진흥법(2000년 1월 28일 법률 제6215호로 제정, 2002년 4월 18일 영재교육진흥법시행령)을 제정 · 공포하여 국가 차원에서 법제화하면서 영재교육을 추진하게 되었다.

국가 차원에서 영재교육을 추진하게 된 가장 큰 이유는 크게 두 가지로 살펴볼 수 있다. 하나는 지식정보화 시대라는 시대적 요구에 적합한 뛰어난 능력을 소유한 영재를 조기에 발굴하여 그들의 잠재력을 최대한 계발시키는 것이 국가, 사회발전과 사회구성원 모두의 삶의 질 향상을 위한 관건이라고 믿기 때문이다. 또 하나는 우리 헌법 제31조에서 규정하고 있는 국민의 기본권인 누구나, 능력에 따라, 균등하게 교육을 받을 권리를 국가적 차원에서 보장하기 위한 것이다. 즉, 현 교육체제 하에서 그 능력을 충분히 발휘하지 못하고 타고난 잠재성을 계발하지 못할 우려가 있는 영재학생들에게 균등한 교육기회를 제공하기 위해 영재교육을 추진해야 한다는 것이다.

결국 국가 차원에서의 영재교육은 국가경쟁력 강화라는 국가적인 측면과, 교육기회의 형평성 제고라는 사회적 이상과, 잠재력의 최대 계발이라는 개인적 학습권리 보호를 동시에 실현하기 위한 방편임을 알 수 있다. 그리고 이러한 필요성에 따라 추구하고자 하는 영재교육의 목적은 재능이 뛰어난 사람을 조기에 발굴하여 타고난 잠재력을 계발할 수 있도록 능력과 소질에 맞는 교육을 실시함으로써 개인의 자아실현을 도모하고 국가, 사회의 발전에 기여하게 하는 데 있다.

## 1. 영재의 개념

우리나라에서 특별히 뛰어난 사람을 가리켜 천재, 신동, 수재, 영재, 특수재능아라는 용어를 즐겨 썼다. 이들 용어 중 천재나 신동은 과거에 많이 쓰인, 소위 선천적으로 타고난 능력이 남들에 비하여 뛰어난 아동을 일컫는다. 이에 비하여 영재 또는 특수재능아라는 용어는 1970년대 후반부터 많이 사용하기 시작하였다.

영재교육진흥법 제2조 제1항에 명시한 바에 의하면 영재란 일반지능, 특수학문적성, 창의적 사고능력, 예술적 재능, 신체적 재능 등에서 뛰어난 사람이다. 장차 뛰어난 성취를 할 가능성이 높을 것으로 전문가에 의해 판별된 사람으로, 그 잠재력을 최대한 계발하여 본인과 사회의 발전에 기여하기 위해서는 정규교육과정과는 다른 특별한 교육 프로그램을 필요로 한다. 또한 고등학교과정 이하의 각급 학교에 취학한 자 중에서 일반지능, 특수학문적성, 창의적 사고능력, 예술적 재능, 신체적 재능 및 기타 특별한 재능이 뛰어나거나 그 잠재력이 우수한 사람을 말한다(동법 제5조 제1항). 이 정의를 살펴보면, 영재교육이란 영재학생들의 심리적 특성이 일반아동과 다르기 때문에 정규교육과정만으로는 자신의 잠재력을 최대한 계발하기 어렵다고 판단되므로, 그들의 능력수준과 관심에 적절한 교육 프로그램을 제공할 것을 전제하고 있음을 알 수 있다.

세계적으로 가장 잘 알려져 있어 학교현장에서 많이 수용되고 있는 영재에 관한 정의는 미국 교육부(United States of Office of Education: USOE)의 영재에 관한 정의, 렌줄리(Renzulli, 1977)의 세 고리(평균 이상의 능력, 높은 창의성, 높은 과제집착력) 정의, 가드너(Gardner)의 다중지능이론에 입각한 정의, 가네(Gagné)의 적성 정의가 있다.

이 중 미국 교육부의 영재에 관한 정의를 살펴보자. 미국은 구소련의 인공위성 스푸트니크호의 발사에 자극을 받아 교육 전반에 대한 반성과 관심이 영재교육에 대한 관심으로 직결되었다. 1978년에 미국에서는 영재아를 뛰어난 능력을 갖고 있어서 훌륭한 성취를 보일 가능성이 있다고 판별된 아동으로, 정규 교육과정이 제공하는 것 이상의 변별적인 특별교육 프로그램이나 도움을 필요로 하는 아동으로 규정하였다. 여기에서 뛰어난 능력을 지녔다 함은 일반 지적 능력(general intellectual ability), 특수학문적성(specific academic aptitude), 창의적이고 생산적인 사고(creative and productive thinking), 지도력(leadership ability), 시각 및 공연예술(visual and performing arts), 정신운동능력(psychomotor ability) 등의 영역에서 이미 성취를 나타내거나 성취할 잠재능력이 있다는 것을 의미한다.

이를 좀 더 구체적으로 살펴보면 일반 지적 능력이란 우수한 지적 능력을 말하며, 대체로 표준화된 지능검사로 측정하여 IQ 130 이상을 말한다. 특수학문적성은 특수한 학문분야의 적성을 말하며, 표준화된 특수학업성취도검사로 측정하여 대체로 상위 5% 이상을 말한다. 그리고 창의적이고 생산적인 사고는 창의성 검사도구나 행동특성 검사지 및 교사의 관찰기록으로 측정하는데 유창성, 독창성, 융통성, 정교성을 보이는 사고나 산출물을 말한다. 또한 지도력은 설득력이나 통찰력을 말한다. 지도력을 측정하는 표준화된 검사는 아직 없다. 시각 및 공연예술능력이란 조각, 체육, 체조, 무용, 미술, 사진, 노래 등에서의 뛰어난 능력을 말하는데, 전문가나 평론가, 대중이 평가한다. 마지막으로 정신운동능력이란 신체를 민첩하고 정확하게 움직이는 능력을 말한다. 의학적으로는 손동작의 기민함으로 측정하거나 실제 움직임을 그 분야의 전문가가 관찰, 평가한다.

이러한 영재에 대한 정의는 미국에서 영재교육을 실시하는 대부분의 주 또는 지역 교육구청 등이 마련한 영재교육 실천계획안, 예산안 등의 제1장에 인용되는 정의다. 이스라엘, 대만, 싱가포르 등의 나라들도 이 정의를 거의 그대로 적용하여 영재교육을 실시하고 있다.

## 2. 영재와 관련된 용어들

뛰어난 사람을 가리켜 흔히 영재아, 천재, 재능아, 신동, 수재, 조숙아 등의 용어를 즐겨 쓴다. 역사적으로 살펴보면 이들 용어 간에는 커다란 의미의 차이는 없으며, 단지 시대의 변천에 따라 쓰는 용어만을 달리했을 뿐이다. 그럼에도 불구하고 용어들 간의 미세한 차이와 용어 간의 명확한 관계를 고려해 볼 수 있다.

### 1) 재능아

재능아(talented)란 영재아와 동의어로 쓰이고 있다. 미국 교육부와 그 외의 여러 정의를 종합해 보면, 영재는 지능만을 일컫는 단일개념보다는 복합적 지능과 재능을 모두 포함하는 광의의 의미로 해석된다. 가드너는 지능을 7가지 종류로 구분하였다. 그의 복합적 지능이란 언어적, 이론수학적, 공간적, 신체운동적, 대인관계, 자신에 대한 관리, 음악지능을 일컫고, 지능의 단일개념을 다양한 재능을 포함하는 복합적인 개념으로 보았다.

미국 교육부의 정의에서는 영재를 영재성을 포함하는 복합적인 개념으로 보았다. 영재성과 재능을 뚜렷하게 구분하지 않으며, 이 두 개념은 구분없이 사용되어 왔다. 앞서 언급된 것처럼 재능이란 영재성의 한 요소로서 포함된다고 볼 수 있으며, 만장일치로 받아들여지는 영재의 정의 부재로 영재성과 구별하는 것은 별 의미가 없다.

재능이란 개념은 시대와 가치관에 따라 변천해 왔다. 재능이란 문화적 현상으로 원시시대에는 수렵과 낚시에 뛰어난 사람을, 그리스시대에는 웅변이나 예술에 능한 사람을, 로마시대에는 군인이나 행정에 재주가 있는 사람을 재능인으로 보았다. 그러나 현대에는 그 양상이 크게 달라져서 발명가나 컴퓨터를 잘 조작하는 사람에게 재능이 있다고 말한다. 즉, 재능이란 개념은 문화와 시대에 따라 다르고, 영재의 개념 속에 포함된다고 할 수 있으며, 대인관계가 뛰어나거나 대화에 능숙한 것도 재능이 될 수 있고, 넓은 의미로는 그러한 사람도 영재아다.

위에서 살펴본 것과 같이 영재성은 다양하게 정의되고 있고, IQ라는 것이 공통적으로 사용되고 있으나, IQ는 일반적 능력을 가려내는 것 외에는 별다른 역할을 못하고 있다. 창의성이나 그 외의 다양한 능력들은 IQ를 통해서 측정될 수 없는 것이다.

### 2) 조숙아

조숙아(precocious child)란 나이에 비해서 기대 이상의 역량을 보이는 아동으로, 조기에 재능이 비상하게 싹트는 아동이라 볼 수 있다. 흔히 지적인 조숙아나 음악, 미술 등의 영역에서 조숙한 현상을 보이는 아동을 말한다.

### 3) 신동

신동(prodigy)이란 펠덤(Feldamn)에 의하면, 10세 이전에 특별한 영역에서의 능력이 어른수준에 이른 경우를 일컫는다. 신동들 중에는 신동 성인으로 남는 경우보다는 신동기운이 감소해 가는 경우가 더 많다. 고대부터 서양에서는 신동들은 노인아이나 애늙은이로 불렸다. 육체적으로는 어리지만 생각하는 면에서는 마치 노인과 같기 때문이다.

서양에서는 신동에 관심을 갖고 많은 연구를 진행해 왔다. 신동은 개화하기 위해 너무 기를 쓰기 때문에 꽃망울 정도는 터뜨렸으나 결실을 맺지 못하고, 성인이 되어서는 보통사람이 되는 경우가 많다. 재능이 너무 일찍 성숙하여 부작용이 발생하기도 한다. 그래서 19세기 이전에는 특수한 재능을 지닌 신동은 불행한 운명을 예고한다고 생각했다. 예컨대 그 아이가 오래 살지 못할 것이라고 생각하거나, 어른이 될 때까지 살아도 어린 상태로 전락하거나, 정신이상이 되기도 한다고 보았다.

### 4) 천재

천재(genius)란 어떤 영역에서 극단적으로 고도의 수준에 이르는 능력을 발휘하는 아동으로 아인슈타인, 모차르트 등을 꼽을 수 있다. 나흠(Nahm)은 천재(genius, 새롭게 창조되었다는 뜻)란 단어가 16세기부터 사용되기 시작했다고 하였다. 터만(Terman)은 1926년 「천재의 유전적인 연구」라는 보고서에서 IQ 140 이상인 아동을 천재라고 명명했다.

## 3. 영재의 행동특성

영재를 어떻게 정의하느냐에 따라 그들의 행동특성도 다르다고 볼 수 있다. 그럼에도 불구하고 일반적으로 영재의 행동특성은 진지한 호기심, 왕성한 상상력, 복잡성에 대한 도전의식, 대담한 모험가 등으로 나타나며, 재능영역별 행동특성은 지적 능력, 창의성, 특수학문적성, 지도력, 예술적 재능 등으로 나타난다(조석희, 2002).

### 1) 일반적 행동특성

영재들은 일반적으로 진지한 호기심, 왕성한 상상력, 복잡성에 대한 도전의식, 대담한 모험가의 네 가지 특징이 있다. 이를 자세히 살펴보면 다음과 같다. 영재들은 호기심이 많고 진지하다. 사람, 물체 그리고 환경에 대해 항상 궁금해한다. 모든 사물에 대해 탐구하고 질문하며 의문을 갖는다. 끊임없이 왜라는 질문을 하며, 공학적 물체를 탐구하기 좋아하고, 또한 풍부하고 왕성한 상상력도 지니고 있다.

영재는 또한 왕성한 상상력을 지니고 있어서, 보지 않은 것에 대해서도 마치 본 것처럼 생각할 수 있다. 또한 환상을 다룰 수 있지만 환상과 현실의 차이점을 잘 알고 있다. 예를 들면, 발생하지도 않은 사건에 대해 직관적으로 느낄 수 있고, 일정한 작품 속에서 다른 사람이 보지 못한 사물을 볼 수 있는 능력을 지니며, 발생하지 않은 현상에 대해 미리 궁금해하는 공통점을 지닌다.

그 외에 영재들은 복잡성에 대한 도전의식을 지녀 이를 즐긴다. 즉, 복잡한 상황 전개와 난해한 문제해결을 좋아하며, 또한 난해한 문제의 해결방안을 찾기 위해 파고드는 것을 마다하지 않는다. 그리고 이러한 복잡하고 난해한 문제점과 호기심을 혼자 해결하는 것을 좋아한다. 그리하여 여타의 아동보다 더 도전적인 일을 즐긴다.

마지막으로 영재는 상상력이 풍부한 대담한 모험가의 기질을 지니고 있고, 실패나 비판을 두려워하지 않는다. 또한 불확실, 자유, 비구조화에 대해 귀찮아하지 않는다. 따라서 높은 성취목표를 설정했다고 하더라도 그 성취과정을 결코 두려워하지 않으며, 새롭고 난해한 문제해결을 위해 노력한다.

### 2) 재능영역별 행동특성

영재성이 나타날 수 있는 영역은 일반적으로 지능, 학문, 창조성, 성취력, 리더십 그리고 시각행동적 예술성 등 여섯 가지 영역이다.

지적 능력이 우수한 아동은 학교 공부에서 타 아동에 비해 우월하다. 또한 이들은 보다 성숙하며, 학문적 도전과 질문에 대해 난해한 해결책으로 빠르게 대응한다. 이들은 자신의 지적 능력을 과시하고 싶어하며, 새로운 지식, 독립적 과제 그리고 학문적 도전에 아주 능숙하게 대응한다. 이런 학생들은 전반적인 교육과정에서 특별교육을 필요로 한다고 볼 수 있다.

또한 창의성이 높은 학생은 창조적 · 다변화된 사고유형을 가지고 있기 때문에 창조적인 생각을 많이 하고, 혁신적인 행동을 많이 한다. 또한 의사를 자유로이 표현하며, 이따금 의견이 맞지 않을 때는 과격하게 맞서며, 고집을 부리기도 한다.

이 외에 특수학문적성 분야에서 영재성이 나타날 수 있다. 특수학문적성이 뛰어난 아동은 다른 아동에 비해 특정 교과목에서 기억력과 학습능력이 매우 우수한 학생을 일컫는다. 이들은 특정 분야의 새로운 아이디어에 도전하고, 논리적인 결론을 내리며, 폭넓은 어휘구사력이 있고, 추상적인 생각을 설명하는 기술이 있다. 그래서 이들은 표준화검사에서 한 개 이상의 교과영역이 학급 평균보다 상위수준이다. 이들은 특정 교과목에 관해 정규 교육과정을 넘어서는 특별교육을 필요로 한다.

또한 지도력이 뛰어난 아동은 지도자의 역할을 알고 있을 뿐만 아니라,

다른 사람들이 지도자로 알아본다. 책임감이 강하고, 자신감이 강하다. 자기 생각을 잘 표현하며, 언변이 좋고, 이해심이 많으며, 사전약속한 일을 잘 수행한다. 운동부, 학교신문, 다양한 서클, 과학 전시 그리고 다른 교내활동, 스카우트 등과 같은 교내외 과외활동에서 지도력을 발휘하는 경향이 있다.

예술적 재능이 뛰어난 아동은 음악, 미술, 연극 등의 분야에서 뛰어난 예술성을 보인다. 음악활동에 흥미가 많고 적극적으로 참여한다. 한 개 이상의 악기를 연주하고, 뛰어난 가창력을 가지고 있으며, 자신의 느낌, 경험을 표현하기 위해 음악을 이용한다. 미술적 재능으로는 발달수준에 비해 사물을 매우 상세하게 묘사할 수 있으며, 다른 학생들과는 다른 시각에서 사물을 보고 그리는 경향이 많다. 연극분야의 재능으로는 교내 무대의 연극활동에 참여하여 극중에서 다른 배역, 동물 혹은 사물의 역할로 쉽게 전환할 수 있는 능력이 있다.

지금까지 제시한 영재의 특성이 영재의 인지적, 정의적 특성들을 반영하는 것이라 하더라도 모든 영재들이 이 특성을 모두 갖추고 있는 것은 아니다. 또한 한때 이러한 특성이 나타난다고 하더라도, 격려하고 자극하는 환경이 주어지는가의 여부에 따라서 이런 특성은 점점 더 많이 나타날 수도 있고, 사라질 수도 있다. 따라서 여기에 걸맞은 교수법이 끊임없이 개발되어야 한다. 교과내용을 심화할 수 있는 학습내용을 선정하고 강의, 토의, 조작, 탐구 등 다양한 형태로 학습하도록 해야 한다. 특히 한 학습주제에 대하여 집중적으로 탐구하는 프로젝트 형태의 학습을 전개함으로써 창의력, 문제해결력, 논리적 사고력 등 고등정신기능을 기르는 데 중점을 두어야 한다.

# 제2절 창의성교육

## 1. 창의성의 개념

근래에 교육과 관련된 각종 자료를 보면 창의성 또는 창의력이라는 단어가 많이 쓰여, 교육학에서 하나의 중요한 용어로 자리 잡고 있음을 알 수 있다. 이는 교육의 현장에서 창의성 계발, 창의력 신장 등의 구호로 창의성교육이 점점 강조되고 있음을 의미한다. 이처럼 창의성교육의 중요성이 증대되는 이유는 이 교육의 형태가 정보화, 세계화를 지향하며 출발한 21세기에 가장 부합하는 교육이라고 믿기 때문이다. 즉, 세계는 하나의 경제체제로 변화되었고, 국경도 그 의미를 점점 잃어 가고 있다. 이러한 급변하는 시대에서 살 길은 경쟁력 강화이며, 경쟁력의 바탕은 창의성이라는 것이다.

창의성에 대한 정의는 매우 다양하다. 심리학사전에 따르면, 새로운 관계를 보는 능력, 비범한 아이디어를 산출하는 능력, 그리고 전통적인 사고 패턴에서 일탈하는 능력으로 정의하고 있다. 이 외에도 창의성을 수식하는 많은 다양한 의미들 가운데 공통적, 핵심적으로 지칭되는 것은 새로움이다. 즉, 창의성은 새로운 것을 사고할 수 있는 능력, 문제를 해결할 수 있는 태도로 볼 수 있다. 또한 창의성은 창의력, 창조력, 창조성, 독창성, 독창력 등과 같은 말이며, 고등정신력, 문제해결력, 창의적 사고력 등으로 표현되기도 한다.

그러나 창의성이란 무에서 유를 이루는 기적과 같은 것이 아닌 기존의 요소, 즉 이미 자신의 머릿속에 간직된 지식이나 축적된 경험을 바탕으로 새롭고 유용한 결합을 이루는 것을 의미한다. 일반적으로 자신만의 노력으로 새로운 아이디어나 행위에 의하여 이루어지는 창조적인(creative) 의미를 지니고 있으며, 문제를 해결하기 위해 기존의 사고나 형식에 없는 독창적인 새로운 의견을 생각해 내는 능력, 또는 그것을 기초화하는 인격적인 특성을 의미한다.

## 2. 창의성의 구성요소

창의성은 일반적으로 창의적 사고기능과 창의적 사고성향으로 나눌 수 있다. 창의적 사고기능에는 유창성, 융통성, 독창성, 정교성 등이 있으며, 창의적 사고성향에는 민감성, 자발성, 독자성, 근면성, 호기심, 변화에 대한 개방성, 용기, 상상력, 낙관적 태도 등이 있다.

### 1) 창의적 사고기능

유창성이란 어떤 자극에 대하여 새로운 생각(아이디어)을 풍성하게 하는 능력으로서 어휘의 유창성, 연상의 유창성, 표현의 유창성, 개념화의 유창성 등이 포함된다.

융통성이란 고정적인 사고방식이나 시각 자체를 변화시켜 다양하고 광범위한 아이디어를 생산해 내는 능력으로, 사고의 횡적 능력을 뜻한다. 이것은 다각적으로 아이디어에 접근하여 그 범위와 종류를 더하고, 문제사태에 대한 새로운 의미를 포착하여 그 해결책을 강구하는 것이다.

또한 독창성이란 어떤 문제사태에 당면하여 독특하고 비상한 해결책을 찾아내는 능력이다. 즉, 기존의 것에서 탈피하여 참신하고 독특한 아이디어를 산출해 내는 사고기능이다.

마지막으로 정교성이란 아직 다듬어지지 않은 아이디어에 의미를 부여하고 완벽하게 사고하는 것을 말한다.

### 2) 창의적 사고성향

민감성은 주변의 환경에 대해 민감한 관심을 보이고, 이를 통해 새로운 탐색 영역을 넓히려는 특성이다.

자발성은 문제상황에서 아이디어를 자발적으로 산출하는 성향이나 태도를 말한다.

독자성은 자신이 생각해 낸 아이디어의 가치를 인정하고 다른 사람들의 평가로부터 구애받지 않으려는 성향이나 태도를 말한다.

근면성은 문제를 해결하기 위해 가능한 한 다양한 정보를 수집하고 그 문제가 해결될 때까지 끈기 있고 지속적으로 탐구해 나가는 성향을 말한다.

호기심은 항상 생동감 있게 주변의 사물에 대해 의문을 갖고 끊임없이 질문을 제기하려는 성향을 말한다.

변화에 대한 개방성이란 이 세상은 변화하고 있으며, 나 자신이 이 변화의 주체가 되어야 한다는 자발적인 태도를 말한다.

## 3. 창의적인 인간의 특성

### 1) 경외심(세계에 대한 고도의 인식)

창의적인 사람은 외부세계에 대해 신선하고 아이 같은 놀라움과 지각력을 보여 준다.

### 2) 내적 감정과 감각에 대한 개방

창의적인 사람은 자발적이고 즉각적이며 주저하지 않는다. 느끼고 생각하는 것에 대해 상대에게 쉽게 이야기한다.

### 3) 호기심, 탐구심, 모험적 정신

환경에 대해 호기심이 많아 사물이나 생각의 유희를 좋아한다.

## 1. 특수아동의 정의

특수아동에 대한 정의는 다양하다. 혹자는 특별히 똑똑한 아동이나 비범한 재능을 가진 아동을 지칭할 때 사용하였고, 또 어떤 사람들은 이상한 아동을 일컬어 특수아동이라 칭하기도 한다. 그러나 이 용어는 일반적으로 심신의 장애로 학습 수행에 어려움이 있는 아동과 영재아동 모두를 포괄하는 용어로 받아들여지고 있다. 여기에서 시도하는 특수아동(exceptional children)에 대한 정의는 정신적 · 신체적 능력, 감각, 의사소통능력 그리고 사회적 행동이 보통 또는 정상아와 차이가 있어 그들의 잠재능력을 최대한 계발하기 위해 학교교육의 수정이나 특수교육이 필요한 아동을 말한다.

1980년 세계보건기구(WHO)는 장애아를 기능형태적 장애(impariment), 능력장애(disability), 사회적 장애(handicap)의 세 가지로 분류하였다.

기능형태적 장애는 인간의 어떤 조직이나 기관에 결함이 생긴, 즉 시각, 청각, 운동장애(지체부자유), 정신발달지체(지능장애), 내장질환 등의 병리학적 장애를 말하며, 다음과 같이 세분화한다.

- 지적 기능장애: 지능장애, 사고장애, 기타 지적 장애
- 그 외의 심리적 기능장애: 의식 및 각성상태의 장애, 지각과 주의력장애, 정서 및 의지기능장애, 행동장애
- 언어장애: 언어의 제 기능장애, 음성(말)장애
- 청각전정계 기능장애: 청력장애, 기타 청각장애 및 평형장애
- 눈의 기능장애: 시력장애, 기타 시력 및 눈의 장애
- 내장장애: 내부 장기장애, 기타 특수기능장애
- 골격계의 기능장애: 두부 및 체간기능장애, 사지의 기계적 및 운동장애, 사지결함
- 변형에 의한 형태장애: 두부와 체간의 변형, 기타 변형에 의한 형태이상

- 전신성, 감각성 및 기타의 기능장애: 전신성 기능장애, 감각장애, 기타 장애

능력장애는 행동능력, 커뮤니케이션 능력, 개인의 신변처리능력, 신체배치능력, 기기사용능력, 상황적응능력(환경변화에 적응하는 능력), 특수기능 능력 등에 대한 장애를 말한다. 그러나 이러한 여러 가지의 기능, 형태적 장애가 있다고 해서 곧 지적, 정서적, 사회적 제 능력에 장애를 가지고 있다고는 말할 수 없다. 적절한 교육작용이나 개인의 노력에 의해서 보통사람 이상의 능력을 발휘하는 예는 많다.

사회적 장애는 생존을 위한 역할 수행의 불리함, 예를 들면 신체의 자립, 이동성, 작업성, 사회통합, 경제적 자립 등의 장애를 말한다. 교육이나 재활에 의해 능력적으로 발달되어도 사회가 그 사람을 받아들이느냐 받아들이지 않느냐의 문제가 있다. 장애인이 모든 사람과 평등한 권리를 가진 동료로서 생활을 가능하게 하는 조건이 아니면 거기에는 더 큰 장애가 생기기 마련이다. 인간의 의식, 물건이나 길거리의 시설물 등이 장애인을 가로막고 있다면 이것은 오히려 사회가 장애를 만들어 내는 것이다.

여기에서 중요하게 쓰이는 용어인 장애(handicap)에 대한 개념정의를 살펴보면 장애란 손상, 결함으로 인해 불리한 경험을 하게 됨으로써 개인과 환경과의 상호작용이 잘 되지 않아 결함을 가진 사람이 환경적, 기능적 요구에 무능력하게 된 상태를 말한다. 따라서 장애란 결함을 가진 사람이 환경적, 기능적 요구에 무력한 것이요, 결함이란 장애와 달리 사람이 무력한 것을 뜻하고 있다. 예를 들어, 가벼운 이분척추 아동의 경우, 수학은 기능적으로 잘할 수 있으나 운동장에서 하는 공놀이는 이분척추로 인해 목적 달성이나 요구를 만족시킬 수 없다. 때문에 오늘날은 결함에서 점차 장애의 개념으로 바뀌어 가고 있다.

## 2. 특수교육의 개념

일반적으로 특수교육은 특수한 교육적 조치를 필요로 하는 아동을 대상으로 하여 그들의 잠재능력을 최대한으로 개발하기 위한 교육을 의미하지만, 그 대상은 국가에 따라 다르게 규정된다.

영국에서 특수교육은 장애아만을 대상으로 한 교육을 의미한다. 1944년 개정된 교육법 이후 특수교육은 일반교육과 대립되는 개념이 아닌 일반교육의 일환으로서의 위치를 확보하였다.

독일에서는 촉진교육, 치료교육, 특수교육, 장애아교육 등이 특수교육과 같은 용어로 쓰인다. 촉진교육은 경도이거나 일시적인 학습지진아를 위한 교육이고, 치료교육은 회복 가능한 언어장애나 행동이상이 대상이 된다. 그러나 일반적으로 특수교육은 장애아 일반의 교육을 칭한다.

프랑스에서의 특수교육은 보통 사회적으로 적응하기가 어려운 사람에 대한 교육 또는 지도라는 말로 표현되며, 학교나 사회생활에서의 부적응을 나타내는 아동에게 적절한 교육을 실시함으로써 적응상태로의 회귀의 의미를 포함하고 있다.

일본은 심신장애인에 대하여 특별히 준비된 학교교육의 한 분야를 특수교육이라고 지칭하고 있다. 분리교육에 대한 반성과 함께, 일반학급에서 함께 학습할 기회를 주고 각 아동의 요구에 따라 특정한 시간에 특별한 지도를 받을 수 있는 통합교육기회를 마련하여야 한다고 강조한다.

미국에서 특수교육이란 용어는 일반아에게 실시되는 교육 프로그램을 특정한 아동의 특성에 맞도록 바꾸어서 실시할 필요가 있는 경우, 즉 특수아의 가능성을 신장시키고 그 결함을 보완하기 위한 교육활동으로, 그 대상은 장애아와 영재아를 포괄하는 의미로 쓰인다. 이의 원활한 실천을 위해 미국의 장애아동교육법에서는 특수교육 및 관련 서비스를 포함하는 무상의 적절한 공교육을 규정하고 있다. 특수교육은 장애아의 특수한 요구를 충족시키기 위한 특수한 지도를 의미하고, 관련 서비스는 수송 및 장애아의 특수교육을 위해 필요한 것들을 지원해 주는 서비스를 말한다.

우리나라의 경우 특수교육진흥법상 특수교육은 "특수교육대상자의 특성에 적합한 교육과정, 교육방법, 교육매체 등을 통하여 교과교육, 치료교육 및 직업교육 등을 실시하는 것을 말한다."라고 정의하고 있다.

이러한 대상의 차이에 따른 특수교육에 대한 개념 정의에도 불구하고 특수교육에 대한 일반적인 정의를 살펴보면, 특수교육이란 일반 혹은 일반으로 일컬어지는 것으로부터 지적으로나 감각기능, 신체운동, 건강, 정서, 의사소통의 기능 면에서 일정한 편차 내지 이상성을 지니는 아동들을 위하여 특별한 교육 프로그램과 교육자료, 특별히 훈련된 전문교사에 의해 특수한 방법으로 실시되는 교육(김종현 외, 1999)이라 정의할 수 있다.

## 3. 특수교육의 목적

특수교육의 교육목적이 '특수'라는 접두어 때문에 일반교육의 교육목적과 다를 것이라는 편견은 버려야 한다. 단지 장애아는 일반아동보다 신체적, 정신적, 정서 및 사회적으로 결손 내지 장애가 있으므로 그 장애나 결손을 보상할 교육과정의 설정이 필요하고, 특수한 교육계획과 전문적인 교사자질, 특수한 매체 등이 요구되는 것이다. 이를 위하여 우선 특수교육의 일반적인 성격을 정리해 볼 필요가 있다. 첫째, 특수교육은 대상자인 장애아동들의 특수한 교육적 요구 때문에 특별한 교구설비, 특별한 교육방법, 특별한 훈련을 받은 전문화된 교사 등이 필요하다.

둘째, 특수교육은 다양한 초학문적인 관련 서비스를 필요로 한다. 장애아동에 대한 좁은 의미의 교과지도 외에 치료교육을 포함한 의료적인 서비스, 사회사업, 직업훈련 등 다양한 보조 서비스가 수행되어야 한다.

셋째, 장애아동교육은 일반교육체제 내에도 존재한다. 장애아동은 가능한 한 일반아동과 함께 통합교육을 실시해야 한다.

넷째, 특수교육기관 경영은 시설, 운영경비 등의 측면에서 일반교육기관보다 많이 투자된다.

다섯째, 특수교육이 성취하려는 목적의 장기성과 비긴급성을 들 수 있다. 특수교육의 성과를 졸업 후 성인 혹은 직업생활의 성공 여부와 연관시켜 볼 때, 소요되는 시간은 장기적이다.

여섯째, 특수교육은 그 평가가 다소 어렵다. 특수교육대상자인 장애아들의 지식, 기능, 태도, 기타 행동의 변화는 쉽게 이루어지지 않는 경향이 있고, 평가내용의 선정과 도구의 개발도 부족한 상태다.

이러한 특수교육의 일반적인 특성을 고려하여, 특수교육의 목적은 일반교육의 목적을 바탕으로 하고 장애아의 특성에 맞는 구체적이며 특수한 특수교육의 목표를 설정해야 한다.

우리나라 현행 교육법(법률 제86호) 제143조를 보면 특수학교는 시청각장애 등 심신장애인에게 유치원, 초등학교, 중학교, 고등학교에 준하는 교육과 그 실생활에 필요한 지식 및 기능을 가르치는 것을 목적으로 한다고 되어 있다. 이 목적관은 장애아동의 적성과 잔존능력을 계발하여 직업교육활동 시에 그에 맞는 적절한 직종을 권장하고 직업적 기능, 장래에 대한 희망과 재활에 대한 동기를 교육을 통하여 끊임없이 고취시켜야 함을 의미한다.

그러나 무엇보다 특수교육의 참된 목적은 그들의 장애와는 상관없이 인간으로서, 국민으로서 차별받지 않고 생존을 온전하게 하는 생활을 구현하는 데 있다. 이를 위해 장애인교육도 인간교육이라는 공통의 관심사에서 출발해야 한다.

## 4. 특수교육의 실제

일반적으로 특수교육이란 신체적, 정신적, 사회적 기능이 다른 아동에 비하여 일정한 편차 내지 이상성을 지닌 아동들을 대상으로 특별한 교육 프로그램, 특별한 교육자료 그리고 전문교사에 의해 특별한 방법으로 실시되는 교육을 말한다.

특수교육의 실제적 형태로서 여기에서는 지체부자유아, 정신지체아, 학습장애아를 위한 교육의 실제에 대하여 알아본다.

### 1) 지체부자유아의 교육

지체부자유아는 그 종류나 원인질병 등의 횡적인 범위가 광범위하며, 부자유의 부위나 정도도 다양하여 그 원인과 현상의 구별이 매우 복잡하다. 여기에서 지체는 신체의 골격, 근육, 신경계 등을 지칭한다. 기능의 부자유는 이러한 신체의 기능이 질병이나 외상으로 인하여 장애가 있는 상태를 의미하는 것으로서, 정적인 지지능력의 부자유, 동적인 운동기능의 부자유 그리고 형태이상에 의한 부자유를 포함한다.

우리나라에서 조사된 출현율을 보면 2.9%가 심신장애아인데, 그중 51%가 지체부자유아라고 한다. 그들의 원인질환은 소아마비, 뇌성마비 등의 신경성질환군, 결핵성질환, 골질환 등의 운동성질환군으로 나눌 수 있다. 이러한 지체부자유아에 대한 교육으로 부모는 유아의 운동능력을 조정하고, 말의 이해나 의사소통의 형식을 신장시켜 주고, 행동의 독립성 발달을 도모해 줌으로써 그들의 상태 내에서 가능한 한 적절한 재능을 발휘하도록 해야 한다. 그리고 초등교육으로 아동의 흥미, 주의집중도, 피로도, 시각의 식별력, 눈과 손의 협응력, 일상생활동작의 수준, 보행능력, 손의 사용능력, 치료상태와 정서상태를 정확히 평가하고 반영해야 한다.

### 2) 정신지체아의 교육

정신지체아란 일반적인 지적 기능이 평균보다 현저하게 낮고, 동시에 적응행동에 결함이 있는 아동을 가리킨다. 이들은 공통적으로 ① 우호적, 적대적 환경에서는 비상한 감수성을 지니고, ② 지적인 활동이나 수지훈련에 반응이 늦고, ③ 주의집중시간이 짧아 정서적 안정이 안 되며, ④ 언어에 제약성이 있고, ⑤ 계획성이 부족하고, ⑥ 상상력, 흥미의 범위가 좁고, ⑦ 경계의식이 없고 선악의 구별이 안 되는 특징이 있다.

정신지체의 원인으로는 풍진, 매독, 거대세포, 바이러스 등에 감염된 임신기의 이상과 임산부가 만성질환이나 임신중독, 더 나아가서는 마취약, 담배, 알코올, 카페인, 식품첨가물 등에 중독된 경우, 출산 시의 외상 및 물리적 원인을 들 수 있다. 그리고 정신지체와 관련된 매우 중요한 요인으로 유전자의 돌연변이, 방사선, 약제 및 화학물질, 바이러스나 자기면역기구, 배우자의 과숙도 원인으로 작용한다.

정신지체아는 추상적인 사고에 한계가 있고, 정상아와 달리 지시를 받지 않고는 학습과제를 해결하지 못하기 때문에 같은 또래의 아동과 동일한 수준의 학습을 하기에 어려움이 많다. 따라서 발달지체라는 공통적 특징에 근거한 발달촉진을 목표로 하는 발달교육과, 병적인 환자라는 특수한 특징에 근거한 치료교육을 병행해야 한다.

정신지체의 정도가 경미한 경우는 기초적인 학업수준 내지 초등교육수준까지 진보할 수 있다. 직업적으로 성인이 되었을 때 부분적 혹은 전체적으로 자립할 가능성이 있기 때문에 작업과 학업이 일치하는 교육내용이 수립되어 직업의 탐색, 직업의 평가, 직업훈련, 직업 알선, 추수지도의 단계가 이루어져야 한다. 신변의 자립능력을 배울 수 있고, 주위의 위험으로부터 자신의 보호가 가능한 중간정도의 정신지체아의 경우는 자립능력, 의사소통능력, 개인과 사회적응능력, 기초적 교과, 작업적 능력 등 여섯 가지 능력을 발달시키는 데 초점을 두어야 한다.

이 중에서도 특히 강조되는 것은 자립, 기초준비과정 및 독립적 생활기능의 발달, 의사소통, 인지능력의 발달, 사회화 및 인성발달, 직업적 활동능력, 오락 및 여가선용 발달을 도모하는 일이다. 그리고 정신지체이면서 뇌성마비 또는 청력손실을 동반하는, 즉 중복장애를 수반하는 중증의 정신지체아들을 위하여 그들이 기본적인 생존과 자립기능을 계발할 수 있도록 특별한 교육환경과 교육 프로그램을 수립하여야 한다.

### 3) 학습장애아의 교육

학습장애란 시각장애, 청각장애, 정신지체 및 지체장애 등 전통적인 장애의 범주에 속하지 않는 여러 유형의 장애들을 포함하는 다양한 장애집단을 일컫는다. 여기에 포함되는 공통적 요소는 신경학적 기능장애, 발달 불균형, 학업과제 수행의 곤란, 잠재능력과 성취도의 불일치 등을 들 수 있다. 일반적으로 학습장애아의 특성으로는 주의산만, 충동성, 과잉행동 등을 들 수 있고, 이는 주로 7세 이전에 나타나 최소한 6개월 이상 지속된다.

학습장애아의 지도방법으로는 과제훈련법, 절차훈련(능력훈련)법, 과제-절차훈련법을 꼽을 수 있다. 과제훈련법은 학습장애가 아동의 특수한 발달상 학습문제나 어떤 능력이 부족한 것이 아니라, 과제 그 자체에 대한 경험부족으로 일어난 문제로 보고, 주어진 과제 수행에 필요한 기능을 훈련시키는 것을 말한다. 절차훈련(능력훈련)법은 발달과정에서 아동이 지닌 특별한 장애가 학습과정을 방해하거나 억제한다고 보고, 이런 특정 장애 자체를 치료하거나 개선시키는 방법이다. 끝으로 과제-절차훈련은 과제훈련법에서 특정 과제의 분석, 분해, 용이성 추구에 중점을 두고, 절차훈련법은 정신작용의 개선을 목표로 삼고 있는 데 반하여 이는 두 접근을 중심 개념으로 통합시킨 것이다.

특수교육에 대한 관련 개념과 특성, 교육의 실제를 통하여 볼 때 우리가 인식하여야 할 중요한 부분은 무엇보다도 '특수'에 대한 올바른 이해다. 교육은 인간의 자아실현의 욕구 충족을 위해 이루어지기 때문에 특수교육 역시 특수아의 자아실현을 위해 이루어지는 것이다. 즉, 장애인 개인은 인간적 권위와 존경을 받을 동등한 권리를 소유하고 있으며, 그렇기 때문에 그의 잠재력을 충분히 발휘할 수 있도록 가능한 조치를 마련해 주어야 한다. 특수교육은 아동의 독특한 욕구에 맞게, 특수하게 고안된 교수로 행해져야 한다. 특수아동에 대한 교수의 직접적인 책임은 교사에게 있으나 심리학자, 언어치료사, 상담자, 기타 전문가들도 교사가 특수아동에게 가장 적합한 교육계획을 세울 수 있도록 도와주어야 한다.

Chapter 10

# 정보화 사회와 교육

정보통신기술의 발달과 인터넷의 보급이 확대되면서 지식의 급속한 양적 팽창과 실시간 정보제공으로 사회의 급격한 변화가 이루어지고 있다. 그러나 과거에도 사회는 끊임없이 변화되어 왔지만, 그 속에서 살아가는 개인들이 그 변화의 기운과 흐름을 느끼지 못할 뿐이었다. 오늘날 사회의 변화에 대하여 어려움을 느끼는 것은 변화의 속도가 빠른 반면에 적응은 힘들어지는 반대의 논리가 작용하기 때문이다. 과거에는 하나를 배우면 배운 그 하나를 어디에 어떻게 적용할지에 대한 고민과 성찰이 필요했으나, 오늘날에는 하나를 배우면 또다시 배워야 할 내용이 생긴다. 그리고 그 하나를 배우면 다른 또 하나의 배워야 할 내용이 기다리고 있다. 그만큼 지식의 팽창과 정보의 전달 속도가 빠르다는 것을 의미한다.

산업사회에서 정보사회로의 변화는 인류에게 엄청난 기대와 희망을 안겨주었지만, 그 속에서 생활하고 있는 개인들은 변화에 잘 적응하는 사람이 있는가 하면, 반대로 적응을 잘 하지 못하는 사람도 있다. 이러한 현상으로 인해 사회는 항상 혼란과 갈등을 겪으면서 나아가게 된다.

그동안 인류에게 있었던 세 차례의 커다란 격동기는 원시사회에서 농경사회로, 농경사회에서 산업사회로, 산업사회에서 정보사회로 가는 변화의 시기라고 할 수 있다. 이러한 격동기에는 언제나 사회에 적응하는 사람과 적응을 잘 하지 못하는 사람 간의 갈등과 혼란이 발생하였다. 현재 진행되고 있는 산업사회에서 정보사회로의 변화는 현재를 살아가는 우리에게 매우 중요한 시사점과 삶의 방향을 제시해 준다고 할 수 있으며, 그 변화에 대한 흐름과 의미를 살펴보는 것은 매우 의미 있는 일이 될 것이다.

## 제1절 정보사회의 특성

컴퓨터와 첨단의 통신장비들이 생겨나고 웹(Web)이라는 토탈 정보망이 생겨나면서부터 세계는 실시간으로 정보를 공유하고 있다. 산업사회에서는 주변이나 사회, 더 나아가 개인이 속한 국가에서 생성되는 정보만 가지고도 살아갈 수 있었다. 그러나 정보사회에서는 실시간으로 생성되는 수많은 정보의 홍수 속에서, 나 개인으로서가 아니라 글로벌화되는 사회 속에서 살아가야 하는 것이다.

네이스빗(Naisbitt, 1982)은 미래의 변화, 즉 동향(megatrends)에 대하여 다음과 같이 열 가지의 변화로 전망하였다. 산업사회에서 정보사회(Industrial Society→Information Society)로의 변화, 기계적 기술사회에서 고도의 기술집약적 하이테크 사회(Forced Technology→High Tech/High Touch)로의 변화, 국가적 경제사회에서 세계적 경제사회(National Economy→World Economy)로의 변화, 단기계획사회에서 장기계획사회(Short Term→Long Term)로의 변화, 중앙집권적 관료주의 조직사회에서 지방분권적 자율사회(Centralization→Decentralization)로의 변화, 제도적 도움의 사회에서 자조독립의 정신에 기초한 사회(Institutional Help→Self Help)로의 변화, 대의민주주의 사회에서 참여민주주의 사회(Representative Democracy→Participatory Democracy)로의 변화, 계층사회에서 네트워크 사회(Hierarchies→Networking)로의 변화, 경제에너지의 지역적 대이동(North→South), 양자택일사회에서 다종선택사회(Either/Or Multiple→Option)로의 변화가 그것이다.

벨(Bell)은 사회의 유형을 전기산업사회, 산업사회, 후기산업사회로 나누고 산업사회가 물질적 생산, 에너지, 경험주의, 인간과 자연 사이의 게임 등을 특징으로 하고 있는 데 비하여 후기산업사회는 교통, 금융, 교육, 연구 등의 지식산업, 정보, 추상적 이론, 인간과 인간 사이의 게임 등을 특징으로 하고 있다고 하였다(신윤식 외, 1993). 그는 미래 인류사회는 정보혁명을 통해 정보사회로 변화해 나갈 것으로 전망하면서 후기산업사회, 즉 정보사회는 전자매체의 발달에 의한 정보혁명으로 지역 간의 거리를 좁혀 지구촌 시대를 열 것이며, 따라서 정보산업에 대한 관심이 높아질 것이라 예측하였다. 뿐만 아니라 이론적 지식은 후기산업사회를 특징짓는 가장 중요한 일이 될 것이며, 연구집약적인 지식산업, 서비스업, 교육기관, 매스커뮤니케이션에 산업인구의 집중화 경향이 나타날 것이라고 보았다. 또한 전체 사회의 최적화를 구현하여 관리사회를 형성할 것이라고 예측하였다. 즉, 효과성과 능률성을 중시한 산업사회의 관료주의 조직이 무너지고, 관리사회조직이 새로이 형성될 것이며, 사회 각 조직은 그룹화 · 네트워크화를 형성하게 될 것이며, 조직경영은 시스템 경영의 차원에서 이루어질 것이라고 보았다. 더 나아가 정보나 연구가 급속하게 진전됨에 따라 그만큼 지식의 정보가 빨라져 새롭고 창조적인 활동을 가능하게 하는 정보에 대한 요구가 증대될 것이라고 보았다(松石勝彦, 1994).

이러한 학자들의 주장을 토대로 미래 정보사회의 특징을 정리해 보면 다음과 같다. 첫째, 정보의 엄청난 양적 확대가 이루어질 것이다. 따라서 대부분의 국가에서 정보산업이 국가의 흥망성쇠를 좌우할 기반산업이 될 가능성이 크다. 정보의 생산처리기술이 엄청난 속도로 발달하고 있으며, 이에 따라 사회구성원들의 정보서비스 활용이 급격하게 확대될 것이며, 이미 변화의 적응과정에 돌입하고 있음을 부인하기 어렵다. 이러한 정보화는 정보의 유통과 소비에 있어서도 근본적인 변화를 가져오고 있다. 은행에 가지 않으면 입출금이 어려웠던 과거에 비해 지금은 폰뱅킹이나 인터넷뱅킹을 통하여 언제 어디서든 모든 은행과의 입출금이 자유롭게 이루어지는 것이 그 예다.

둘째, 생산현장의 생산활동에서도 일(work)의 의미와 성격에 대한 혁신을 가져올 것이다. 즉, 일의 성격이 변화됨으로써 근로자의 노동과정에서 창의력을 향상시키고 자율적 통제를 가능하게 해 주며, 일에 대한 의욕을 높여 준다는 것이다. 과거 산업사회에서는 생산의 도구인 기계에 대한 인간의 통제가 한정되어 있었으며, 생산과정에서 동료 간의 감정대립이 나타나는 등 인간소외의 동기를 제공했던 것과는 달리, 자발성이 중시되는 일의 의미로 변화된다는 것이다.

셋째, 조직기반에 대한 패러다임의 변화가 도래할 것이다. 산업사회의 조직기반이 정보사회의 조직기반으로 변화된다는 것이다. 사회는 성장을 목표로 움직이는 유기체와 같다. 따라서 사회의 지배적 조직원리는 사회구성원들의 요구를 수용할 수밖에 없다는 것이다.

넷째, 인간 삶의 가치지향적 관점에서 볼 때, 편리성을 추구하는 인간의 욕구를 충족시켜 주는 방향으로 변화될 것이다. 인간의 삶은 정보를 중심으로 하는 일상적인 생활양식의 변화를 초래하게 되고, 따라서 산업사회에서 중시되어 왔던 가족공동체나 지역공동체는 급격한 변화를 가져오게 된다. 이는 인간의 삶을 더욱 더 풍요롭게 만드는 원동력이 될 것이다.

다섯째, 삶의 질을 높이기 위한 여가시간에 대한 인식의 변화가 일어날 것이다. 산업사회에서는 여가시간을 축소하고 그 시간 동안 일을 하여 개인의 능력을 향상시키거나 좀 더 많은 경제적 부를 축적하기 위하여 노력해 왔다. 그러나 정보사회에서는 여가시간을 즐기고, 그 시간 동안 새로운 아이디어를 발견해 내는 방향으로 인식의 전환을 가져올 것이며, 산업사회에서와 같은 경제적 부의 획득만이 삶의 최고 가치라는 인식은 점차 줄어들게 될 것이다.

정보사회로의 변화가 필연적이라는 데 대해서는 이미 많은 학자들이 수긍하고 있다. 따라서 사회제도 각 부문에 주의를 기울여야 한다. 첫째, 급격한 기술의 변동으로 인한 문화지체현상, 둘째, 제도상의 변화에 대한 지체현상, 셋째, 사회제도 및 조직구조의 불평등에 의한 또 다른 불평등 양산이 초래하는 충격에 적응할 수 있도록 해야 한다.

〈표 10-1〉 산업사회와 정보사회의 특징

| 구 분 | | 산업사회 | 정보사회 |
|---|---|---|---|
| 원리 | | 표준화, 분업화, 중앙집권화 | 다양화, 통합화, 분권화 |
| 특징 | 지식 | 팽창속도 느림 | 팽창속도 빠름 |
| | 일 | 강제적 통제 | 자율적 통제 |
| | 정보활용 시간 | 길게 | 짧게 |
| | 조직기반 | 관료주의, 중앙집권, 획일주의, 권위주의 | 평등주의, 보편주의, 분권주의 |
| | 생활 | 가족공동체, 지역공동체 중심 | 이상(관심)공동체 중심 |
| | 삶의 가치 | 인내, 희생 | 욕구 충족, 자기만족 |
| | 여가시간 | 축소 | 확대 |

## 제2절 학교교육의 변화

정보사회에서 학교는 학생이 학교의 방침을 이해하고 적응하려는 노력에서 벗어나, 학교가 학생을 이해하고 학생들의 의사를 수용하는 방향으로 나아가야 한다. 이러한 학교의 노력은 학교의 경영과 목적에 대한 인식의 변화를 토대로 한다.

교육이 국가와 사회에서 요구하는 바람직한 인간을 형성시키는 복합적 작용이라고 본다면, 인쇄정보시대의 교육적 인간상은 디지털 정보시대의 변화하는 교육적 인간상의 요구에 적합하지 않을 수 있다. 즉, 인쇄정보시대의 교육적 인간상인 피터스(Peters)를 필두로 한 교육적 인간상은 비트적 균등성을 갖추었다고 하기에는 너무 엘리트주의적이고, 네트워크적 관계를 갖추었다고 하기에는 객관적 지식관에서 볼 수 있는 고정적 완결성에 집착하며, 상호작용적 양방향성을 갖추었다고 하기에는 지식과 가치전달의 양방향성을 강조하며, 탈기능적 물질성을 갖추었다고 하기에는 뉴턴식 절대적 시간관과 공간관에 집착한다(목영해, 2001).

따라서 형식논리에 집착하는 선적(線的) 사고는 비선적(非線的)으로 전개되는 정보사회에서 역동적으로 적응해 나아갈 수 있는 인간양성적인 측면에서 볼 때 적절하다고 볼 수 없다. 정보사회에 적응해 나아가기 위해 필요로 하는 인간상은 비선적이면서 능동적 사고와 창의성이 내재된 인간이기 때문이다(김종두, 2003).

정보사회에서는 국가의 관리 하에 교육은 국가의 책임이 아니라 학교의 책임이 되며, 학교의 책임은 교사의 책임보다 낮으며, 교사의 책임은 학생의 책임보다 낮다. 그러나 학생이 학습욕구를 가지고 있을 때 교사는 그 욕구를 채워 줄 수 있어야 하며, 학교는 교사의 능력이 발휘될 수 있는 충분한 환경을 제공하고, 학교는 부족한 설비와 시스템을 개선하기 위해 정부와 협력을 강화해야 한다.

현대 자본주의 사회에서 형성된 공교육제도의 가장 큰 특징은 국가중심 교육제도다. 그러나 이제 이와 같은 국가중심 제도는 더 이상 존재하기 어려울 것이다. 그동안 국가가 독점하여 왔던 교육내용에 대한 결정권은 이

큰바 교육상품의 다양화라는 차원에서 더 이상 지속될 수 없으며, 이와 관련하여 공립학교 위주의 교육체제가 갖는 관료적 경직성과 비효율성을 극복하여야 한다. 이는 교육상품의 소비자 주권 회복과 교육의 자유선언운동으로 발전하게 될 것이며, 모든 교육이 학교중심이 아닌 일터중심으로 바뀌어 갈 것이다(박숙희, 임명숙, 2003).

따라서 변화하는 사회체제에 적응할 수 있는 인간을 양성하기 위해서는 학교교육체제의 재구조화가 요청된다. 이러한 재구조화에 대하여 사스킨과 잉거아임은 다음과 같이 정의한다. 재구조화는 역할, 규칙 그리고 교사와 학생, 교사와 행정가, 지역관청에서부터 학교건물 내에 위치해 있는 다양한 수준의 행정가, 학생들의 결과를 향상시키기 위한 목표를 가진 모든 사람들 사이의 상호작용을 통한 변화를 포함한다(Sashkin & Egermeier, 1992). 이러한 재구조화는 체계적으로 변화되어야 하며, 세 구성요인이라고 할 수 있는 역할, 규칙, 관계가 그물망 구조를 이루면서 원활하게 상호작용할 때 정보화 사회에서 학교교육의 목표가 달성될 수 있을 것이다. 이에 대해 콜리(Conley, 1993)는 재구조화의 구성변인들을 〈표 10-2〉과 같이 제시하였다.

〈표 10-2〉 재구조화의 변인

| | |
|---|---|
| 중심변인 | • 학습자의 결과<br>• 교육과정<br>• 수업교육과정<br>• 평가 |
| 기능변인 | • 학습환경<br>• 매체/기술<br>• 학교/지역사회 관계<br>• 시간 |
| 지원변인 | • 관리<br>• 교사의 리더십<br>• 인원<br>• 업무의 관련성 |

출처: Coley, D. T. (1993). *Roadmap to restructuring: policies, practices and the emerging vision of schooling.* oregon: ERIC(Clearinghouse on Educational Management). P. 106.

학교교육의 재구조화를 위한 변화는 교사와 학생의 역할을 변화시킬 것이며, 학교의 모습을 구체적으로 변화시킬 것이다. 지금까지 이루어져 온 산업사회의 학교교육을 공장모형에 비유하면, 교장과 교사는 공장의 관리인이며, 학생은 공장의 노동자로, 수업은 공장의 조립라인으로, 교육과정은 공정이 되며, 학습내용은 원재료가 되어 교육이 이루어지는 것으로 볼 수 있다.

정보화 사회에서는 새로운 변화에 능동적으로 적응할 수 있는 학교교육체제를 갖추어, 지금까지 이루어져 온 관료주의 체제에서 벗어나 개인이 사회의 요구에 적응하면서 생존할 수 있는 다양화를 기본 목표로 하여야 한다. 왜냐하면 정보화 사회의 교육목적과 내용, 방법 등은 사회문화적인 맥락 속에서 결정된다 하더라도 이러한 사회문화적 맥락을 결정하는 것은 정보사회의 기반이 되는 정보통신기술에 의해 큰 영향을 받기 때문이다.

따라서 정보화 사회의 학교교육체제는 정보사회의 토대를 공고히 하는 방향으로 이루어져야 한다. 이러한 학교교육체제의 변화 방향을 제시하면 [그림 10-1]과 같다.

정보화 사회에서 학교교육체제의 패러다임 변화방향은 교육의 개념과 가치관이 창의적이고 확산적 사고로 변화되어야 하며, 교사 · 학생의 역할과 교육내용 및 방법은 능동적이고 소규모화되어 다양한 교육과정이 마련되어야 한다는 것이다. 교육환경과 사회문화, 제도 · 조직 · 구조에 있어서도 소량생산체제, 아이디어 창출, 지식근로자, 다양성의 형태로 변화되어야 한다는 것이다.

정보통신기기의 발달은 교육의 개방화를 앞당기며, 지식정보에 대한 접근 및 상호작용, 활용형태를 개방시킬 것이다. 이는 교육환경의 개방을 의미하는 것이며, 지금까지의 닫힌 교육환경을 개방화된 교육환경으로 변화시키게 될 것이다. 이렇게 되면, 교사와 학생이 지금처럼 정해진 시간과 장소에서 정해진 교과서를 매개로 계속적으로 만날 필요가 없으며, 만남의

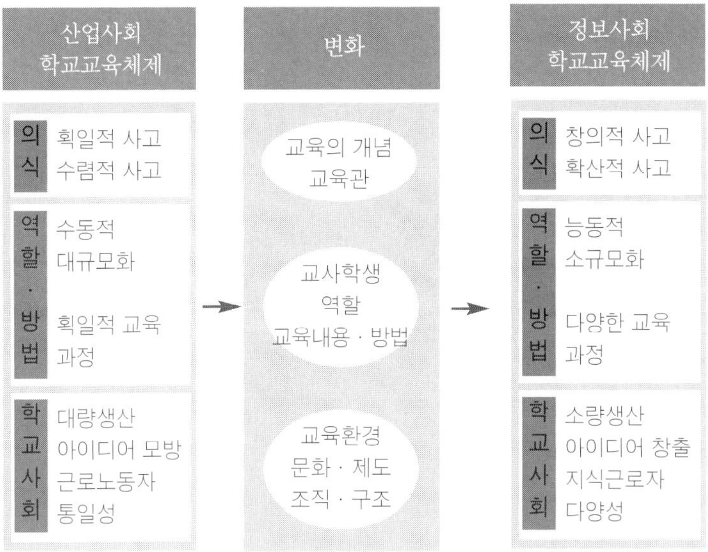


[그림 10-1] 학교교육체제 패러다임의 변화 방향

빈도가 훨씬 감소하고, 교육의 장은 학교와 가정이 혼합된 교육으로 나아가게 될 것이다. 그러므로 학교는 학생들의 요구에 부응하는 방향으로 교육체제가 변화되어야 한다.

## 1. 교육개념의 변화

이것은 교육이라는 의미로 고정관념화되어 온 학교교육 위주의 학습에서 생애 전반에 걸쳐서 학습의욕에 따라 언제든지 학습할 수 있는 평생학습의 의미로 변화되어야 한다는 것이다. 이 같은 학습사회모델은 형식교육(formal education)으로서의 학교교육과 비형식교육(non-formal education)으로서의 사회교육 그리고 무형식교육(informal education)으로서의 잠재적 학습이라는 교육형태들이 학습사회라는 틀 안에서 상호 교류되어야 함을 의미한다.

지금까지 학교교육이 주축을 이루고 있는 교육형태에서는 학습자가 교육기관의 규범과 제도에 적응하여야 했으나, 정보사회에서는 교육기관이 학습자에게 적응해야 한다. 이러한 현상은 특히 정보통신기술을 기반으로 교수-학습이 이루어지는 원격교육이 확대됨으로써 더욱 자명해진다. 이렇듯 정보사회로 나아가면서 학교교육에서 학습자가 실질적으로 교육의 주체가 되는 교육이 실현되는 단계에 접어들고 있는 것이다. 그러므로 학교교실에서의 교사-학생의 면대면(face to face) 수업이 교육이라는 고정관념은 변화되어야 한다. 이러한 교육개념의 변화를 보면 〈표 10-3〉과 같다.

교육은 가르치는 자유, 즉 교육자가 주도권을 가지고 있었던 형태에서 이제는 배우는 자유, 즉 학습자가 선택의 결정권을 가지고 자기주도적인 학습을 하는 교육으로 변화되어야 한다. 정보사회에서 학습자는 첨단매체에 대한 경험이 풍부하며, 자신의 지식 결핍 분야를 스스로 판단하여 필요한 지식을 획득할 수 있어야 하기 때문이다.

〈표 10-3〉 교육개념의 변화

| 구 분 | 산업사회 | 정보사회 |
|---|---|---|
| 인식론적 측면 | • 획일적, 단선적 가치관<br>• 교실 내 교육 강조<br>• 동일한 교육과정<br>• 상급학교 진학 중시<br>• 학교규율 중시 | • 다양성, 나선형적 가치관<br>• 생활과정에서 교육 강조<br>• 교육과정 선택의 다양성<br>• 자아성장 중시<br>• 자율성 중시 |
| 방법론적 측면 | • 대면적 수업<br>• 강의 중심 교수-학습<br>• 교실 중심 | • 원격수업 중시<br>• 토론, 탐구학습, 체험학습 중심<br>• 재택학습 허용 |

## 2. 교육환경의 변화

20세기 말에 이르러 교육에 대한 근본적인 변화의 목소리가 높아지면서 세계 각국은 교육의 재구조화를 위한 노력을 경주해 왔다. 중앙집권적 체제에서 권한의 위임, 학문적 교육과 직업교육에 대한 구분 폐지, 교육비 감소 등이 그것이다. 이것은 산업사회에서 정보화 사회로 접어들게 됨에 따라 사회구성원들의 시대적 환경변화에 맞는 교육적 요구에 부응할 수밖에 없었기 때문이다. 가장 커다란 변화를 살펴보면, 첫째, 국가의 교육에 대한 지원은 미래 정보사회 건설에 토대가 되는 교육에 대해 누가 먼저 튼튼한 성장의 토대를 마련할 수 있을 것인가에 대한 각국의 경쟁적 투자의 결과였다. 그 결과 어느 정도 정보화 교육에 대한 토대가 구축되었으며, 컨텐츠 또한 점차 늘어나는 추세다.

둘째, 교육을 시장경제체제로 변화시켰다. 이는 곧 재정, 인력, 개인의 문제를 교육기관에 위임하는 것을 의미하며, 기관의 장을 중심으로 독자적으로 운영해 나갈 수 있는 권한을 제공해 주었다는 것이다. 따라서 각 대학들은 자신들의 생존을 위한 노력을 게을리할 수 없게 되었다.

셋째, 학교 정원이나 인지도에 관계없이 학교 이미지와 교사의 질적 향상을 추구하게 되었다. 각 대학들은 생존을 위한 활력과 더불어 교육의 질을 높이기 위한 대규모 투자와 지원을 확대하는 현상을 보이고 있다. 과거 대학교육의 표준화 경향은 점차 사라지고, 강한 개성과 능력을 가진 개별화 교육을 지향하는 형태로 변화하고 있다는 것이다.

넷째, 교사의 재구조화에 대한 문제다. 교육체제에 시장경제의 도입으로 개인의 역량을 펼치지 못하면 사회적 지위와 더불어 경제적 수입이 감소하는 결과를 초래하게 됨으로써, 개인의 능력 향상에 게으르지 않도록 하였다. 개인의 역량과는 무관하게 법적 보호 아래 있는 한국사회에서 교사의 지위는 제도적 개선을 통하여 교육의 질을 높일 수 있는 방향으로 변화되어야 할 것이다.

다섯째, 구역제(zonning)를 철폐하는 현상이 나타나고 있다. 과거의 학교들은 특정 지역이나 행정적으로 정해진 구역에 따라 그곳의 학생들을 배당받아 특별한 노력 없이 학생들을 받아들여 가르쳐 왔다. 그러나 구역제가 완화되는 경향을 보이면서, 우수한 학생들을 선점할 수 있는 지역에 구애받지 않는 학교들이 생겨나고 있으며, 그에 대한 자율권도 확대되는 추세다. 이러한 흐름에 따라 한국에서도 자립형 사립고, 외국어고, 특수사립고 등 특정 지역에 한정하지 않고 학생들을 입학시키는 학교들이 늘어나고 있다.

이러한 현상에 적응하기 위해서 교사들 또한 지금까지의 관료주의적 성향에서 벗어나 의식과 실천의 재구조화를 통한 전문가로서의 역할 수행에 노력을 기울여야 할 것이다. 국가 또한 교사들에 대한 지시는 바람직하지 못하다는 것을 인식하고, 교사들이 개인의 능력을 향상시킬 수 있도록 정책방향의 변화와 더불어 교사 개인이 가진 전문성을 학생들에게 충분히 전달할 수 있는 방향으로 변화되어야 할 것이다.

## 3. 교사의 역할 변화

정보사회에서 교사의 역할은 다양한 관점에서 논의될 수 있으나, 여기서는 시대적 상황을 고려하여 교사의 실질적 역할에 초점을 맞추어 그 역할을 살펴보고자 한다. 교과는 바뀌어도 교사는 바뀌지 않는다는 말이 있다. 교사들이 지금까지 일제수업방식에 깊이 빠져 있어 변화를 싫어한다는 표현일 것이다. 정보화 사회에서는 수업이라는 전통적 학교교육에 대한 인식의 변화와 더불어 교사 역할에 대한 변화가 이루어져 정보사회의 교사 역할에 대한 인식의 토대를 형성하여야 한다.

교사의 교육능력 판단을 위한 기본적인 자격조건을 살펴보면 다음과 같다. 첫째, 교사들은 학생들을 이해하며 가르칠 준비가 되어 있어야 하며, 자신들의 학생들과 자신이 내릴 징계 수준에 대한 정확하고 심층적인 지식을 갖추어야 한다. 둘째, 교사들은 다양한 언어, 문화, 배우는 방식, 재능, 지식 등 학생들이 학교로 들어옴과 동시에 같이 가지고 오는 여러 사항에 대하여 대처하고 순응할 준비가 되어 있어야 한다. 셋째, 교사들은 학생들을 지속적으로 지켜보고 학생들이 무엇을 할 수 있는지, 어떻게 생각하고 배우는지 이해할 수 있는 능력이 뒷받침되어야 한다.

또한 교사는 정보화에 따른 학생들의 인간미 상실에 많은 관심을 가져야 한다. 학생들이 학교생활 속에서 타인에 대한 이해, 배려와 관심 등에 대하여 항상 관심을 갖고 서로 교류하면서 살아가는 것이 인간의 행복이라는 것을 스스로 느낄 수 있는 가치관의 확립을 위해 노력하여야 한다. 교사의 인간교육에 대한 인식이 확립될 때 인간과 기술발전에 따른 조화로운 삶을 영위하는 데서 과학기술이 제 위치를 찾을 수 있을 것이다.

〈표 10-4〉 학습자 중심 교육환경에서 교사의 역할 변화

| 기존의 역할 | 기대되는 역할 |
|---|---|
| 학생들의 궁금증에 대한 모든 대답을 제공해 주는 교과전문가나 자원 | 환경에 따라서는 해당 내용을 잘 모를 수도 있으나, 그에 대해서 알기를 원하는 사람으로 수업에 참여하는 존재 |
| 학생들에게 계속적으로 정보를 제시해 주는 일차적 정보원 | 학생들이 자신에게 필요한 정보를 수집하고 평가할 때 보조자, 협조자, 코치로 간주됨 |
| 학생들에게 항상 질문을 하고 학생의 학습초점을 컨트롤하는 사람 | 학생들이 스스로 문제의식을 갖고, 문제점을 발견하며, 그에 대한 스스로의 해결책들을 탐색하도록 적극적으로 코치하는 사람 |
| 학생들에게 자신의 단계적 계획에 따르도록 하여, 결과적으로 모든 학생들이 유사한 결과에 도달하도록 하는 사람 | 자신의 개인적인 지식이나 기능을 사용하여 문제에 대한 독창적인 해결을 하도록 적극적으로 고무 · 격려하는 사람 |

출처: 백영균 외 7인(2003). 교육방법 및 교육공학. 학지사, p. 63.

## 4. 학생의 역할 변화

정보사회에서는 수업의 객체였던 학생이 수업의 주체로 변화될 것이다. 학생들은 컴퓨터를 활용하여 자신을 가르치는 교사로 만들 수 있다. 다시 말하면, 스스로 학습하는 방법을 터득할 수 있게 되는 것이다. 그들은 자신의 학습에 책임을 지는 독립적인 학습자가 된다. 학생들이 어리면 어릴수록 호기심이 많아 무궁무진하고 다양한 자료를 손끝으로 불러들일 수 있는 인터넷 등과 연결된 컴퓨터가 상당한 호소력을 가지게 되고, 그들을 재미있게 안내하고 지시할 수 있으므로, 학습동기를 높이고 학습을 지속시키는 데 효과적일 수 있다. 이런 학생들은 독립성이 강한 학습자로 스스로의 강점이나 소질, 흥미 분야를 발견해 내고, 자연스럽게 가상공간에서 그 분야를 집중적으로 탐구할 수 있게 된다(허운나, 2002). 학생의 역할 변화를 구체적으로 살펴보면 〈표 10-5〉와 같다.

〈표 10-5〉 학생의 역할 변화

| 산업사회 | 정보사회 |
|---|---|
| 교사의 추종자 | 창의적 학습자 |
| 수동적 학습자 | 능동적 학습자 |
| 지식 암기자 | 지식의 활용자 |
| 학습의 의존자 | 학습의 조력자 |

정보화 사회에서 컴퓨터 활용 교육을 강조하는 학자들은 전통적인 교육체제와는 매우 다르게 학생의 역할을 강조한다. 과거의 교육관에서는 학생을 재료로 보고, 이 재료를 교사라는 생산자가 가공해서 졸업생이라는 상품을 만들어 내는 것이었다. 그러나 정보사회에서는 학생들이 사상, 책, 컴퓨터 소프트웨어, 네트워크, 지식 등을 이용하여 스스로를 가공해 내는 생산적 지식근로자가 되어야 한다고 강조한다. 왜냐하면 학생들 스스로 학습

을 위해 정보 데이터베이스에 접근하여 도우미의 도움을 받거나 스스로 문제를 해결해 가면서 얼마든지 학습계획을 세우고, 필요한 정보의 획득 · 평가뿐만 아니라 새로운 아이디어를 적용하고 일반화 · 상품화할 수 있기 때문이다.

이렇게 볼 때 학생들에게 필수적으로 요청되는 역할은 자발적 학습의 문제다. 탐구의 중요성을 깨닫지 못한 대부분의 학습자들은 스스로 학습하는 것보다 통제된 상황에서 학습하는 것이 더 효과적일 수 있다. 따라서 아직 성숙의 단계에 있는 학생들에게는 이러한 학습형태가 계속 유지되어야 한다. 왜냐하면 사회에서 기술의 발달에 대한 다양한 교육기법과 다양한 교육체제가 형성된다 하더라도 학생들 스스로 학문적 탐구에 대한 의식이 형성되지 않으면 효과는 낮아질 수밖에 없으며, 인지적 성숙의 단계에 도달하지 못한 학생들에게는 자율성의 강조가 오히려 학생들의 창의력과 능력을 저해시킬 수 있기 때문이다. 그러므로 학생들이 학교교육체제가 기대하는 역할을 충실히 수행해 낼 수 있을 때 개인의 능력과 학습효과가 확대되며, 교육에서의 통제가 약화될 수 있다는 점을 인식하여야 한다.

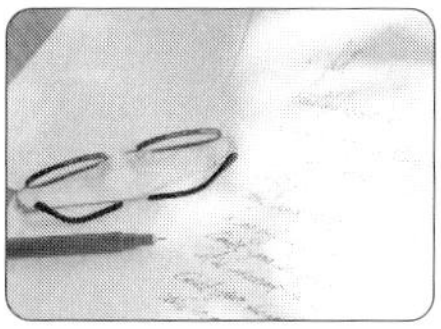

Chapter 11

# 평생학습사회와 교육

## 제1절 평생교육과 평생학습사회

### 1. 평생학습사회의 의미

일반적으로 '교육' 이라 하면 우리는 학교교육을 떠올린다. 그만큼 학교에서의 교육활동을 중요하게 생각한다. 이것은 실제로 학교교육의 태동에서도 알 수 있다. 그래서 정해진 학교교육을 마치면 각각의 영역에서 습득했던 지식, 기능, 기술을 응용하여 자신이 속한 곳에서 맡은 임무만 충실히 수행하면 된다고 생각한다. 그러나 조금 더 생각해 보면 교육이라는 활동은 인간이 태어나면서 늘 함께하는 인간 삶의 일부분이라는 것을 알 수 있다. 즉, 학교교육을 마치고 직장을 다니고 있다고 할지라도 그것 자체가 곧 학습활동이다(권대봉, 2002). 이것은 우리가 직장생활이나 사회활동을 하면서 우리의 삶이 알게 모르게 학습활동과 밀접한 관계가 있음을 시사한다. 따라서 학교나 연구소에서의 학습활동뿐만 아니라 직장에서의 근무 중의 활동 역시 현장교육이라는 교육활동의 범주로 볼 수 있다. 이런 의미에서 직장 내의 교육은 평생학습의 일부분이라 할 수 있다. 또한 여가활동의 궁극적 취지는 다양할 수 있지만 여가를 즐긴다는 자체는 남을 가르치거나 남으로부터 배운다는 활동을 의미한다.

이렇듯 인간의 교육활동을 학교교육과 같은 제도교육의 틀에서만 이해하지 않고 오늘날의 사회에서처럼 배우고 가르치는 제반 학습활동이 다양하게 나타나면서 인간 삶을 지배하는 사회를 평생학습사회라고 한다.

교육인적자원부(1998)는 이미 평생학습사회를 누구나, 언제, 어디서나, 원하는 교육을 받을 수 있는 사회로 정의하고, 21세기 한국사회가 교육복지국가로서 삶의 질 향상의 극대화를 이루기 위한 비전으로 평생학습사회 구현을 명시하고 있다. 이러한 평생학습사회의 지향은 전 세계적인 흐름이자 불가피한 시대적 요청이다. 이것은 1996년 독일 쾰른에서 개최된 G8정상회담에서 채택된 '쾰른 헌장-평생학습의 목적과 희망(KOELN CHARTER – Aims and ambitions for lifelong learning)' 에서 찾아볼 수 있다(권대봉, 2002).

G8 정상들은 도래하는 지식기반사회를 맞아 기초교육, 직업훈련, 혁신적 사고의 계발 등을 지원하는 방안을 골자로 하는 쾰른 헌장을 채택했다. 주요 내용을 보면 첫째, 모든 국가들이 현재 직면해 있는 과제는 국민들에게 다음 세기에 활용할 지식, 기술, 능력을 제공하고 학습사회를 건설하는 것이다.

둘째, 경제와 사회가 점차 지식기반으로 나아가고 있기 때문에 교육은 지식기반사회에서 경제적 성공, 사회적 책임, 사회적 일체감을 실현하는 데 필수불가결한 요소다.

셋째, 다음 세기는 변화와 유동성의 세기가 될 것이기 때문에 국민들이 이에 적응하기 위해서는 교육과 평생학습이 뒷받침되어야 하며, 국가는 모든 국민이 동등하게 혜택을 누릴 수 있도록 기회를 보장해야 한다.

쾰른 헌장에서 살펴볼 수 있듯이 모든 국민에게 평생학습의 기회를 보장해 주어 사회 전체가 평생교육의 장이 되는 평생학습사회의 실현은 모든 국가의 과제다. 이러한 평생학습사회의 실현은 평생교육이라는 교육활동을 전제하고 있다.

## 2. 평생교육의 개념

평생교육은 삶(life)과 평생(life-long)과 교육(education)의 뜻을 내포하며 1960년대 후반부터 유네스코를 통하여 소개되고 보급된 개념이다. 1965년 12월 파리에서 개최된 유네스코의 성인교육추진위원회에서 랭그랑(Lengrand)은 계속교육에 관한 그의 논문에서 "유네스코는 출생에서 죽음에 이르기까지 인간의 일생을 통하여 행하여지는 교육의 과정을 만들고 활동하는 원리로서 평생교육이라는 구상을 승인해야 한다."고 제안하였고, 유네스코는 이를 받아들임으로써 평생교육이라는 용어가 보편화되기 시작했다. 그 후 1970년 '세계 교육의 해'에 유네스코에서는 평생교육을 교육사업의 기본 정책으로 삼았다. 그리고 1972년 이후에는 75개 국가에서 평생교육의 개념을 받아들이기에 이르렀다. 특히 제3차 동경회의에서 평생교육론은 국제적으로 급속히 확산되었다.

한국의 평생교육 개념 보급도 유네스코한국위원회의 선구적 역할로 보급·발전될 수 있었다. 1974년 춘천에서 개최된 '성인교육발전 세미나'에서 평생교육의 철학적, 심리학적, 사회학적 측면에 관하여 활발한 논의가 시작되어 평생교육에 대한 관심이 증대되기 시작했다. 이러한 관심은 1980년 10월 23일 제정된 헌법 제29조 제5항 "국가는 평생교육을 진흥해야 한다."라는 규정으로 이어졌다. 1982년 12월 31일에는 사회교육법과 유아교육법이, 1991년 12월 31일에는 청소년에 관한 법률이 제정·공포되는 등 평생교육의 중요성이 확실하게 인정되고, 나아가서는 체계적인 평생교육의 실천을 위하여 헌법(제31조 제5항)으로 평생교육의 진흥을 보장하였다.

이것은 곧 평생교육에 관한 관심을 국가가 공포함으로써 우리나라의 평생교육이 국가적 차원에서의 관심사업임을 증명하는 것이었다.

평생교육은 그 개념과 방향에 있어서 학자들마다 다른 관점을 견지하고 있다. 왜냐하면 평생교육이 삶이라는 개념이나 평생이라는 개념을 포함하고 있는데, 이것이 매우 광범위하고 포괄적이어서 일괄적으로 규정하기 어렵기 때문이다.

랭그랑(Lengrand)은 평생교육을 "개인의 출생에서부터 죽음에 이르기까지 전 생애에 걸친 교육(수직적 차원)과 학교 및 사회 전체 교육(수평적 차원)의 통합"이라고 말함으로써 교육의 통합성과 종합적 교육체계를 강조하였다.

다베(Dave)는 "개인 및 사회적 삶의 질을 계속적으로 향상시키기 위하여 평생 동안에 걸쳐 연장 실시되는 모든 형태의 형식적, 비형식적 학습활동"이라고 말함으로써 평생교육을 개인적 성장과 사회적 발전을 함께 관련시켰다.

장진호는 평생교육을 "개인이 전 생애를 통하여 능동적으로 계속적 학습의 기회를 포착함으로써 인간성의 조화적 발달을 꾀하며, 변화하는 현대적 생활에 슬기롭게 대처하고 창조적으로 개척해 갈 수 있는 지식과 기능을 익히며, 다른 사람과 더불어 공동체의 복지를 증진시켜 나가는 인간화 교육을 의미한다."라고 정의함으로써 평생교육의 내용, 실질적인 면을 중심으로 정의하였다(배장오, 2003).

이들의 견해를 종합해 보면 평생교육이란 "삶의 질 향상이라는 이념 실현을 위하여 태아에서 무덤에 이르기까지의 교육의 수직적 통합과 가정교육, 사회교육, 학교교육의 수평적 통합을 통한 학습사회를 건설함으로써 최대한의 자아실현과 사회발전능력의 함양을 목적으로 하는 교육활동"으로 정의할 수 있다. 즉, 평생교육은 인간의 '삶의 질' 향상이라는 이념 추구를 위하여 태교에서부터 시작하여 유아교육, 아동교육, 청소년교육, 성인

교육, 노인교육 등을 수직적으로 통합한 교육과 가정교육, 학교교육, 사회교육을 수평적으로 통합한 교육을 총칭하여 말하며, 개인의 잠재능력 신장과 사회발전에 참여하는 능력의 개발을 목적으로 하는 교육활동이다. 이것은 또한 궁극적으로 학습자의 자율적 학습 수행과 교육적 선택의 자유를 통한 학습권이 보장되는 학습사회를 지향하는 교육이념이다. 즉, 평생교육은 인간 삶과 성장을 위한 그 자체로서의 이념인 것이다.

## 3. 평생교육의 특성

평생교육의 개념에 비추어 그 특성을 논한 학자는 랭그랑(Lengrand), 옴멘(Ommen) 그리고 다베(Dave)를 들 수 있다. 이들은 나름대로 평생교육의 특성에 대하여 논하고 있지만, 그들이 주장하는 평생교육의 개념적 특성에 대한 공통된 요소는 다음과 같다(김신일, 2000).

평생교육은

① 평생을 통한 계속적인 학습과 교육이며,

② 변화하는 사회에의 적응과 생활의 질적 향상을 추구하는 교육이고,

③ 모든 교육체제와 교육적 노력의 수직적, 수평적 통합을 의미하며,

④ 가정, 학교, 사회에의 적응과 생활의 질적 향상을 추구하는 교육의 형태이기도 하고,

⑤ 교육과정, 교수-학습방법, 학습자료의 융통성과 다양성을 소홀히 하지 않고,

⑥ 기존 교육체제에 대한 교정적 기능과 점진적인 개선을 추구하는 교육이다.

이를 바탕으로 평생교육에 대한 종합적인 특성을 다음과 같이 제시할 수 있다(김종서 외, 2001).

① 평생교육은 개인적 차원 및 사회 공동체 차원에서 인간의 삶의 질 향상을 목적으로 하고 있다. 여기에서 삶의 질이란 인간의 잠재능력을 최대한 발전시키는 자아실현의 측면, 가족생활 및 사회생활에서의 인간관계가 보다 원숙한 상태로 맺어질 측면, 가정 및 직업생활에서 합리적인 경제생활이 영위되어야 하는 측면, 시민 및 국민의 한 사람으로서 공민적 책임을 완수하는 측면에서 보아야 한다.

② 평생교육은 요람에서 무덤에 이르기까지 한 인간의 생애 전체과정을 통해 행하여지는 교육을 수직적으로 통합하고, 모든 기관(학교, 직장, 대중매체, 도서관, 자원단체 등)과 모든 장소(학교, 가정, 사회, 직장)에서 이루어지는 교육을 수평적으로 통합한 것이다.

③ 평생교육은 계획적인 학습뿐 아니라 우발적인 학습, 잠재적 교육과정 모두를 포함한다.

④ 평생교육에서는 학교 외 교육기회 확대 필요성을 중요시하기 때문에 국민 전체의 평생에 걸친 교육기회의 균등화 및 확대에 노력한다.

⑤ 평생교육에서는 인생의 각 발달시기에 적합한 발달과업의 학습을 중시한다.

⑥ 평생교육의 영역에 있어서 인생의 발달단계에 따라 강조되는 시기의 차이(직업교육: 청년기와 중년기, 교양교육: 직업교육 전이나 후)가 있으나, 평생에 걸쳐서 서로 조화와 균형을 이루어야 한다. 즉, 일반교양교육과 전문교육 중 어느 한쪽으로 치우치지 않고 두 영역 간의 조화와 균형을 유지하도록 노력한다.

⑦ 평생교육에서는 학교가 교육을 독점하는 것을 지양한다. 학교교육 자체도 평생교육의 일환으로 해석하여 학교교육이 지니는 의미를 평생교육의 관점에서 찾으려 한다.

⑧ 평생교육에서는 사회를 교육적인 환경으로 만들어 평생학습사회를 지향한다.

⑨ 평생교육은 학교교육과 학교 외 교육의 획일성에서 탈피하여 교육의 형태, 내용, 방법을 다양화하고 융통성을 부여함으로써 개인 및 사회의 필요에 대처하는 동시에 누구나 쉽게 접근할 수 있게 한다.

## 4. 평생교육 유사용어

유네스코에서 평생교육이라는 용어가 소개된 이후 평생교육의 개념과 용어는 각 시대의 사회적 또는 정치적 상황에 따라 각각 상이하게 발전하여 왔다. 이와 유사한 용어로는 사회교육, 성인교육, 계속교육, 순환교육을 들 수 있다.

먼저 사회교육(Non-formal Education)은 정규학교에서 행하는 정규학습을 제외하고 학교 또는 학교 외의 장소에서 기초교육, 보충교육, 추가교육 또는 계속교육을 통하여 국민의 평생교육기회를 제공하는 모든 형태의 조직적, 의도적, 체계적인 교육활동을 의미한다. 이런 의미에서 사회교육은 성인교육, 비형식교육, 계속교육, 회귀교육, 각종 학교의 직업훈련을 포괄하는 상위의 교육개념이다. 그 외의 협의의 개념으로 사회교육은 학교 외 청소년과 성인을 대상으로 하는 교육을 지칭하기도 한다.

성인교육(Adult Education)의 개념은 1700년대 영국을 비롯한 유럽 각국의 성인문맹교육에서 찾아볼 수 있다. 월러(Waller)는 영국에서의 성인교육을 단순한 직업교육이 아닌 사람들이 배우는 것 자체에 즐거움을 느끼며 자신을 계발할 수 있는 교육이라고 설명하면서, 종합적인 의미에서 모든 성인들의 학습활동을 'education of adult' 라고 표현했다(권대봉, 2002). 따라서 교육의 대상은 성인이며 교육방식은 형식, 비형식, 무형식교육이 모두 포함될 수 있다는 점에서 사회교육과는 다르다. 평생교육의 개념 중 성인기 이후의 활동만이 이에 해당된다고 할 수 있다.

계속교육(Continuing Education)은 성인교육과 병행해서 미국이나 뉴질랜

드 등에서 사용되고 있는 용어다. 과거에는 계속교육이 의무교육을 보완하는 보충교육의 의미로 사용되었으나, 최근 미국에서는 일반적으로 계속교육을 통하여 인간 유기체의 학습활동을 도와주는 개념으로 사용되고 있다. 호울(Houle)은 계속교육을 직업 향상을 위한 교육, 유용성을 위한 교육으로 정의하는데, 이는 진보성, 창조성, 역동성, 자발성, 다원성을 대표하는 진보주의의 이념에 바탕을 둔 것이다. 따라서 계속교육은 일정한 단계의 학교교육을 마친 자가 직업이나 가정, 사회생활을 영위하다가 사회생활이나 직업생활과 학업을 병행하기 위하여 다시 교육의 장으로 돌아오는 것을 말하며, 주로 성인의 학교를 통한 2차적 교육기회를 의미한다.

순환교육(Recurrent Education)은 인간이 교육의 기회를 인생의 전 생애단계에 걸쳐 균형적으로 재분배하고 학교교육과 직업생활을 주기적, 순환적으로 반복 · 연계하여 행한다는 교육적 도식을 의미한다. 이런 의미에서 순환교육을 회귀교육 또는 재교육이라고도 한다. 순환교육의 대상은 직업을 가진 성인으로서, 교육의 주목적은 노동시장의 변화에 따른 직업적 재적응과 생산성 제고 등 교육의 계속 통합성을 강조한다. 이것은 특히 형식교육이 지니는 각종 한계를 극복할 수 있는 대안적인 교육형태로서 젊은 세대와 기성세대의 교육기회 격차를 해소하는 데 도움을 준다.

## 제2절 평생교육의 발전배경

### 1. 평생교육의 등장배경

급속한 사회변화는 전통적인 학교교육체제의 전면적인 재검토를 요구하게 되었다. 지금까지의 학교교육에 관한 개혁은 의무교육기관을 중심으로 유아교육, 후기중등교육과 고등교육으로 확대시키고 있다. 하지만 이것은 교육의 기회균등의 측면에서는 어느 정도 공헌할지는 모르지만, 지금의 지식기반사회에 상응하는 데는 한계를 지니고 있다.

교육을 개혁해야 하는 이유는 학교교육 내에 많은 문제가 있어서가 아니라 광범위한 사회의 급속한 변화 때문이다. 그것은 노동생활의 변화와 학교 외 교육의 확대, 고령화에 있다.

한국인의 평균수명이 70~80년이 되고 있다. 최초의 20년간은 교육·훈련양성·성장의 시기이고, 다음 40년간은 노동의 시기, 마지막 10~20년은 연금으로 생활하는 여가의 시기로 구분할 수 있다. 종래의 학교교육은 인생의 초기에 집중적으로 교육받는 것을 목적으로 하였다. 그러나 과학기술의 혁명적 진보와 그에 따른 급격한 사회변화에 학교교육이 대응하지 못하고 있다는 지적을 받아 왔다. 또한 과학기술과 지식의 수명이 짧아져, 학교교육이 인생의 초기에 한정되었던 것에서 '일생을 통해 계속하는' 평생교육의 차원에서 교육과 학습의 개념으로 바뀔 수밖에 없었다. 따라서 학교교육은 정보화, 세계화, 과학기술의 발전 등 사회의 변화에 대응하는 시대변화의 축 속에서 평생을 통해 자기학습력, 생활력을 육성한다는 평생학습의 관점에서 바라보아야만 한다.

또한 직업교육도 크게 변화되었다. 직업생활에 있어서 새로운 직업기술, 신경영의 도입, 직종전환, 세계화, 정보화에 대응할 수 있는 창조력을 갖추기 위해서는 기존의 직장 내 교육으로는 충분하지 않다. 근로자의 직업능력 계발은 필수가 되었고, 사내·외 교육은 기업의 장래를 좌우하게 되었다. 또한 노동시간의 단축과 주5일제 근무의 여건은 여가의 대응력, 자기계발을 요구하고 있다. 또한 여성의 사회진출로 남녀 공동생활의 규범도 새롭게 만들어지고 있다.

그 외에도 기존의 사회교육은 평생교육에 대한 관심을 불러일으키는 데 영향을 끼쳤다. '사회교육은 정규학교교육과정 이외의 조직적인 교육활동'으로 국가나 지방자치단체의 의해 장려되어야 하는데, 우리나라의 경우 여성회관, 지역복지관 등에서 대부분 교양 차원에서 이루어지고 있었다.

학교교육인구보다 2~3배나 많은 사회교육인구의 평생교육적 배려와 관심이 필요하다.

## 2. 평생교육의 필요성

평생교육은 사회의 구성원들이 살아가고 있는 사회에서의 인간의 삶과 관련된 구조기능적 특성과 아울러, 사회의 문화적 변천과 밀접한 관계가 있다. 평생교육의 필요성에 대하여 살펴보면 다음과 같다(김신일, 2000).

첫째, 지식과 기술의 증가로 학교교육의 한계성이 드러나고 있다. 현대에는 지식이 급진적으로 증가하는 반면, 지식의 수명은 점점 짧아지고 있다. 계속 새로운 지식과 기술을 흡수하기에는 기존의 학교교육은 한계를 지니고 있다. 따라서 나날이 새로워지고 달라지는 지식과 기술을 계속적으로 습득하기 위해서 평생교육과 같은 교육의 형태가 필요하다. 그렇지 않으면 21세기 지식기반사회에서의 개인생활, 직장생활, 사회생활을 올바르게 영위하기가 힘들다.

둘째, 고학력사회로의 문턱에서 평생교육은 중요한 역할을 담당한다. 오늘날과 같은 고학력사회에서 중등, 고등교육을 받지 못한 사람들에게 평생교육은 성인으로서 보다 나은 직장생활, 사회생활, 가정생활을 영위할 수 있는 기회를 준다.

셋째, 기술의 혁신이 이루어지고 직업사회가 변하고 있다. 급변하고 있는 현대 사회에서 직업과 유리될 수 없는 삶을 영위하고 있는 인간들은 평생에 걸쳐 직업교육을 받아야 한다. 이들에게 평생교육은 새로운 직종, 의미 있는 직업을 위한 준비로서의 직업준비교육, 기술의 혁신에 따른 계속적인 재교육, 그리고 성취동기를 자극하고 최신의 정보를 제공함으로써 직업능률 향상을 촉진시킬 수 있는 직업능력향상교육을 제공한다.

넷째, 산업사회에서 정보화 사회로의 진입은 인간의 삶의 모습을 변화시키고 있다. 산업혁명 이후 자원이 자본이고, 신기술을 요구하며, 도시생활의 모습을 취하고 있던 산업사회는 점차 지식정보화 사회로 바뀌었다. 지식정보화 사회의 특징은 국가 간의 경쟁력이 두드러지고, 지식이 자본이고, 고도의 창의력이 요구된다는 것이다. 이는 곧 컴퓨터의 발달, 카드의 단일화, 소품종 대량생산, 다양한 가족 등의 출현과 같은 사회의 모습으로 나타나며, 인간들이 그 속에서 원활하게 적응할 수 있도록 평생학습은 중요한 기능을 수행한다.

다섯째, 가치관 및 생활양식의 급격한 변화가 나타나고 있다. 이러한 사회변동에 대응하기 위한 고도의 적응력과 창의력을 길러주는 교육과 전통적인 문화를 창조적으로 계발하고, 이 바탕 위에서 외래문화를 선별적으로 받아들일 수 있는 교육이 절실하다. 특히 사회의 급격한 변화에 발맞추어 달라지는 청소년에 대한 이해와 배려는 평생교육이 담당해야 하는 몫이기도 하다.

여섯째, 여가시간이 증대되고 있다. 과학기술의 발달로 인해 생활수준이 상승함에 따라 과거에 비해 여가시간이 증대하였다. 이러한 여가시간을 어떻게 선용할 것인가가 사회적 관심으로 등장하였다. 평생교육은 이러한 여가선용의 문제를 과제로 삼고 교양교육, 직업교육, 취미 오락을 위한 프로그램을 제공한다.

일곱째, 다양화 사회일수록 평생 동안에 걸쳐 최대한의 자아실현이 이룩될 수 있도록 노력한다. 자아실현의 욕구는 평생에 걸쳐 충족시켜야 한다. 이것은 인간이 전 생애를 걸쳐 성장하고 발달을 계속한다는 것을 의미한다. 인간의 발달단계는 영・유아기, 아동기, 청소년기, 성인기, 노년기로 이어지는데, 각각의 단계는 균등한 의미의 평생교육을 통해 가능하다. 인간의 삶은 평생교육이 실시될 때 자기의 잠재적 능력을 최대한으로 신장시킴으로써 그 가치를 지닌다.

여덟째, 평균연령이 점차 높아짐에 따라 노인문제가 사회문제로 등장하고 있다. 평생교육은 노인교육의 필요성을 인식하여 노인들을 대상으로 발달과업의 학습을 실시함으로써 그들이 변화하는 사회에 잘 적응하면서 노후를 지낼 수 있도록 도와준다.

아홉째, 평생에 걸친 교육권 보장에 대한 요청이 높아지고 있다. 기존의 교육은 그 수준이 높을수록 상류계층의 전유물로서, 서민계층은 소외당하기 일쑤였다. 이러한 교육기회의 불균형을 어느 정도 해소할 수 있다.

열 번째, 사회가 급격히 변화함에 따라 인간교육의 필요성이 강조되고 있다. 즉, 지식과 과학기술이 급격히 발달하면서 나타나는 인간성 발달의 불균형, 인간존중사상의 결여, 물질위주의 관능적 향락 풍조, 인간소외현상을 평생교육을 통하여 해결할 수 있다.

마지막으로 세계화 사회에서는 국제 이해심, 국제적 의사소통능력의 함양, 국가 정체성 신장 등이 평생교육의 과제로 부각된다. 이웃나라, 세계에 대한 이해로서 국제이해교육, 국제적 의사소통능력의 함양 등이 그것이다.

## 3. 가정, 학교, 사회교육과 평생교육의 발전

평생교육은 가정교육, 학교교육, 사회교육의 수평적 통합이다. 따라서 평생교육의 발전은 곧 평생교육적 관점에서 가정교육, 학교교육, 사회교육을 이해하고 지원하는 것을 의미한다.

### 1) 가정교육과 평생교육

인간은 후천적 환경, 경험에 의하여 영향을 많이 받는다. 가정환경은 어린 시절의 대부분을 보내는 곳이기 때문에 교육에 큰 영향을 끼친다. 가정환경은 물리적 환경(경제적 지위, 부모의 직업)과 심리적 환경(부모의 양육태도)으로 이루어져 있으며, 이들 환경은 아동의 지적 · 심리적 발달에 큰 영향을 끼친다.

어린 시절은 가소성이 뛰어난 시기다. 가소성이란 변할 수 있는 성질을 의미하는 것으로서 인간의 선천적 경향의 발현이 환경에 따라 크게 달라진다는 것이다. 동물의 경우는 새끼와 어미의 행동의 차가 그렇게 크지 않다. 그러나 인간에 있어서는 갓난아이와 어른의 차가 크다. 그 차이가 심한 것은 갓난아이가 미성숙한 상태에 있음을 의미한다. 그런데 이 미성숙이 교육을 가능케 하는 힘으로 작용을 하게 된다. 인간이 미성숙한 상태일 때의 환경은 가정환경이다. 그러므로 미성숙한 상태인 어린 시절의 대부분을 가정에서 보내기 때문에 가정교육 여하에 따라 인간의 됨됨은 크게 달라질 가능성이 있다. 성격의 기본적인 틀은 가소성이 가장 많은 시기, 좀 더 구체적으로는 6세 이전에 형성된다는 것이 성격심리학자들의 이론이다. 즉, 가소성으로 인하여 미성숙한 상태의 아이는 그가 속한 가정환경에 따라 기본적 성격이 만들어진다. 따라서 가정교육에서는 어린이의 지, 덕, 체의 조화가 이루어진 전인적인 발달을 재촉하는 것이 중요하고, 어린이가 각 시기에 있어서 획득해 가야 할 발달과제를 확실히 익힐 수 있도록 부모가 도와주는 것이 중요하다. 또 가정교육의 기능은 궁극적으로 개개 가정의 열의와 자주적인 노력에 달려 있으나, 행정적으로도 가정교육에 관한 부모의 학습기회, 학습내용의 충실이나 정보제공, 상담체제의 정비 등을 진척시킬 필요가 있다(김정환 외, 2006).

그러나 오늘날 가정의 교육적 기능은 여성 취업률이 높아지고 물질적 풍요가 증가하게 되면서 약화되었다. 현대 가정의 특징인 가족규모의 축소는 다면적 인간관계를 형성할 기회를 감소시키면서 자연히 가족구성원들 간의 심리적 유대감도 소홀해지게 되었다. 또한 물질적인 윤택함과 가정에서의 가부장적 권위의 상실은 가족해체현상과 불화를 증가시키고, 부모와 자녀 간에 가치관의 격차가 커지면서 갈등이 깊어지고 있다. 또한 각각의 가정이 밀폐된 공간에서 생활함으로써 아이들의 개인주의적 성향, 이기주의적 성향이 두드러지게 나타나고 있다. 이것은 곧 사회의 공동 관심사로 등장하였고, 평생교육기관으로서 현대의 가정은 그 어느 때보다도 중요시되고 있다. 이러한 상황에서 가정환경의 한 요소로 작용할 수 있는 부모교육은 평생교육의 한 형태로 아주 중요한 역할을 감당하게 된다.

### 2) 학교교육과 평생교육

그동안 학교교육이 교육의 전반적인 체제를 독점하게 됨으로써 이에 대한 문제점들이 드러나고 있다. 라이머(Reimer)와 일리치(Illich)는 교육이 학교에 의하여 독점되는 것도 문제이거니와, 학교교육은 평생교육의 관점에서 보면 바람직하지 못하며, 경우에 따라서는 역기능으로 작용할 수 있다고 하였다.

학교교육에 대한 비판으로 일리치는 학교의 독점교육을 폐지하고, 그로 인한 편견과 차별을 합법적으로 만드는 제도를 폐지할 것을 주장하였다. 그에 따르면, 오늘날의 교육과제는 '탈학교화' 로서, 교육을 전문으로 하는 제도에 사람들을 강제로 수용하지 않고 모든 이에게 교육적으로 활동할 수 있게 하는 것이다. 또한 라이머도 학교교육은 스스로 학습을 저해하고 있으며, 학교의 선별은 인생의 선별로도 연장되어 인생의 패배자를 만든다고 주장했다. 또한 데이브(Dave)도 기존의 학교교육을 비판하면서, 평생교육 체제로서의 학교교육은 개방적이고 보편적, 기초적 교육이 되어야 하며, 개인의 다양한 필요에 일치하는 후속학습의 기회가 마련되어야 한다고 하였다.

학교교육에 대한 이들의 공통적 견해는 본래 삶의 전개 현장이 곧 교육의 장으로 기능하였는데, 학교라는 인위적인 기관이 나타난 후로 학교가 교육을 전담하는 듯한 양상을 보이고 있다는 것이다. 따라서 학교의 교육은 교육의 각 단계로의 이동이 개방적이고 제한이 없어야 하며, 다양한 구조와 모형을 갖추고 전체 학습 프로그램의 한 단계로 작용해야 한다는 것이다

(김동위, 2000).

이렇듯 학교교육에 대한 비판은 종래의 학교라는 개념에 대한 발상의 전환을 요구하고 있다. 오늘날 학교교육은 무엇보다도 배우는 일의 지속을 위하여 학습활동의 즐거움, 학습의욕의 촉진, 학습태도의 정착 그리고 학습습관의 효율화 등을 학습시킴으로써 학교교육을 마친 후에도 계속 교육받는 것이 보람 있는 일이 되도록 해야 한다. 즉, 초 · 중등교육에 있어서는 학습의욕을 길러 사물을 스스로 관찰하고 사고하여 거기에서 즐거움을 발견할 수 있도록 활기 넘치는 인간을 길러내는 것이 중요하다. 평생교육체제 하에서 학교는 무엇보다도 평생교육기관으로서의 역할 수행, 지역사회에 대한 교육자원의 개방, 교육형태의 탄력화, 학부모교육, 지역사회와의 연대를 통한 좋은 학교, 좋은 지역사회 만들기 등과 같은 역할을 수행해야 한다. 평생교육적 관점에서 학교교육의 역할을 정리하면 다음과 같다(김정환 외, 1997).

**평생교육에서의 학교교육의 역할**

① 평생학습에 필요한 기초적인 지식 및 기본적인 원리를 이해시킨다.
② 평생학습에 필요한 인식력 및 판단력을 제공한다.
③ 평생학습에 필요한 학습방법을 습득시킨다.
④ 평생학습에 필요한 흥미 및 습관을 배양한다.
⑤ 사회생활을 위한 개인적, 사회적 태도를 발달시킨다.

**평생교육을 위해 학교가 수행해야 할 과제**

① 평생학습을 위한 능력과 학습동기를 지닌 인간을 육성해야 한다.
② 초 · 중등학교가 지니고 있는 교육자원을 지역사회에 개방해야 한다.
③ 학교의 교육 형태를 탄력화한다.
④ 대학은 특유의 인적 · 물적 자원을 활용하여 비전통적인 학생들을 대상으로 전문직업기술교육을 심화하고, 단기교양강좌 등을 실시함으

로써 평생교육을 위한 중심적인 역할을 담당해야 한다.

⑤ 각종 교육기관에서 취득한 학점을 누적적으로 가산하여 인정할 수 있는 체제를 마련함으로써 사회의 교육화를 위해 학교가 선도적인 역할을 수행해야 한다.

⑥ 고등교육기관이 직업훈련, 기업 내 교육, 사회교육 등과의 제휴를 확대·강화해 나가야 한다.

### 3) 사회교육과 평생교육

사회교육은 앞서 살펴본 대로 학교교육에 의한 교육활동을 제외한 청소년 및 성인에 대한 모든 형태의 조직적인 교육활동을 지칭한다. 사회교육은 학교교육의 보완기능을 지니고 있다. 즉, 사회교육은 학교가 교육활동을 통하여 아동의 사회생활을 지도한다고는 하지만 시간, 경비, 전문가의 부족 등으로 이것을 현실적으로 충분히 수행하지 못하는 부분을 보충하고 있다.

또한 사회교육은 학교교육의 확장을 통하여 이루어지기도 한다. 학교교육을 받지 못한 민중에게 학교를 개방하거나, 새로운 지식, 기술에 접하고자 하는 시민에게 대학을 개방하거나, 사회의 교육시설에 학교의 교직원이 적극적으로 참가하거나, 현직을 가지고 근무하는 사람들을 위하여 대학 내에 통신교육시설을 두거나, 사회나 공장에 학교교육에 준하는 교육시설을 두고 계속적으로 기술자들의 자질 향상을 기하는 활동들이 여기에 속한다고 할 수 있다. 그뿐만 아니라 사회교육은 학교교육에서 다루지 못하는 새로운 교육, 즉 단기간의 학교교육으로는 접하지 못하는, 학교의 본질상 다루어서는 안 되는 교육활동들을 담당하기도 한다. 사회교육의 대상은 학교 외 청소년과 성인 이외에도 학교 외 교육활동에 참여하는 학교 학생도 포함된다.

한편, 사회교육의 목적은 지속적인 자아실현과 직업적 자질 향상과 사회적 활동에의 적극적인 참여를 유도하는 것이다. 사회교육의 내용은 기초·

보충교육, 기술 · 직업 · 전문교육, 건강증진교육, 가족생활교육, 민주시민교육으로 대별할 수 있다. 사회교육활동에서는 다양성과 융통성, 통합성을 중요시하며, 학습자와 교수자의 대등한 관계가 유지되고, 지역사회의 인적 · 물적 자원을 최대한 활용하여 자발적인 학습을 조장한다. 자발적인 학습 조장을 위해서는 학습사회의 풍토를 조성하고, 조직에서는 사회교육 대상자의 요구와 문제 중심으로 운영, 관리한다.

지금까지 평생교육기관으로서 가정교육, 학교교육 그리고 사회교육을 통한 평생교육의 발전과정에 대하여 살펴보았다. 평생교육기관으로서 가정교육, 학교교육 그리고 사회교육의 통합과 연계는 서로간의 한계를 보완하고 상호협조적인 관계를 유지함으로써 교육적 역량을 극대화할 수 있다.

## 4. 한국의 평생교육 발전과정

### 1) 평생교육정책의 변천

한국 평생교육의 변천은 평생교육의 특징적 발전 및 변화양상에 따라 태동기인 1950년대, 출범기인 1960년대, 평생교육의 전개기라고 할 수 있는 1970년대, 그리고 평생교육이 본격적으로 발전하기 시작한 1980년대 이후로 구분할 수 있다.

먼저 태동기인 제1단계에 속하는 1950년대는 문맹퇴치형 사회교육의 시기였다. 시대별로는 광복 이후 1945년부터 1950년대 말까지를 말하며, 평생교육적 사회교육이 여기에 포함된다. 이 시기의 평생교육은 국민기초교육 강화를 위한 문맹퇴치형 사회교육이 주류를 이루고 있고, 부분적으로 정신계몽 및 사회계몽형 사회교육의 유형들도 태동하는 흐름을 보였다.

제2단계는 1960년대의 평생교육이다. 이 시기는 평생교육의 출범기로서 본격적인 의미에서 어느 정도 체계적인 평생교육이 시작된 시기다. 그럼에도 불구하고 이 시기 역시 평생교육보다는 사회교육적 성격이 강한 시기였다. 사회교육적 평생교육활동은 경제성장과 사회개발의 촉진을 위한 모태로서 농촌지도사업을 통한 지역사회 개발형 사회교육이 실시되었다. 기술학교와 사설학원을 통한 인력양성형 사회교육 그리고 1차의 정규 학교교육기회를 놓친 근로청소년 및 교육결손집단을 위한 학교교육 보완형태의 사회교육들이 본격적으로 출범하여 주류를 이루었다.

제3단계인 1970년대는 사회교육의 전개기에 해당된다. 이 시기의 평생교육 역시 사회교육적 평생교육의 성격이 강했다. 이 당시 사회교육의 대표적 전형으로서 범국민적 운동으로 확산되었던 새마을운동과 새마을교육을 통한 '지역사회 개발형 사회교육' 그리고 각종 직업훈련원과 기술계학원 등을 통한 인력양성교육을 꼽을 수 있다. 또한 이 시기는 방송통신고 및 방송통신대학 등의 대안적인 정규학교교육 보완형 사회교육이 확충되었던 때이기도 하다.

마지막 제4단계는 1980년대 이후부터 지금까지의 평생교육기로서 평생학습의 발전기에 해당된다. 이 시기에 이르러 한국의 평생교육은 기존의 사회교육의 개념과는 달리 본격적인 궤도에 오르기 시작했다. 이러한 흐름은 특히 1990년대 이후 물질적 생활수준의 향상과 경제성장의 기반조성과 함께 열린학습의 이념으로 연결되어 평생교육의 개화기를 맞게 되었다. 국민들의 평생교육에 대한 다양한 욕구가 강하게 분출되면서 이른바 다원적 교육문화 욕구 충족을 위한 평생교육의 특성을 보이게 되었다. 이 시기의 평생교육의 특징적 흐름으로는 다양한 교육활동 중에서 특히 여가선용 및 교양 증진을 위한 평생교육을 중요시하였고, 점차 지식기반사회에 접어들면서 인간에게 해당되는 모든 교육활동으로 그 범위가 확대되었다.

### 2) 대학 평생교육의 발전과정

우리나라 대학의 평생교육에 관한 역사는 그리 길지 않다. 대학생들이 중심이 되었던 민족계몽교화적 성격의 교육에서 출범하여 1950년대와

1960년대 농촌봉사활동 형태의 대학 사회교육을 거쳐 1970년대에 이르러서는 지역사회 주민들을 대상으로 하는 보다 발전된 형태의 대학 평생교육이 시작되었다. 그러나 본격적인 대학 평생교육은 1982년 12월 사회교육법이 처음으로 제정되고, 이어서 1983년 9월에 사회교육법시행령이 공포되어 대학의 사회교육활동이 사회교육법 제24조 제1항에 "대학, 사범대학, 교육대학 및 전문대학은 당해 대학의 특성에 맞는 사회교육을 실시해야 한다."라고 의무화함으로써 시작되었다고 할 수 있다. 이를 계기로 대학 평생교육은 대학부설의 평생교육원이나 사회교육원 등의 대학 평생교육 전담기구를 설치함으로써 본격화되기 시작했다.

근래에는 대학 내 평생교육 프로그램이 지역성과 전문성을 함께 갖추고 있다 하여 그 어느 때보다도 중요성과 역할이 강조되고 있다. 대학 평생교육은 일차적 교육기회를 놓친 성인 학습자들에게 제2의 새로운 대학교육 기회를 제공함으로써 국민의 '학습권'을 보장해 주고, 이들로 하여금 학업적 성취를 누리게 하는 기능을 수행하고 있다(한국교육연감, 2002).

대학의 대표적인 평생교육시설인 대학부설 평생교육원은 평생교육법 제25조에 따라 대학의 총장 또는 학장 책임 아래 각 대학의 특성에 맞추어 자율적으로 운영되는 시설이다(평생교육백서, 2001). 2001년 기준 대학부설 평생교육원은 4년제 대학 166개교, 전문대학 108개교, 기타 학교 15개교 등 총 289개교에 평생교육원이 설치되어 있어 전체 대학 중 75.3%가 평생교육원을 두고 있다(평생교육백서, 2001). 이것은 오늘날의 대학이 전통적인 개념으로부터 평생교육의 기능이 강조되는 이른바 성인중심 대학(andraversity) 또는 텔레버시티(televersity)로 전환되는 변화가 일고 있다는 것을 의미한다. 이러한 전환을 전제로 대학 평생교육의 방향도 단순한 프로그램 확충이나 부설 평생교육원 수준을 넘어, 대학 전체의 모습이 평생교육의 장으로 변화되는 학습망체제(learning network system)로 확충되고 있다.

전통적으로 대학의 3대 기능은 교수기능과 연구기능 그리고 사회봉사기능으로 분류된다. 그러나 현실적으로 교수기능과 연구기능을 제외한 사회봉사기능으로서의 일반인 대상 대학 평생교육기능은 거의 발휘되지 못해왔다. 그러나 최근 들어 대학 평생교육원에서의 정규 프로그램 활성화와 확대뿐 아니라, 몇몇 대학을 중심으로 대학 확장과 대학 개방 관점에서 주민 대상 대학 평생교육활동들이 활성화되는 움직임을 보이고 있다. 학교 주변 주민과의 유대가 학교발전과 이미지 개선에 직결된다는 판단에 따라 이들을 위한 교양대학을 따로 개설하고 학교 내 시설물을 개방하는 등 주민 끌어안기에 나서고 있다. 지역주민과의 유대 강화를 위해 몇몇 대학들이 학내 행사에 지역주민을 초청하거나, 학교도서관을 개방하고, 지역주민을 위한 교양강좌를 개설하는 등 활발한 사회교육활동을 전개하고 있다.

## 제3절 평생교육의 실제

### 1. 평생교육법

법은 국민의 기본적 권리를 보장해 준다. 국가 차원의 평생교육이 실제적으로 실천되기 위해서 관련법은 평생교육의 목표를 달성할 수 있도록 지원 내지 규제하는 역할을 수행한다. 우리나라에서는 헌법 제31조에서 평생교육의 진흥을 국가의 의무로 규정하고 있다. 1982년 12월 31일 제정된 사회교육법은 사회교육의 기본 방향 제시, 사회교육의 내용, 방법, 협조체제 등을 마련하였으나, 법의 적용범위가 극도로 한정되고 학교중심 교육법의 하위법과 같은 법적인 위상이 문제점으로 지적되었다. 이러한 문제점을 해결하기 위해 기존의 사회교육법은 1999년 8월 31일 평생교육법으로 전면개정, 공포되어 오늘날까지 이르고 있다. 평생교육법은 교육기본법 아래 초·중등교육법, 고등교육법과 함께 3법 정립체제를 구축하며, 누구나 언제 어디서든 원하는 교육을 받고, 원하는 학습을 계속할 수 있는 평생학습

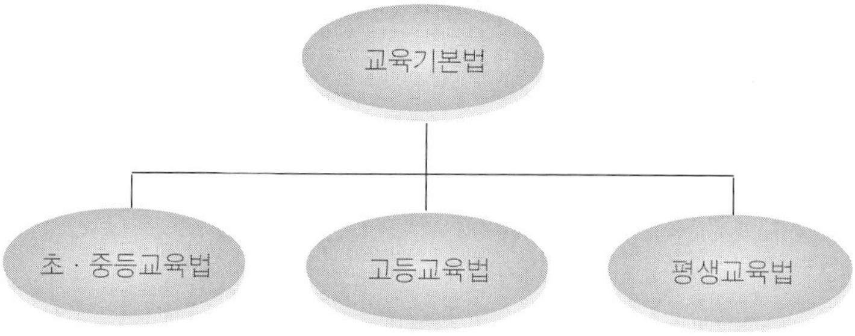


[그림 11-1] 교육관련법의 기본 구조

체제를 구축하는 목적을 달성하기 위하여 개정되었다.

평생교육법과 관련하여 그 근거가 되는 관련 법조문을 살펴보면 다음과 같다(권대봉, 2002).

① 헌법 제31조 제5항: 국가는 평생교육을 진흥하여야 한다.

② 교육기본법(1997. 12. 31. 제정, 1998. 3. 1. 발효)

㉠ 제3조(학습권): 모든 국민은 평생에 걸쳐 학습하고 능력과 적성에 따라 교육받을 권리를 가진다.

㉡ 제9조(학교교육) 제2항: 학교는 공공성을 가지며, 학생의 교육 외에 학술과 문화적 전통을 유지, 발전시키고 주민의 평생교육을 위하여 노력하여야 한다.

㉢ 제10조(사회교육) 제1항: 국민의 평생교육을 위한 모든 형태의 사회교육은 장려되어야 한다.

㉣ 제10조(사회교육) 제2항: 사회교육의 이수는 법령이 정하는 바에 의하여 그에 상응하는 학교교육의 이수로 인정될 수 있다.

㉤ 제10조(사회교육) 제3항: 사회교육시설의 종류와 설립, 경영 등 사회교육에 관한 기본적인 사항은 따로 법률로 정한다.

새로 마련된 평생교육법은 총 5장 32조로 구성되어 있고, 주요 내용은 다음과 같다. 첫째, 평생교육은 학교교육을 제외한 모든 형태의 조직적인 교육활동으로 규정한다. 평생교육의 광의의 의미는 학교교육과 학교 외 모든 교육을 포괄하지만, 한국 평생교육법은 정규학교교육에 대비되는 학교 외 교육을 의미하는 협의의 평생교육 개념을 채택했다.

둘째, 직장인들의 계속교육 및 재교육 등을 통한 자아실현과 안정적인 교육기회 확대를 위해 직장의 실정에 따라 유급 또는 무급으로 학습휴가를 실시하거나 학습비를 지원하는 유 · 무급학습휴가제를 도입하였다.

셋째, 평생교육의 종합연수, 연구 및 정보센터의 기능 등을 수행하기 위하여 연구기관 및 단체를 지정하여 중앙단위의 평생교육센터를 운영하고, 기존의 평생교육시설을 활용하여 시 · 도단위 지역평생교육센터와 시 · 군 · 구 · 읍 · 면 · 동단위 평생학습관을 운영하도록 하고 있다.

셋째, 사업장의 종업원을 대상으로 고용주의 경비부담을 원칙으로 사내대학을 양성화하여 전문대 및 대학의 학력, 학위 인정권을 부여한다. 또한 방송, 케이블 TV, 정보통신매체센터 등을 통한 방송통신교육의 민간인 참여를 확대하여 다양한 원격교육을 실시한다.

넷째, 민간자본의 교육훈련, 연구용역, 프로그램 개발, 평생교육기관의 경영진단 및 평가, 지식정보 제공 등 교육훈련산업에의 투자를 촉진하여 인력개발사업을 진흥 · 육성하도록 규정하고 있다.

다섯째, 교육전문 인적 자원을 대학의 시간강사, 각종 연구기관의 강사요원, 적성, 특기교육활동의 강사 등으로 활용하기 위해 강사정보은행제를 신설하고 있으며, 국민 평생학습을 촉진시키기 위하여 개인의 학습경험을 종합적으로 관리하는 교육계좌제를 운영하여 효율적인 인간자원을 계발, 관리하도록 규정하고 있다.

여섯째, 기존의 사회교육전문요원을 평생교육사로 명칭을 변경하고 그 역할과 기능도 평생교육의 기획, 진행, 분석 및 평가업무에 교수 역할을 추

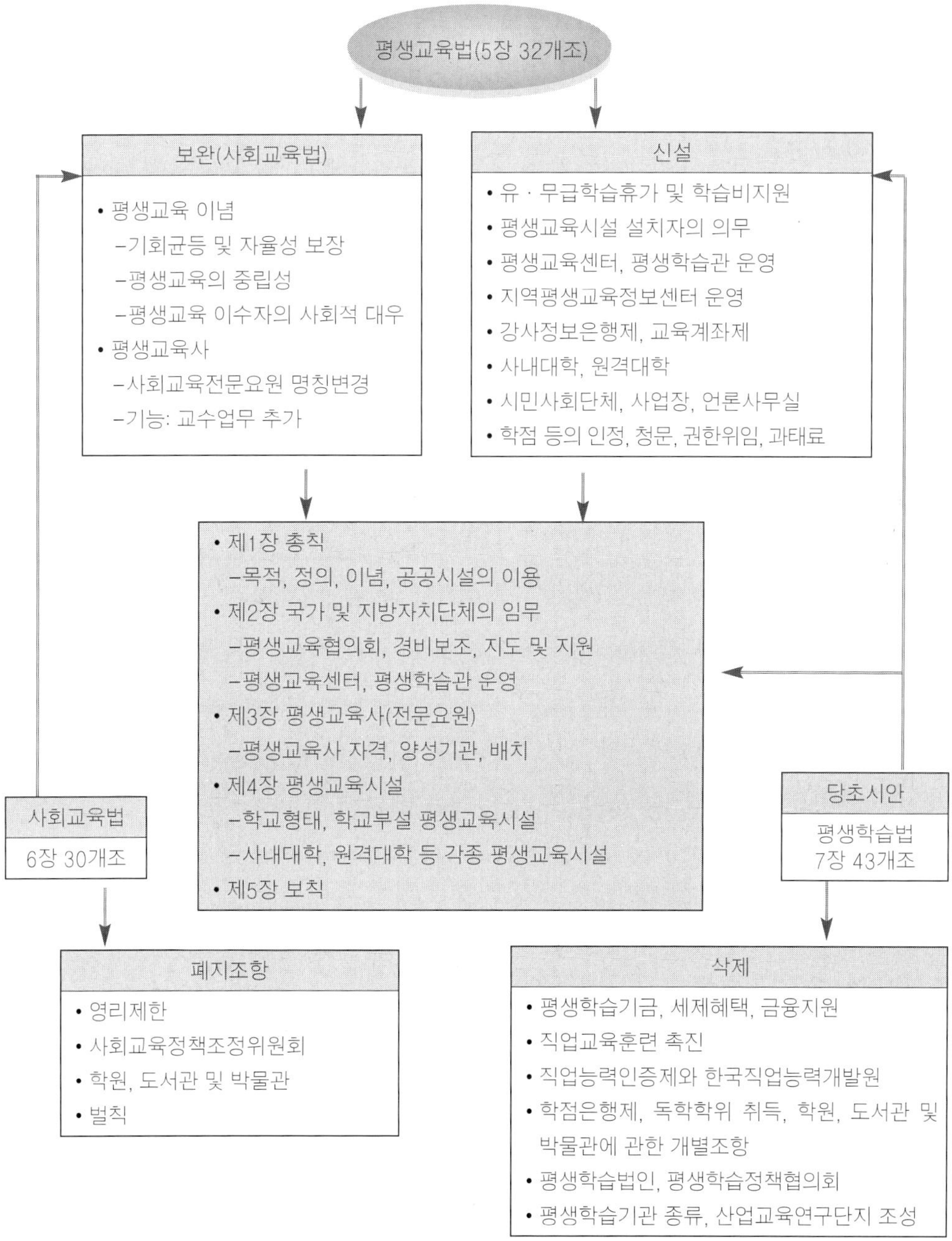


[그림 11-2] 평생교육법의 구성체계

가하여 전문성과 능력을 갖춘 평생교육 담당자로 양성하여 양질의 평생교육을 실시하도록 하고 있다.

이렇듯 평생교육법은 국민의 평생교육을 진흥하기 위한 기본법으로서의 역할을 수행하기 위하여 평생교육체제의 구축, 국가수준 평생교육 총괄기능을 강화하기 위한 규정을 마련하였다. 그 주요 내용을 다시 한 번 정리하면 평생교육법은 학습권과 학습자의 선택권을 최대한 보장하기 위한 규정과, 다양한 학습기회 및 학습정보 제공을 위해 지역사회학교와 지역정보센터를 설치 · 운영할 것, 담당자의 전문성 제고를 위해 평생교육전문요원 제도를 개편할 것, 원격교육과 직업훈련촉진교육을 실시할 것, 인력개발사업을 육성하기 위한 조항 등을 골자로 하고 있다.

## 2. 평생교육사제도

평생교육법에서는 특히 평생교육사의 자격도 언급하고 있다. 평생교육사자격제도는 평생교육 이념의 실현을 위해 실무능력과 전문성을 지닌 평생교육 담당자를 양성, 연수, 배치함으로써 양질의 평생교육을 실시하기 위한 제도다. 이는 위에서도 밝힌 바와 마찬가지로, 1999년 사회교육법이 평생교육법으로 개정되면서 기존의 사회교육전문요원을 평생교육사로 그 명칭을 변경하게 되었다. 평생교육이 교육대상, 프로그램, 교육방법 등에 있어서 다양성을 특성으로 하므로 평생교육 담당자도 다양한 역할을 수행한다. 특히 다른 교육분야와 마찬가지로 평생교육도 전문성이 제고되기 때문에 평생교육 담당자는 학습촉진자로서, 프로그램 개발자로서, 행정가로서의 역할을 수행해야 한다.

평생교육사의 자격은 1, 2, 3급으로 구분되는데, 각급의 자격취득 대상자의 자격요건 및 등급별 과정, 이수학점 등의 내용은 〈표 11-1〉과 같다.

〈표 11-1〉 평생교육사의 등급별 자격조건, 학점(시간)

| 등급 | 과정명 | 대상 및 자격조건 | 이수학점(시간) | 교육기관 |
|---|---|---|---|---|
| 1급 | 대학원 박사과정 | 평생교육관련분야 박사학위취득자 | | 대학원 |
| | 평생교육사 1급 승급과정 | 평생교육사 2급 자격+평교업무 3년 | 210시간 | 지정기관 |
| | 교장 및 교감대상과정 | 교장 및 교감자격증 소지자 | 210시간 | 지정기관 |
| | 평생교육경영자과정 | 학력인정 평생교육시설 설치, 경영자+경력 5년 이상 | 210시간 | 지정기관 |
| | 고급공무원대상과정 | 5급 이상 공무원+경력 5년 | 210시간 | 지정기관 |
| 2급 | 일반대학원생과정 | 대학원 재학생 | 14학점 | 대학원 |
| | 대학재학생과정 | 대학과정 재학생 | 20학점 | 대학상당 |
| | 대학졸업자과정 | 대학과정 졸업자 | 20학점 (300시간) | 대학상당 지정기관 |
| | 전문대재학생 2급과정 | 전문대학생 | 30학점 | 전문대학상당 |
| | 전문대졸업자 2급과정 | 전문대학과정 졸업자 | 30학점 (450시간) | 전문대학, 지정기관 |
| | 평생교육사 2급 승급과정 | 평생교육사 3급+평교업무 3년 | 10학점 (150시간) | 대학, 지정기관 |
| | 평생교육실무자 2급과정 | 대학졸업자+평교업무 3년 | 14학점 (210시간) | 대학, 지정기관 |
| | 학교교원대상과정 | 학교교원+평교업무 3년 | 14학점 (210시간) | 대학, 지정기관 |
| 3급 | 전문대재학생 3급과정 | 전문대학과정 재학생 | 20학점 | 전문대학상당 |
| | 전문대졸업자 3급과정 | 전문대학과정 졸업자 | 20학점 (300시간) | 전문대학, 지정기관 |
| | 평생교육실무자 3급과정 | 고등학교과정 졸업자+평교업무 3년 | 20학점 (300시간) | 전문대학, 지정기관 |
| | 공무원대상 3급과정 | 공무원+평교업무 2년 | 14학점 (210시간) | 전문대학, 지정기관 |

〈표 11-2〉 사회교육전문요원과 평생교육사의 비교

| 구 분 | 사회교육전문요원 | 평생교육사 |
|---|---|---|
| 역할 | • 평생교육의 기획, 진행, 분석 및 평가 | • 평생교육의 기획, 진행, 분석 및 평가<br>• 평생교육 교수업무 |
| 등급 | • 1급, 2급 | • 1급, 2급, 3급 |
| 자격 기준 | • 1급: 대학 및 대학원수준<br>• 2급 전문대학수준 | • 1급: 대학원수준<br>• 2급: 대학수준<br>• 3급: 전문대학수준 |
| 활동 기관 | • 종사자가 5명 이상이고, 동시에 50명 이상 교습할 수 있는 단체 및 시설<br>• 연간 교육인원 500명 이상인 단체 | • 종사자가 10명 이상이고, 동시에 300명 이상 교습할 수 있는 단체 및 시설<br>• 연간 교육인원 3,000명 이상인 단체 |

## 3. 평생교육기관

평생교육의 유형은 학교교육과는 달리 주관하는 단체와 기관, 교육목적, 내용, 방법 및 시설이 다양하기 때문에 여러 가지로 유형화가 가능하다. 즉, 교육대상에 따라 분류하면 평생교육의 유형을 유아, 청소년, 성인, 노인, 여성 등으로 구분할 수 있고, 그 기준이 교육내용이라면 직업기술교육, 일반교양교육, 학위취득교육, 의식고양교육 등으로 구분될 수 있다. 우리나라에서는 교육기관이나 시설을 중심으로 한 평생교육기관 유형 구분이 가장 일반적이다. 교육기관이나 시설의 분류기준에 따른 평생교육 유형에 대한 연구를 살펴보면 다음과 같다(권대봉, 2002).

최운실, 백은순, 최돈민(1993)은 평생교육기관을 정부중심형, 학교중심형, 민간단체중심형, 기업체중심형, 문화시설중심형, 대중매체중심형, 사설학원중심형, 기타 기관중심형의 여덟 가지로 분류하고 있다. 또한 황종건(1974)은 학교형태의 사회교육, 대학의 사회교육, 사회교육기관 및 단체의 교육, 사회교육시설의 프로그램, 지원단체의 성인교육, 공공기관 및 산업체의 성인교육, 지역사회개발사업의 성인교육, 매스미디어를 통한 사회

〈표 11-3〉 평생교육법상의 평생교육기관 분류

<table>
<tr><th>구 분</th><th>관계법</th><th>시설구분</th><th>유형</th><th>설치요건</th></tr>
<tr><td rowspan="10">평생교육법에 의해 인가, 등록, 신고된 시설</td><td>평생교육법 제20조</td><td>학교형태 평생교육시설 중 학력인정시설(교육감 지정)</td><td>각종 학교, 기술학교, 방송통신대 등</td><td>교육감에 등록</td></tr>
<tr><td>평생교육법 제21조</td><td>사내대학형태 평생교육시설</td><td>사내대학</td><td>교육부장관 인가</td></tr>
<tr><td>평생교육법 제22조</td><td rowspan="2">원격형태 평생교육시설</td><td>원격대학형태</td><td>교육부장관 인가</td></tr>
<tr><td>평생교육법 제22조<br>동시행령 제46조</td><td>원격교육형태</td><td>교육감에 신고</td></tr>
<tr><td>평생교육법 제23조</td><td>사업장부설 평생교육시설</td><td>산업체, 백화점 문화센터 등</td><td>교육감에 신고</td></tr>
<tr><td>평생교육법 제24조</td><td>시민사회단체부설 평생교육시설</td><td>법인, 주무관청 등록, 회원 300인 이상 시민단체를 지칭</td><td>교육감에 신고</td></tr>
<tr><td>평생교육법 제25조</td><td>학교부설 평생교육시설</td><td>대학/전문대부설 평생(사회)교육원 등</td><td>관할청에 보고</td></tr>
<tr><td>평생교육법 제26조<br>동시행령 제44조</td><td>언론기관부설 평생교육시설</td><td>신문, 방송 등의 언론기관</td><td>교육감에 신고</td></tr>
<tr><td>평생교육법 제27조</td><td>지식 · 인력개발사업관련 평생교육시설</td><td>산업교육기관, 학교실습기관</td><td>교육감에 신고</td></tr>
<tr><td colspan="4" style="display:none"></td></tr>
<tr><td>다른 법령에 의한 시설</td><td>학원의 설립 · 운영에 관한 법률, 도서관 및 독서진흥법, 박물관 및 미술관진흥법, 근로자직업훈련촉진법 등</td><td colspan="3">학원, 직업훈련원, 도서관, 박물관, 문화원 등 평생교육시설</td></tr>
<tr><td>기 타</td><td>평생교육법 제2조</td><td colspan="3">평생교육을 주목적으로 하는 법인 · 단체</td></tr>
</table>

교육으로 분류하고, 최운실(1986)은 정부주도형, 민간주도형, 학교주도형, 기업주도형으로 분류하고 있다. 또한 평생교육법에서는 평생교육시설을 학교형태 평생교육시설, 사내대학형태 평생교육시설, 원격형태 평생교육시설, 사업장부설 평생교육시설, 시민사회단체부설 평생교육시설, 학교부

설 평생교육시설, 언론기관부설 평생교육시설, 지식 · 인력개발사업관련 평생교육시설 등 여덟 가지의 평생교육시설에 대하여 규정해놓고 있다. 이렇듯 많은 평생교육기관 및 시설을 분류하는 방법은 관점 내지 준거에 따라서 다양할 수 있다.

평생교육법에서 분류해놓은 평생교육시설 분류는 〈표 11-3〉과 같다.

### 1) 학교형태 평생교육시설

학교형태의 평생교육시설이란 교육과정 및 시설, 설비 등이 중학교 또는 고등학교와 유사한 시설을 의미한다. 이 시설은 성장기의 발달장애, 경제적 이유 등 개인사정으로 중 · 고등학교에 진학하지 못한 근로청소년이나 성인 등을 대상으로 하는 평생교육기관이다. 이 기관에서 일정기준 이상의 요건을 갖추면 중 · 고등학교 졸업자와 동등한 학력을 인정받게 된다.

이러한 학교형태의 평생교육시설은 학교단계, 법적 근거를 기준으로 두 가지로 유형화할 수 있다. 우선 평생교육시설을 학교단계별로 유형화하면 초등교육단계에는 공민학교, 중등교육단계에는 고등공민학교, 기술학교, 고등기술학교, 방송통신고등학교, 각종 학교(중 · 고등학교 과정), 산업체부설 학교와 특별학급, 학력인정 평생교육시설, 고등교육단계에는 방송통신대학, 산업대학 및 기술대학, 각종 학교(대학과정) 등이 해당된다. 이 외에 특수학교, 재외국민교육기관, 소년원학교 등도 각급 학교단계별로 정규교육과정을 제공하는 평생교육기관으로 포함할 수 있다.

법적 근거에 따라 평생교육시설을 유형화하면 초 · 중등교육법에 기초하여 설립되고 운영되는 평생교육시설로서 공민학교와 고등공민학교, 기술학과 고등기술학교, 산업체부설 중 · 고등학교와 야간 특별학급, 각종 학교(중 · 고등학교), 특수학교를 들 수 있고, 고등교육법에 기초하여 설립되고 운영되는 시설로서 방송통신대학, 산업대학 및 기술대학, 각종 학교(대학과정) 등을 꼽을 수 있으며, 평생교육법의 적용을 받는 학력인정 평생교육시설 등이 있다. 이 외에도 소년원법, 재외국민의 교육에 관한 규정 등에서도 학교 형태의 평생교육에 관해 규정하고 있다.

### 2) 사내대학형태 평생교육시설

사내대학형태 평생교육시설은 말 그대로 시간적 · 경제적 여유가 없어 대학에 가지 못한 근로자들을 위하여 마련된 평생교육시설이다. 일정기간 동안 사내교육을 이수하면 학력, 학위가 인정되고 이 과정의 교육경비는 고용주가 부담한다. 사내대학은 근로자 입장에서는 평생교육 차원의 고등교육기관으로서 면학욕구를 충족시켜 줄 수 있고, 기업 입장에서는 근로자들에게 전문직무교육과 특화교육효과를 거둘 수 있도록 한 새로운 형태의 평생교육시설이다.

사내대학은 기업이 필요로 하는 지식과 기술을 근로자에게 교육 · 훈련시키기 위해 기업이 직접 운영하도록 되어 있다. 따라서 기업체의 근로자가 현장을 떠나지 않고도 일하면서 배우고, 전문대학 또는 대학 졸업자와 동등한 학력, 학위를 인정받을 수 있다.

사내대학의 설립 · 운영원칙과 입학자격 등은 평생교육법 제21조에 근거하고 있다. 이에 따르면, 종업원 300명 이상인 상법 또는 특별법에 의하여 설립된 법인인 사업장의 경영자는 교육부장관의 인가를 받아 전문대학 또는 대학졸업자와 동등한 학력, 학위과정을 운영할 수 있도록 하고 있다.

사내대학의 입학자격은 고등학교 졸업자 또는 법령에 의하여 이와 동등 이상의 학력이 있다고 인정되는 자로서, 1년 6개월 이상 당해 사업장에 근무하고 있는 자다. 이는 근로자들이 현장에서 축적한 실무능력과 대학수준의 지식과 기술을 겸비하여 전문인으로 발전하도록 지원하기 위한 조치다.

최초의 사내대학은 2001년 3월에 개교한 '삼성반도체공과대학'으로 삼성전자에서 설치 · 운영하는데, 전문학사과정이 2년 6학기제로 운영되며, 디지털공학과와 디스플레이공학과의 두 학과가 설치되어 있다.

### 3) 원격형태 평생교육시설

원격형태 평생교육은 최근 급격히 발달한 정보통신기술(컴퓨터, 통신, 위성통신, CATV 등)을 이용한 학습방법이다. 이것은 교수자와 학습자가 사이버공간을 주학습장으로 하여 시간적, 공간적 제약을 받지 않고 교육을 생활과 함께 하는 형태다. 이 형태의 평생교육은 평생교육법 제22조(원격대학형태의 평생교육시설)에 근거하고 있는데, 이에 따르면 "누구든지 정보통신매체를 이용하여 특정 또는 불특정다수인에게 원격교육을 실시하거나 다양한 정보를 제공하는 등의 평생교육을 실시할 수 있다."고 규정하고 있다.

원격형태 평생교육시설은 원격교육형태 평생교육시설과 원격대학형태 평생교육시설로 분류된다. 교육부의 평생교육백서(2000)에서 규정해놓은 원격형태 평생교육시설의 유형을 비교하면 〈표 11-4〉와 같다.

〈표 11-4〉 원격형태 평생교육시설의 유형

| 학력 인정 여부 | 시설유형 | 설치요건 | 구별기준 |
|---|---|---|---|
| 학력 미인정 | 원격교육형태 평생교육시설 (평생교육법 제22조 제2항) | 신고대상 | • 불특정다수인을 대상<br>• 학습비를 받고 원격교육 실시<br>• 10인 이상, 교육과정 30시간 이상 |
| | | 비신고 대상 | • 특정다수인을 대상<br>• 학습비가 아닌 사용료, 수수료 및 통신료만 받는 경우 |
| 학력 인정 | 원격대학형태 평생교육시설 (평생교육법 제22조 제3항) | 인가대상 | • 원격교육으로 전문대, 대학졸업과 동등한 학력, 학위인정<br>• 일정한 시설, 설비를 갖추어 교육부장관의 인가 필요<br>• 전문학사학위 및 학사학위과정만 가능(대학원과정 불인정)<br>• 국내의 개인, 단체 등이 외국대학의 학위를 수여하는 경우 제외 |

### 4) 사업장부설 평생교육시설

평생교육법 제23조의 규정에 의하면, 사업장부설 평생교육시설은 산업체, 백화점 문화센터 등 일정규모(종사자 200명) 이상의 사업장에서 고객 등을 대상으로 하는 평생교육시설을 말한다.

사업장부설 평생교육시설의 가장 대표적인 형태는 백화점 문화센터이며, 최초의 백화점 문화센터는 동방프라자 문화교실이었고, 사회교육법에 의거하여 정식으로 일반사회교육시설로 등록된 문화센터는 1989년에 시작된 롯데문화센터다.

### 5) 시민사회단체부설 평생교육시설

시민사회단체부설 평생교육시설은 회원수가 300명 이상인 특정 시민사회단체가 소속회원 외에 일반시민을 대상으로 평생교육을 실시하기 위해 부설한 시설을 말한다. 이때 시민단체는 법령에 의하여 주무관청에 등록된 단체여야 한다. 시민사회단체는 비정부(NGO)의 대비개념으로 분류방식에 따라 여러 가지로 유형화할 수 있으나, 그들의 활동 관심 영역에 따라 시민사회, 지역사회, 빈민, 사회서비스, 환경, 문화, 교육 · 학술, 종교, 노동 · 농어민, 경제, 국제 등의 영역으로 나눌 수 있다. 우리나라에서 가장 오래된 시민사회단체는 서울 YMCA(1903), 대한적십자사(1905), 대한변호사협회(1905), 한국불교청년회(1911), 홍사단(1913), 한국 YMCA전국연맹(1914), 대구 YMCA(1918), 대한광업회(1918), 대한상공회의소 청주(1919), 천도교청년회(1919) 등이 있다.

### 6) 학교부설 평생교육시설

학교부설 평생교육시설은 학교의 인적, 물적 자원을 지역사회에 개방하고 다양한 프로그램을 통하여 평생교육을 실시함으로써 각급 학교의 평생학습장화를 촉진하고, 더 나아가 평생학습사회의 지향을 위한 시설 및 프로그램을 의미한다. 따라서 평생교육법은 각급 학교의 장이 학생, 학부모 및 지역주민을 대상으로 교양 증진 또는 직업교육을 위한 평생교육시설을 설치 · 운영할 수 있도록 규정해놓고 있다. 평생교육법에 의거하여 평생학습사회의 지향을 위하여 학교에서 운영하고 있는 평생교육시설은 초 · 중등학교부설 평생교육원, 대학부설 평생교육원, 대학부설 어학원, 전문대학 전공심화과정 등을 들 수있다.

### 7) 언론기관부설 평생교육시설

언론기관부설 평생교육시설은 신문 · 방송 등 언론기관이 언론매체를 통하여 일반국민을 대상으로 교양 증진과 능력 향상을 위해 실시하는 평생교육활동을 말한다. 이것은 평생학습사회의 지향을 위해서 모든 기관이 평생교육 진흥에 기여해야 하는 기본 취지를 지니고 있음을 의미한다. 언론기관부설 평생교육시설에 관한 사항은 평생교육법 제26조에 규정되어 있다. 평생교육법시행령 제44조 제1항에서는 부설로 평생교육시설의 설치가 가능한 언론기관으로 '문화관광부장관에게 등록된 일간신문, 통신, 주간신문 또는 월간잡지인 정기간행물을 발행하는 자' 와 '방송법 제2조 제1호의 방송을 행하는 법인(지상파방송, 종합유선방송, 위성방송)' 으로 폭넓게 규정하고 있다. 전국을 상대로 언론활동을 하는 기관 중 직 · 간접적으로 평생교육기관을 운영하는 기관은 동아일보문화센터, 중앙일보교육사업단, 한겨레신문사교육센터가 있고, 방송국으로는 MBC아카데미, KBS방송문화센터, SBS방송아카데미 등 6개 기관이 있다.

### 8) 지식 · 인력개발사업관련 평생교육시설

지식 · 인력개발사업관련 평생교육시설은 민간자본을 통하여 지식 · 인력개발사업을 진흥하고 우수한 민간교육훈련기관을 육성함으로써 교육서

비스 산업의 국가경쟁력을 높이고 민간교육기관의 공신력을 제고하려는 데 목적이 있다.

이러한 사업을 수행하기 위한 조건으로는 지식정보의 제공사업, 교육훈련 및 연구용역사업, 교육위탁사업, 교육훈련기관의 경영진단 및 평가사업, 교육자문 및 상담사업, 교수-학습 프로그램의 개발 및 공급사업 등을 경영하는 자로서, 자본금 또는 자산이 3억 원 이상이고 전문인력을 5명 이상 확보하고 있는 법인이어야 한다. 이를 위해 평생교육법 제27조(지식 · 인력개발사업관련 평생교육시설)에는 '국가 및 지방자치단체는 지식정보의 제공과 교육훈련을 통한 인력개발을 주된 내용으로 하는 지식 · 인력개발사업을 적극 진흥, 육성하여야 한다.' 라고 규정하고 있다. 따라서 공무원 훈련기관, 정부투자 교육훈련기관, 민간교육 훈련기관 등에서 다양하게 이루어지고 있는 교육훈련, 교육위탁사업, 교육훈련기관의 교육자문사업 등에 대한 법적인 근거가 마련된 것이다.

# Chapter 12
# 생활지도와 상담

## 제1절 생활지도

종래의 학교교육은 학습지도에만 열중하여 교육의 본질적 의미를 망각함으로써, 개인주의와 청소년 비행 및 범죄 등의 사회적 문제를 낳고 있다. 이러한 사회적 문제를 해소하고, 민주사회를 구현하기 위해서는 개인의 바람직한 통합적 성장이 요구된다. 생활지도는 이러한 인간의 전인적 발달을 위한 것으로 정신분석적, 행동수정적, 인본주의적 접근으로 인간의 행동특성을 변화시킬 수 있다는 이론에 근거하고 있다.

### 1. 생활지도의 개념

교육은 기본적으로 학습지도와 생활지도로 나눌 수 있다. 학습지도는 교사가 학교의 교과수업에서 지식, 기술, 학습을 지도하는 행위이고, 생활지도는 아동 및 청소년들이 성장과정에서 당면하게 되는 가정적, 교육적, 직업적, 신체적, 정서적, 성격적인 문제들을 자기의 힘으로 해결할 수 있도록 도와주는 봉사활동을 말한다.

김기정(2003)은 생활지도는 학습자를 이해하기 위해서 학습자에 관하여 정보를 수집하는 활동으로, 주로 교사가 학습자를 이해하기 위한 것이나 학습자 자신이 자신을 이해하기 위해서 이루어지는 활동이라 하였다. 또한 생활지도는 개인들이 자기 자신의 세계를 이해할 수 있도록 도와주는 과정(Shertzer & Stone, 1981)이라고 할 수 있다. 더 나아가 교육계획문제, 진로 및 직업선택, 개인의 적응문제 등 학생들이 학교 내외에서 당면하는 문제에서 정보를 제공하고 학생을 지도하는 것(김형립 외, 2002)이라 할 수 있다.

생활지도의 목표는 학교교육의 목표와 같이 학생 개개인의 성장발달을 극대화시키고 그 잠재력을 계발하여 학생들이 봉착하는 문제를 스스로 해결하는 힘을 기르는 것이다. 생활지도를 의미하는 'guidance'는 영어의 'guide'에서 유래되어, 안내하고 인도하고 지도한다는 의미가 있다.

생활지도는 파슨스(Parsons)가 고교졸업생들의 적재적소의 취직과 청소년 범죄의 감소를 목적으로 1908년에 미국 보스턴에 직업지도국을 설치하고 직업지도운동을 시작한 것이 시초가 되어, 각 개인의 능력에 맞는 직업선택 및 취업준비를 조력하는 데서 비롯되었다. 이러한 이유 때문에 기존의 생활지도는 직업지도나 도덕지도 등의 좁은 의미로 해석하였으며, 주로 병리적-치료적인 모형에 근거하여 소수의 '문제아'를 치료하고 '문제해결'을 하고자 하는 방향으로 이루어졌다.

생활지도에 대한 오해와 잘못된 인식은 생활지도 자체에 대한 정확한 지식이 부족하거나, 그릇된 교육관에 기인하고 있는 경우가 많다. 첫째, 문제학생의 지도로만 보는 관점이다. 생활지도를 문제아동 내지 문제학생으로 불리는 사람들을 바르게 지도하는 것이라고 보는 것이다. 이러한 관점은 잘못된 교육관으로 인해 생기는 것으로, 생활지도의 대상을 극히 제한된 소수의 학생으로 보게 된다.

둘째, 훈육적 지도로 보는 관점이다. 훈육이란 학생이 잘못하였을 때 벌을 주거나 학교의 규율을 지키도록 훈련하는 것을 말한다. 이는 인간의 행동에 대한 교육심리학적 이해가 제대로 이루어지기 이전의 관점으로, 아동의 그릇된 행동을 엄격한 규율과 벌로써 다스려야 한다는 생각에서 비롯된 것이다. 이러한 관점은 단지 규칙이나 규율을 지키도록 지도하고, 지도의 방법도 권위적인 체벌에 의존하고 있어, 생활지도를 문제학생의 지도보다 좁게 파악하고 있다.

셋째, 도덕교육으로 보는 관점이다. 생활지도를 도덕교육의 목표가 되는 바른 예절 지키기, 정직하고 근면하게 생활하기, 질서 지키기 등을 위한 여러 활동의 지도로 보는 것이다. 학생들이 도덕적 생활을 하도록 지도하는 것은 중요한 일이나, 생활지도란 이런 도덕적 생활에만 관심을 갖는 것이 아니다. 아동의 교육적 생활, 직업적 생활, 심리적 세계, 인간관계, 개인적 고충 등 삶의 모든 문제에 관심을 가지는 것이다.

넷째, 문제해결의 수단으로 보는 관점이다. 어떤 문제가 있을 때 그것을 해결하기 위한 수단으로 생활지도를 보는 관점이다. 생활지도를 훈육으로 보는 입장과 마찬가지로, 생활지도의 범위를 좁게 파악하고 있다.

생활지도의 원리에는 첫째, 개인의 존중과 수용 및 자율성 존중의 원리가 있다. 생활지도는 그 궁극적 목적이 학생의 바람직한 성장에 있다. 학생 스스로가 삶을 보다 잘 살아가는 데 목적이 있기 때문에, 학생 개개인에 대한 존중을 바탕으로, 자율적인 능력을 배양하여야 한다.

둘째, 전인적 원리 및 균등, 적응, 적극성의 원리가 있다. 생활지도가 이렇듯 개인의 건전한 성장을 목표로 하는 것이니만큼, 개인의 특수한 영역이나 기능 등의 일부만을 다루는 것이 아니라, 전체적인 면을 다루어 지도하는 것이다. 따라서 생활지도는 문제행동을 처벌하거나 치료하는 소극적인 활동이 아닌, 이를 예방하려는 적극적인 교육활동이며, 모든 아동들을 대상으로 균등하게 이루어져야 한다. 이러한 생활지도의 예방지향적 성격은 아동이 자신과 환경에 대한 정확한 이해와 통찰을 토대로 현실에 능동적으로 대처함으로써, 사회에 원만하게 적응할 수 있도록 도움을 주는 데 의의가 있다.

셋째, 인간관계의 원리 및 과학적 기초의 원리가 있다. 생활지도는 태도, 가치관, 성격 등과 같은 정의적인 측면과 관계되므로 학생과 교사의 참다운 인간관계(rapport)가 필요하다. 또한 이러한 아동의 특성과 잠재가능성에 대한 올바른 이해는 구체적이고 객관적인 방법과 자료에 근거한 것이어야 한다.

## 2. 생활지도의 영역과 활동

### 1) 생활지도의 영역

#### (1) 교육지도

학생은 무엇보다 학업이 주요 과제이다보니 어려움도 많이 겪는다. 교육지도는 학업을 성공적으로 수행하는 데 필요한 안내를 해 주는 것이 하나의 큰 영역이며, 학교지도 또는 학업지도라고도 한다. 그러므로 교육지도는 학생들이 학교교육을 받는 데 필요한 사항들을 인식시키고 계발하며, 방법에 대해 지도 · 조언하는 것이다. 학교생활에 필수적인 교과과정에 대한 안내, 올바른 학습습관에 관한 지도 및 기초학력 부족에 대한 대책, 과외활동의 선택지도, 독서지도방안의 모색, 학과의 선택, 특별활동의 선택, 학습방법, 신입생 사전지도(orientation) 등이 이 영역에 속한다.

특히 교육지도에서는 학업성적이 우수한 학생보다 학습부진학생, 지진학생, 가정환경으로 인한 문제학생, 학업 자체에 흥미를 잃어버린 학생에 대한 지도가 요구되고 있다. 이 중에서도 학습부진을 지도하기 위해서는 학습부진아의 특징과 학습부진의 원인이 어디에서 연유되는지를 알아보아야 한다.

### (2) 직업지도

직업지도는 학생들이 직업에 대한 적극적인 이해와 관심을 가지고 스스로 알맞은 직업을 탐색하고 선택할 수 있도록 도움을 주는 것으로 직업선택, 직업준비, 취업알선 등 장래 직업에 관련된 영역에 대하여 지도하는 것이다.

이러한 목적을 달성하기 위하여 학생에게 직업에 관한 정보를 제공하며, 취업희망조사와 각종 직업에 대한 자료들을 수집하여 학생들로 하여금 직업준비에 대한 모색적 경험을 주도록 노력한다. 즉, 장차 어떤 대학의 어떤 전공을 선택하고, 어떤 직업을 선택할 것이며, 그 직업을 수행하기 위하여 무엇을 준비해야 하는지 등에 대해 안내한다. 직업지도는 학교를 졸업한 후 취직하기 위한 취업지도와, 현재의 학업을 계속하기 위한 부업(아르바이트)알선지도로 분류할 수 있다.

### (3) 인성지도

인성지도는 인격지도라고도 하며, 학생들의 건전한 인격 형성을 도와주기 위한 프로그램의 개발과 운영 또는 문제아의 발견과 치료 등이 포함된다.

인성지도는 올바른 인격 형성에 장애가 되는 인간의 기본적 욕구불만, 우월감, 열등감, 공격적 태도, 정서불안감 등을 제거하여 줌으로써 올바른 성격 형성을 지도하는 것을 말한다. 성격이란 선천적인 면이 있음과 동시에 환경과의 상호작용으로 발전하게 된다. 성격이 형성되는 데 주요한 자극은 사회적 환경이므로 성격도 자라는 것이라고 할 수 있다.

### (4) 건강지도

건강지도는 개별학생이 건강의 중요성을 이해하고, 자신의 건강을 위하여 적절한 대책을 세우도록 하며, 특별히 신체적 결함이나 운동 부족, 영양실조, 위생관념의 부족에서 오는 개인문제를 지도 · 조언한다.

건강지도에는 신체적 건강지도, 정신위생지도, 공중위생지도, 안전사고

대책지도 등이 포함된다.

(5) 사회성지도

사회성지도는 개인의 교양, 도덕적인 윤리관, 인간존중의 습관 형성, 합리적인 의사전달의 방법, 관용과 불관용, 이성교제, 집단생활에서 필수적으로 요청되는 원만한 대인관계를 유지하며, 협동과 봉사의 정신으로 생활할 수 있도록 지도하는 것이다. 이는 집단활동을 통해서만 가능하다.

(6) 여가지도

여가는 공부나 노동과 같이 일에 보내는 시간과, 수면이나 식사 또는 그 밖에 생명을 유지하는 데 보내는 시간을 제외하고, 개인이 마음대로 활용할 수 있는 시간이나 기회를 뜻한다. 여가지도는 학교나 사회에서 각 개인이 여가를 가치 있게 활용할 수 있도록 레크리에이션 활동을 선택하고, 이러한 활동을 통해서 고상한 취미와 심신의 건전한 발달을 도모하게 하는 지도다.

가치 있는 여가선용활동으로는 스포츠, 독서, 미술, 오락, 사회활동 등을 들 수 있다. 이러한 활동 중에서 각 개인의 흥미, 요구, 능력, 성격 등에 가장 적합한 것을 선택하여 여가를 선용하도록 하는 것이다. 여가를 활용하는 오락활동이나 취미활동은 정신건강의 증진을 위해서만이 아니라 공부나 작업의 능률 향상에도 도움이 되기 때문에, 생활지도와 교과지도 등 교육 전반에서 그 중요성이 강조되고 있다.

(7) 종교지도

종교를 선택하거나 종교생활을 하는 가운데 필요한 기본적인 정보와 지식을 제공하고 안내하는 지도로, 신앙적인 갈등과 종교 이해 등에 관한 지도를 말한다.

(8) 도덕성지도

정의와 진실을 함양하고 정서순화와 건전한 도덕관을 갖도록 지도한다. 도덕의 기본은 질서의식이다.

## 2) 생활지도의 기본 활동

생활지도활동에는 크게 학생조사활동, 정보활동, 상담활동, 정치활동, 추수활동이 있다.

(1) 학생조사활동

학생조사활동은 학생이 자신에 대해 더 잘 이해하도록 돕기 위해서, 그리고 교사와 상담자가 학생 개개인을 이해하기 위해서 체계적인 계획 하에 모든 학생들의 특성과 잠재성을 확인하는 활동이다. 이 활동은 상담에서 학생 개개인을 더 잘 이해하고, 집단지도와 상담활동의 효과적인 계획을 수립하고 체계적인 정치 및 추수 프로그램을 개발하기 위해서 필요한 기초 자료를 마련해 준다.

학생조사활동에서 조사하는 내용의 범위는 아홉 가지 정도-가정환경, 학교성적, 지능 및 적성, 흥미 · 사회성 · 인성 · 정서적 특성, 신체적 · 정신적 건강, 행동발달상황, 특기 또는 특수능력, 교내외의 활동경험, 장래계획-로 요약할 수 있다(김형립, 김윤태, 1988). 가정환경은 부모의 제반 정보를 비롯하여 가정의 사회 · 경제적 지위, 가족관계, 가정의 공부조건, 가정의 지역적 · 교육적 환경 등에 대한 자료이고, 학교성적은 과거에서부터 지금까지의 학업성적의 누가(累加)기록 자료 등이다. 지능 및 적성은 지능(IQ), 학업적성 및 일반적성에 대한 자료이고, 흥미, 사회성, 인성 및 정서적 특성은 교육적 · 직업적 흥미, 교우관계, 인성특성, 정서적 특성 및 적응문제 자료를 말한다. 신체적 · 정신적 건강은 신체검사 결과, 병력 등의 신체적 · 정신석 건강에 관한 자료다. 행동발달상황은 자주성, 근면성, 협동성,

책임감, 지도성, 예절성 등의 발달에 대한 일화기록, 관찰기록, 평정 등의 자료이고, 특기 또는 특수능력은 음악, 미술, 문학, 운동 분야와 그외 기타 분야에서의 특별한 능력이나 특기에 대한 자료다. 교내외의 활동경험은 교내에서의 특별활동경험, 서클활동경험 및 기타 경험, 그리고 교외에서의 활동경험에 대한 자료를 말하고, 장래계획은 장래 어떤 진로로 가기 위해서 무엇을 공부하고, 어떻게 공부하고, 준비하는 등 개인의 야망, 기대, 희망에 따른 진로계획자료를 뜻한다. 이러한 자료들은 학생들을 이해하는 데 도움이 될 수 있다.

학생조사에는 여러 가지 도구와 기술이 동원되는데, 각종 표준화 검사와 학업성취도검사를 포함하는 검사방법과 관찰 및 평정법, 질문지법, 면접법, 사회성측정법, 자서전법, 사례연구법 등의 비검사방법이 있다.

관찰법(observation)은 학습자 이해를 위해서 학생 개인 또는 집단의 행동을 관찰하여 그 자료에 기초해서 평가하는 것이다. 관찰법은 가장 널리 사용되는 방법이다. 이것은 우리 일상생활 대부분이 관찰에 기초를 두기 때문이다. 관찰이 학습자 이해의 도구가 되려면 계획된 방법으로 자료가 수집되어야 한다. 그리고 우발적인 관찰이 아니라 계획된 관찰이어야 한다(김종서, 1987). 또한 타당도, 신뢰도, 객관도가 높아야 하고 관찰 결과는 반드시 기록되고 분석되어야 한다. 관찰의 방법으로는 일화기록법(anecdotal record), 체크리스트(checklist), 평정척도법, 부호나 기호에 의한 방법, 기계에 의한 방법 등이 있다.

질문지법(questionnaire)은 가정환경, 건강, 기호, 경험활동 등의 사실이나 어떤 사상에 대한 의견을 묻는 질문을 서면으로 제시하여 정보를 수집하는 방법이다. 질문지법의 종류에는 자유반응형 질문지, 구조적 질문지가 있다. 질문지법은 비교적 짧은 시간 내에 많은 사람을 대상으로 많은 정보를 수집할 수 있고, 피조사자의 익명성 보장으로 솔직한 대답을 얻어 낼 수 있는 반면, 무책임한 반응을 얻어 낼 수도 있다. 또한 반응의 신뢰성을 보장

받기 어려우므로 허구척도를 사용하기도 한다. 추적질문이 어려워 심층적인 정보를 수집하는 데 어려움이 있고, 언어능력에 크게 의존한다는 특징이 있다.

면접법(interview)은 학생을 개별적으로 만나서 학생 이해에 필요한 사실이나 의견을 알아보고 흥미, 정서, 태도, 가치관 등의 심리적 특성 및 적응 문제 등을 탐색하는 방법이다. 문장의 이해력이 없는 사람에게서 자료를 수집할 수 있으며, 반응의 진실성 여부도 쉽게 알 수 있다. 또한 면접법은 대상에게 직접 정보를 얻을 수 있고, 융통성 있는 자료를 얻을 수도 있다. 대상자와 직접 대면하기 때문에 주된 자료뿐만 아니라 부수적인 자료를 얻을 수도 있다. 그러나 면접에는 상당한 기술이 필요하므로 상담자의 훈련이 필요하고, 정보를 확실히 얻을 수 있는 반면에 시간과 경비가 많이 든다. 또한 익명성이 보장되지 않기 때문에 이에 따른 문제가 제기될 수 있다. 면접의 종류에는 구조화된 면접, 비구조화된 면접, 반구조화된 면접이 있다.

자서전법(autobiography)은 학생들의 어렸을 때부터 현재까지의 성장과정에서 가정환경, 건강, 학교생활, 흥미, 교우관계, 여행, 일의 경험, 포부 등의 여러 측면에서 중요한 발달사 내지 생활사를 자신이 기록하게 하여 자료를 수집하는 방법이다. 자선전법은 자신의 존재와 삶의 의미를 찾도록 돕고 자신의 삶에 대한 책임의식을 길러 줄 수 있지만, 학생들이 자서전 쓰는 것을 귀찮게 여기고 성의 없이 짧게 써버린다면 본래의 목적을 달성하기 어렵고, 문장능력에 의해 제한을 받게 되고, 과거의 회상에 기초하여 서술하기 때문에 내용의 객관성이 문제될 수 있다.

사회성측정법(socio-metric devices)은 학급학생들에게 질문을 주어서 급우들 중에서 2~3명을 선택하게 하여 학급 내에서 각 학생들의 교우관계와 학습의 사회적 구조를 알아보는 방법이다. 이 방법을 활용하여 학생 개개인의 사회적 적응도를 진단할 수 있다. 특히 사회적 부적응아를 발견하여 교우관계를 지도함으로써 학교생활을 즐겁게 이끌어 줄 수 있다. 또한 집단특성에 관한 정보를 얻음으로써 학급을 관리하는 데 도움을 받을 수 있다.

사례연구법(case study)은 전문가에 의해서 한 개인의 생활사에 대한 정보를 모든 과학적인 도구와 방법을 동원하여 다각적이고 종합적으로 수집하여 진단 또는 평가하는 것이다. 사례연구의 일반적 절차는 사례연구를 위한 대상학생의 선정, 본인 · 교사 · 부모의 의견을 종합해서 문제의 개요 정리, 학생들의 생육사 · 건강상태 · 성격 및 행동 · 심리검사 결과 · 학업성적 · 가정환경 등 학생에 대한 자료분석, 문제의 원인을 규명하는 진단, 학생을 지도하여 문제를 해결하는 과정인 처방, 지도성과를 평가하는 평가의 절차를 거친다.

### (2) 정보활동

정보활동이란 학생들에게 필요한 여러 가지 정보자료를 수집하여 정리 · 조직해서 집단활동을 통해서 또는 개인지도 및 상담에서 학생들에게 제공하는 활동이다. 정보는 학생 각자의 교육 및 직업적 진로를 계획하고 결정하는 데 유용한 자료일 뿐만 아니라, 개인의 성장과 사회에 적응하기 위해 필요한 자료들이다(김형립, 김윤태, 1988).

학생들에게 제공되는 정보는 대체적으로 교육정보, 직업정보, 개인-사회적 정보로 나눌 수 있다. 교육정보는 학생이 필요로 하는 교육적 기회에 대한 제반 자료들이다. 교과학습정보, 학생생활정보, 진학안내정보를 포함하는 현재와 장래에 있을 수 있는 교육기회에 관한 정확하고 유용한 모든 종류의 자료들을 말한다. 이런 자료에는 학교교칙, 교과 및 교육과정, 클럽활동, 학교 도서관시설과 그 사용법, 장학제도, 현장훈련에 대한 기회와 계획 등의 학교 적응을 위한 자료와 상급학교의 입학조건 및 일반정보, 학비, 학교시설, 학생복지정책 및 시설, 학생활동기회 등 진학에 필요한 제반 정보들이 있다.

직업정보는 직업세계에 대한 일반정보와 아울러 직업별 취업조건, 수행업무, 작업조건, 보수, 승진, 증원계획 등이다. 이 자료들을 열거해 보면, 직업인력분포 및 인력계획, 직업분류와 직종, 직업별 취업조건 및 자격직무와 직업성격, 각 작업에 필요한 준비과정, 취업 및 승진방법, 임금과 보너스, 작업환경 및 조건, 고용기관(직장)에 대한 정보, 직업별 취업경향 및 전망 등이 있다.

개인-사회적 정보는 개인이 자신을 보다 잘 이해하고 발전시키고, 다른 사람과 좋은 인간관계를 가져서 사회생활에 적응하는 데 영향을 주는 인간적 · 물리적 환경에 관한 유용한 자료다. 예를 들면, 개인의 신체발달, 동기, 욕구, 정서, 정신위생, 여가선용, 용모 및 복장과 사교술, 가정에서의 인간관계, 남녀관계, 예의범절, 금전적 계획 등에 관계되는 정보다.

### (3) 상담활동

개인상담은 생활지도 프로그램의 핵심적인 활동이다. 상담은 상담기술을 통해서 개인의 성장과 적응 그리고 문제해결 및 의사결정을 돕는 일대일의 조력관계다. 상담에서는 정서적 적응문제를 비롯하여 교육적 문제, 직업에 대한 문제, 인간관계 등 학생의 성장 · 발달과 적응에 관련된 모든 문제를 다룬다. 상담은 학생들이 당면한 문제의 해결을 위한 도움뿐만 아니라, 문제해결력 및 적응력을 길러서 개인의 성장발달을 돕고 문제발생을 예방하는 것을 목적으로 한다.

상담의 형태에는 개인상담, 집단지도 및 집단상담, 전화상담, 서신상담, 사이버상담이 있다.

### (4) 정치활동

정치활동(placement activities)은 학생이 자신의 교육적 · 직업적 진로를 정확히 파악하여 자신이 취해야 할 행동과 위치를 성공적으로 결정하게 도와주고, 그 활동에 임할 수 있도록 기회를 주고, 지도해 나가는 것이다. 이것은 배치활동으로서 학생의 취업, 진학, 교육 프로그램의 선택을 도와서 그것에 따라 활동할 수 있는 계기를 마련해 주는 것으로 지도적 성질과 동시에 행정적 성질을 띤 활동이다.

정치활동은 교육적 정치, 환경적 정치, 직업적 정치의 세 가지로 나눌 수도 있고, 또 교육과정의 선택, 과외활동 선택, 직업알선, 진학 · 전과 · 전학 · 중퇴 · 월반에 대한 지도, 훈련과정 선택의 다섯 가지로도 나눌 수 있다.

### (5) 추수활동

추수활동(follow-up activities)은 추수지도 혹은 사후지도라고도 한다. 상담이나 정치지도를 받은 학생들의 사후 적응 및 활동과정을 알아보고, 계속적으로 지도하는 과정이다. 추수활동은 학생들을 계속해서 돕기 위해 수행되는 활동이다.

추수활동은 크게 두 가지로 생각할 수 있다. 좁은 의미로 상담이나 사례연구가 끝난 후에 내담자의 적응 여부를 알아보기 위해서 계속해서 지도하는 것이다. 좀 더 넓은 의미로는 교육의 전체적인 성과나 생활지도의 성과를 계속해서 체계적으로 확인하는 것이다(황응연, 윤희준, 1983). 좁은 의미든 넓은 의미든 간에 한 대상을 지도한 다음에 계속해서 그 성과를 확인하고 지도한다.

특히 학교에서의 추수활동은 첫째, 졸업 후에 학생들이 얼마나 잘 적응하고 있는가에 관한 정보를 수집하기 위해서, 둘째, 학생들이 앞으로 직면할 문제를 인식시키기 위해서, 셋째, 학교의 여러 가지 프로그램이나 활동을 평가하기 위해서, 넷째, 학교의 제반 활동의 개선을 위한 착상을 얻기 위해서 필요하다(Shertzer & Stone, 1981). 이 활동에서의 자료수집은 대개 질문지, 면접, 체크리스트, 전화 등을 사용해서 이루어진다.

# 제2절 상담

상담은 학습자를 이해하는 중요한 방법이다. 상담을 통하여 개인이 가지고 있는 다양한 정보들을 구체적이고 사실적으로 확인할 수 있다.

## 1. 상담의 기본 개념

### 1) 상담의 정의

상담에 대한 정의는 학자에 따라 다르다. 워렌(Wrenn)은 상담이란 상호이해를 통해서 젊은이들에게 자기문제를 자신이 결정하도록 돕는 두 사람 간의 역동적 · 유목적적 인간관계라고 하였다. 구스타드(Gustad)는 상담이란 개인 대 개인의 사회적 관계 속에서 이루어지는 학습지향적 과정이라고 하였다.

상담을 인성발달을 돕는 것으로 보는 사람들은 상담이란 심리치료와 마찬가지로, 상담자가 다른 사람의 인성발달에 적극적으로 기여하는 역할을 수행하는 상호작용의 과정이라고 보고 있다(Bordin, 1968). 이장호(2000)는 도움을 필요로 하는 사람이 전문적 훈련을 받은 사람과의 관계에서 자신의 생활과정상의 문제를 해결하고 생각, 감정, 행동 측면의 인간적 성장을 위해 노력하는 학습과정이라고 하였다.

상담에 대한 정의들은 공통적인 요소를 가지고 있다. 상담은 선택 또는 결정을 돕는 것을 목적으로 하고, 학습이나 인성발달을 돕는 것이므로 상담은 내담자의 자발적 행동변화에 영향을 주고, 내담자의 자발적 행동변화를 촉진하는 조건 마련이 목적이라는 것이다. 상담에서는 모든 인간관계에서와 같이 내담자에게 제한이 가해지고, 내담자의 행동변화의 촉진조건은 면담(상담)을 통해서 마련되며, 상담과정에서는 경청이 강조된다. 상담자는 내담자를 이해해야 하고, 상담은 비밀리에 행해지고, 내담자의 비밀이 보장되어야 한다(Patterson, 1973).

상담이란 훈련된 상담자와 내담자 간의 전문적인 인간관계로서 보통 일대일의 대면관계다(Burks & Steffler, 1979). 상담은 내담자로 하여금 그의 생활공간을 이해하고 그의 관점을 명백히 하는 것을 돕고, 의미 있고 가치 있는 선택과 정서적 또는 인간관계문제의 해결을 통해서 자신이 설정한 목표의 도달을 위한 학습을 하도록 도와주는 것이다. 이것은 상담이 하나의 인간관계이고, 하나의 과정이며, 선택과 문제해결을 돕는 것임을 잘 지적해 주고 있다.

일반적으로 상담은 자기노출, 자기이해, 자기와 환경에 대한 통찰, 문제해결의 탐색, 인지정서행동의 변화, 문제해결력의 증진, 문제의 해결 및 환경에 대한 적응, 인간적 성장의 과정을 거친다.

상담에는 상담자, 내담자, 상담관계의 3요소가 있다. 상담자는 상담을 하러 오는 사람들에게 문제를 상담해 주는 사람으로 교사, 상담자, 심리치료자 등이 있다. 내담자는 문제를 상담하러 오는 사람으로 학생, 내담자, 환자 등이 있다. 상담관계는 허용적인 분위기 조성, 사적 관계(비밀보장), 언어적 및 비언어적 수단에 의한 역동적 상호관계를 말한다.

상담 초기단계의 목표는 신뢰관계의 형성, 중간단계의 목표는 내담자의 자기이해 및 주변 환경에 대한 통찰의 증진, 종결단계의 목표는 문제의 해결, 생각, 감정, 행동의 변화다. 궁극적으로 상담은 인간의 성숙, 환경에의 효과적인 적응, 자아실현을 통하여 건강하고 행복한 삶을 살도록 하는 데 목적이 있다.

### 2) 상담의 원리

상담의 기본 원리는 일곱 가지로 요약할 수 있다. 첫째, 개별화의 원리다. 개인은 독특한 존재이므로 상담의 접근 및 방법은 내담자에게 적합해야 한다.

둘째, 감정표현의 원리다. 내담자가 가지는 긍정적 감정과 함께 부정적 감정을 자유롭게 표현하도록 도와야 한다.

셋째, 정서관여의 원리다. 내담자의 정서적 표현에 민감해야 하며, 적절한 이해와 반응을 보일 수 있어야 한다.

넷째, 수용의 원리다. 내담자의 행동, 감정, 생각을 있는 그대로 이해하고 받아들여야 한다.

다섯째, 비심판적 태도의 원리다. 내담자를 책임추궁하거나 질책하지 말아야 하며, 가치판단하지 말아야 한다. 비판하거나 가치판단을 하게 되면 자신을 방어하게 되고, 상담자의 가치에 맞추어 자신을 방향지움으로써 자기통찰을 방해하게 된다.

여섯째, 자기결정의 원리다. 내담자가 스스로 선택하고 결정하도록 하여 자율적인 인간으로 성장하도록 도와야 한다.

일곱째, 비밀보장의 원리다. 상담을 통해 얻은 자료는 오로지 내담자의 성장을 돕는 목적 이외에 사용되거나 공개되어서는 안 된다. 이는 신뢰관계를 위해서도 중요하다.

### 3) 상담의 형태

상담의 형태는 내담자의 특성이나 문제의 성격, 상담자의 이론적 접근에 따라 여러 가지 유형으로 분류할 수 있다. 일반적인 상담의 형태는 위기상담, 촉진상담, 예방상담, 발달상담으로 나눌 수 있다(Pietrofesa, Hoffman, & Splete, 1984). 그러나 이것이 절대적인 구분은 아니다(이재창, 1993).

위기상담(crisis counseling)은 상담자가 파멸상태에 이른 내담자를 접할 때 행하게 된다. 위기상태에 이른 내담자는 자기의 일상사에 제대로 대처할 수 없으므로 자기의심, 불안, 죄책감 등의 파괴적인 감정에 의해서 파멸되고, 또 자기 자신을 해치는 행동을 하게 된다. 이러한 위기는 즉각적인

주의집중을 필요로 한다. 일반적인 위기는 가족의 사망, 절박한 이혼, 배신, 약물남용, 자녀의 가출, 실직 등에서 연유된다.

촉진상담(facilitative counseling)은 명시된 문제에 관하여 내담자가 필요한 행동을 취하도록 시도하는 것이다. 이러한 문제는 위기는 아니지만, 개인에게는 문제가 되는 것이다.

예방상담(preventive counseling)은 계획적이고 특정한 문제에 관심을 집중한다. 예를 들면, 약물교육이나 성교육에 관한 프로그램은 점차 이러한 문제가 발생할 것을 예방하기 위한 시도다. 예방상담에서 상담자는 학생집단에게 정보를 제공하거나 적합한 프로그램에 개인을 의뢰할 수도 있다. 또한 상담자는 내담자와 개별적으로, 집단이나 면대면으로 상담을 계속할 수 있다.

발달상담(developmental counseling)은 개인의 전 생애를 통해서 행해지는 상담이다. 상담자는 내담자로 하여금 이완되고 압력을 느끼지 않고 위기를 느끼지 않는 상황에서 개인적 성장이 일어나도록 조력한다.

## 2. 상담의 이론적 접근

상담이론은 분류기준에 따라서 매우 다양하지만, 현재 가치가 인정되어서 보편적으로 활용되고 있는 이론은 크게 조지와 크리스티안(George & Cristian, 1981)의 정의적 접근, 인지적 접근, 행동적 접근으로 구분할 수 있다. 정의적 접근에는 내담자중심치료, 형태치료, 실존주의치료, 아들러의 개인심리치료, 정신분석상담 등이 있고, 인지적 접근에는 합리적 · 정서적 치료, 의사거래분석상담, 특성과 요인상담이 있으며, 행동적 접근에는 행동상담과 현실치료 등이 있다.

### 1) 정서적 상담이론

정서적 상담이론은 주로 내담자의 감정을 이해하고 수용하는 데 관심을 가진다. 이들 이론들은 내담자로 하여금 적절한 수준까지 자기이해를 발전시키도록 하고, 통찰력이 내담자의 변화하려는 감정을 허용한다고 본다. 즉, 개인의 감정에 따라 개인의 행동이 달라진다는 것이다. 정의적 접근의 상담이론들은 프로이트의 정신분석학에서 출발했다고 볼 수 있다(이재창, 1993).

아들러(Adler)의 개인심리상담(individual psychology counseling)은 개인을 전체로 본다. 따라서 개인의 일부는 다른 나머지 부분을 변화시키지 않고서는 변화시킬 수 없다. 아들러에 의하면, 인간은 의미의 세계 속에서 살고 있다. 중요한 것은 현실 자체보다 현실에 부여하는 의미다. 자신의 생활의 의미와 일관성이 있도록 경험에 의미를 부여한다. 그는 인간의 행동을 열등감에 대한 보상으로 보았다. 아동들은 어른들 사이에서 생활하기 때문에, 자신들의 신체적인 결함을 지각하고 허약함과 무력감을 갖게 된다는 것이다. 따라서 이러한 열등감을 보상하기 위한 동기의 원리가 대부분의 인간행동을 설명할 수 있다고 하였다. 그는 또한 개인의 생활양식과 출생순위에 관심을 가졌다.

내담자중심상담(client-centered counseling)은 지나치게 진단하고, 탐색과 해석을 지나치게 강조하는 정신분석의 전통적 방법에 대한 반발로 로저스(Rogers)가 개발한 방법이다. 이 상담에서는 개인의 정서문제를 강조하고, 개인의 경험과 주관적 지각세계를 중요시한다. 그리고 상담자는 개인을 돕는 조력자로서 내담자 자신이 자신을 발달시킬 수 있고, 행동을 조정할 수 있는 자아실현의 동기와 욕구가 있다는 것을 믿어야 한다.

### 2) 인지적 상담이론

인지적 상담이론은 개인의 감정보다 사고가 앞선다고 하고, 객관적 세계나 자기 자신에 대한 정보, 가치관, 사고 등 행동의 인지적 영역에 중점을 두고 있다. 인시적 접근의 상담이론으로는 윌리암슨(Williamson)의 특성 ·

요인이론(trait-and-factor theory), 엘리스(Ellis)의 합리적 · 정서적 치료, 글레서(Glasser)의 현실치료 등이 있다.

합리적 · 정서적 치료(rational emotive therapy: RET)는 능동적이고 지시적이며 언어적인 치료방법으로 주창자는 엘리스다. 그는 인간의 사고, 감정, 행동을 중요시하면서 생각, 판단, 결정, 분석, 실행 등의 논리적 추리와 인지적 과정을 더 강조한다. 엘리스는 인간의 사고와 감정과 행동의 관계를 '사람은 느낄 때 생각하고 행동하며, 행동할 때 또한 생각하고 느끼고, 생각할 때 또한 느끼고 행동한다.' 고 하였다.

합리적 · 정서적 치료의 목표는 내담자를 도와서 논리적이고 합리적인 생각과 태도를 갖게 하는 것이다. 이 목표 달성을 위한 상담절차는 첫째, 내담자가 비논리적이라는 것을 보여 주고, 그가 어떻게, 왜, 그렇게 되었는가를 자신이 이해하도록 돕고, 그의 비합리적인 생각과 그의 불행 및 정서적 문제와의 관계를 보여 준다. 둘째, 내담자의 현재 문제에 대한 책임은 어릴적 일의 영향이 아니라, 현재 자신의 불합리한 사고에 있다는 것을 인식시켜야 한다. 셋째, 내담자가 자신의 생각을 바꾸어서 비합리적 사고를 버리는 단계다. 상담자는 가능한 한 논리적 추리, 교수, 주입, 제안, 설득 등과 같은 지시적이고 설득적이고 논리적인 기술로 내담자로 하여금 비합리적인 사고에서 합리적인 사고로 바꾸도록 도와준다. 마지막으로 보다 합리적인 생활철학과 함께 중요한 일반적인 비합리적 생각 또는 신념들을 다루어서, 앞으로 비합리적인 사고의 희생자가 되지 않도록 한다.

현실치료(reality therapy)는 1950년대와 1960년대에 글레서에 의해서 발전된 심리치료다. 개인은 자신의 행동에 대해서 책임이 있다는 경험적인 사고만 있었다. 그러므로 치료자의 임무는 내담자가 자신의 책임을 수용할 수 있는 힘을 갖도록 충분한 공감을 형성하는 것이다. 현실치료는 '특정한 형태의 행동적 혼란은 무책임의 결과' 라고 강조하면서, 정신병이란 개념을 거부하기 때문에 감정이나 자세보다는 현재의 행동에 초점을 둔다. 현실치료는 모든 내담자를 현실세계의 유형적 · 무형적 측면을 성공적으로 포착할 수 있도록 인도하는 데 목적이 있다. 상담의 과정은 주로 개입(involvement), 현재행동에 초점(focus on present behavior), 현재의 초점(focus on the present), 자기평가(self-evaluation), 계획 수립(make a plan), 관여(commitment), 변명의 불인정(accept no execuses), 처벌의 제거(eliminate punishment)의 8단계로 이루어진다.

### 3) 행동적 상담이론

행동적 상담이론의 이론적 배경은 행동주의라고 부르는 고전적 조건화와 조작적 조건화 학습이론으로 흔히 행동수정이라고 한다.

이 상담은 기본적으로 행동변화에 관심이 있다. 내담자의 감정이나 사고를 무시하는 것은 아니지만, 내담자의 행동변화에 관심을 갖고 구체적인 행동에 초점을 둔다. 외현적 · 구체적 행동에 초점을 둔 행동주의 상담은 문제행동을 제거하고 새로운 바람직한 행동의 습득을 목적으로 한다. 이런 목표를 달성하기 위해 상담관계의 형성, 문제행동의 규명, 현재의 상태 파지, 상담목표의 설정, 상담기술의 적용, 상담 결과의 평가, 상담의 종결과정을 거친다.

## 3. 상담의 절차

상담이론을 학교교육에서의 상담에 적용하기 위해서는 여러 가지 문제가 있다. 특정한 전문적 상담이론을 그대로 학교상담에 적용하는 것은 어렵다는 말이다. 따라서 절충적이고 종합적인 상담절차를 찾아보는 것은 좋은 시도다.

기본적으로 상담의 절차는 인간관계 형성, 문제 확인 및 탐색, 문제해결 계획, 해결방안 실천 및 종결의 4단계로 나눌 수 있다(이재창, 1993; 김윤태,

김형립, 1988).

### 1) 상담관계 형성

상담은 하나의 관계다. 이것은 도움을 주는 관계로, 서로 존중하고 믿고 자유롭게 의사소통할 수 있는 관계다. 이러한 관계가 형성되도록 상담교사는 먼저 내담자의 긴장을 풀어 주고 친화적 분위기를 조성해야 한다.

### 2) 문제 확인 및 탐색

일단 상담관계가 형성되면, 내담자는 자기의 관심사를 이야기하기 시작한다. 이때 상담자는 계속해서 관심 있는 행동을 보이고, 잘 들어주고, 명백히 해 주고, 확인하고, 피드백해 주어서 내담자가 자기 자신과 문제에 대하여 완전히 이해하도록 돕는다.

### 3) 문제해결 계획

내담자가 자신의 문제에 대해 충분히 이해하고 자신의 문제에 대해 무엇인가를 해야겠다는 필요를 느끼면, 이때가 문제해결을 위해 계획을 수립하는 시기다. 이 계획이 바로 해결방안이다. 계획은 상담자와 내담자가 다 같이 파악하고 실천이 가능하다고 인정되는 것이어야 한다. 상담자는 필요에 따라 질문을 하여, 실천이 가능하고 타당한 방안이 되도록 내담자 스스로 수정하도록 유도한다.

### 4) 해결방안 실천 및 종결

결정된 해결방안을 실천하는 것은 내담자의 책임이다. 상담자는 상담 종결 시점을 결정하는 책임이 있다. 상담자는 또한 내담자가 해결방안을 적극적으로 실천하도록 격려하는 책임도 있다. 내담자가 적극적으로 실천하게 되면 상담자는 가끔 만나서 격려하고 추수지도를 한다.

## 4. 상담의 주요 방법

### 1) 적응

일찍이 적응은 개인의 욕구를 충족시키기 위해서 환경에 맞추어 잘 살아가는 것이라고 정의되었다. 이 정의는 환경적 욕구에 개체 자신을 일치시켜 나가는 순응(adaptation)의 뜻이 너무 강조되었다고 볼 수 있다. 우리는 욕구를 만족시키기 위해서 환경의 요구에 맞도록 자신을 고치기도 하지만, 보다 적극적으로 환경을 고쳐야 한다.

따라서 적응이라는 개념을 보다 적극적인 관점에서 개체와 환경 간의 역동적인 관계를 정확히 파악하여 현실적 목표를 설정하고, 이를 적극적으로 달성해 나가는 창조적인 과정으로 보아야 한다. 오늘날 적응을 적극적으로 보는 많은 학자들은 적응이란 말 대신 자아실현이란 말을 즐겨 사용한다.

### 2) 방어기제

사람들은 욕구좌절이나 갈등에 당면하면 직접적이고 합리적인 방법으로 해결책을 강구하여 적응해 나가는데, 그 해결이 곤란할 때 비합리적이고 간접적인 방법으로 자신을 보호하려 한다. 이것을 방어기제(defense mechanism)라 한다. 방어기제는 욕구불만과 갈등에서 오는 심리적 긴장이 커지는 것을 막아 주어 심리적 안정, 즉 균형을 가져온다.

누구나 방어기제를 사용하여 정서적인 건강을 유지하고 있다. 그러나 부적응상태에 있는 사람은 방어기제를 지나치게 사용하거나 습관화되어 있다. 중요한 방어기제 몇 가지를 소개하면 다음과 같다.

#### (1) 동일시(identification)

다른 사람의 성격이나 특성의 일부를 자신의 것으로 삼는 기제다. 이 방어기제는 다른 사람과 같이 되려는 욕망에서 나온다. 동일시는 어린이들이 잘 사용하는 방어기제로, 그들은 부모나 선생님과 같은 어른들과 동일시한다. 동일시는 발달과정에서 중요한 역할을 하며, 가끔 특정한 영역에 포부가 있는 사람들은 그 영역에서 이미 성공한 사람을 동일시한다.

#### (2) 억압(repression)

괴롭고 고통스러운 생각이나 느낌을 의식에서 몰아내는 행위다. 억압은 가장 보편적인 기제이지만, 지나친 억압의 사용은 심리적 긴장감과 피로를 낳아서, 심해지면 폭발하여 이성을 잃은 비정상적인 행동을 하게 될 수도 있다.

#### (3) 보상(compensation)

열등감에서 자신을 보호하기 위해서나 안전과 자존심을 성취하기 위해서 사용하는 심리적 방어기제다. 비교적 건강한 사람이 보상을 사용할 때는 성공적인 업적을 위한 끈질긴 노력을 하도록 만든다. 예를 들어, 체구가 작거나 얼굴이 못나서 신체적으로 열등감을 가진 사람은, 그의 전문분야에서 한층 더 노력하여 성공적인 성취를 함으로써 열등감에 대한 보상을 한다.

#### (4) 합리화(rationalization)

의식하지 못하는 동기의 결과로 자기가 행한 어떤 행동을 이치에 맞게 설명하는 과정이다. 사람들은 이 기제를 사용하여 괴롭고 고통스러운 진실로부터 자신을 방어한다. 예를 들면, 중요한 시험공부를 해야 할 학생이 영화구경을 가고 싶을 때, 시험공부할 때는 머리를 식히는 것이 필요하다고 말함으로써 스스로를 합리화하는 것이다. 그래서 죄의식 없이 영화구경을 할 수 있게 된다. 합리화는 곤란하고 부끄러운 상황에서 사람들이 흔히 사용하는 방어기제다. 물론 지나친 사용은 나쁘다.

### (5) 투사(projection)

자신의 나쁜 욕망이나 태도 및 동기를 다른 사람의 탓으로 돌리는 것이다. 그런 나쁜 감정이나 태도는 자신의 마음에서 생긴 것이 아니라 외부에서 왔다고 보는 것이다. 예를 들면, 친구에게 적개심을 가진 사람이 자기는 친구에게 조금도 적대적인 감정이 없지만, 친구가 자기에게 적개심을 갖고 적대적인 행동을 하기 때문에 자기도 적대적인 태도를 갖게 된다고 보는 것이다. 편집증이나 정신분열증 환자들이 이 방어기제를 지나치게 사용한다.

### (6) 승화(sublimation)

심한 갈등상태의 무의식적인 충동이 사회적으로 바람직한 활동으로 전환되고 표현되는 것이다. 직접적인 방법으로는 욕구 충족을 얻을 수 없기 때문에 사회적으로 용납되는 대치행동을 통해서 만족을 얻는 것이다. 누구나 어느 정도는 이 기제를 사용한다. 승화는 모든 방어기제 중에서 가장 건설적인 것이고, 또 사회화에서 중요한 요인이 되기도 한다.

### (7) 퇴행(regression)

심한 스트레스 상태에 놓인 사람이 어릴 적의 욕구 충족 방법으로 후퇴하여 행동하는 것이다. 퇴행은 성인사회에서의 자유와 책임에서 오는 고통과 불안을 덜어 주기는 하나, 건설적인 것은 못 된다. 악성적인 퇴행은 정신분열증에서 볼 수 있다.

### (8) 반동형성(reaction-formation)

무의식적 상태에서 고통스럽고 바람직하지 못한 정서적 특성이나 태도가 그와 정반대인 정서나 태도로 표현되는 방어기제다. 예를 들면, 동생에게 적개심을 갖고 있는 형이 정반대로 동생을 끔찍히 사랑하는 것이다.

# Chapter 13
# 교직과 교사

교육은 넓은 뜻으로 우리가 살아가는 그 자체라고 할 수 있으며, 인생은 곧 교육의 과정이라는 말도 성립된다. 어떤 사람에게 지적, 정서적, 심리적 행동의 변화를 가져오게 한다면, 그곳에는 교육이 존재한다고 볼 수 있다. 이러한 뜻에서 보면, 대중매체를 비롯한 수많은 문화적인 환경요인들은 교육에 영향을 미친다. 그중에서 가장 강력한 영향을 미치는 요인은 교사다.

교사는 학습자를 둘러싼 환경에서 학습자들에게 직접적인 영향을 미칠 뿐만 아니라, 모델로서의 영향력도 상당히 크다. 이런 관점에서 교사의 질이 교육의 질을 좌우한다고 보기도 한다.

## 제1절 교직의 성격

교직이 어떠한 성격을 지니고 있느냐 하는 것은 시대와 사회에 따라 차이가 있고, 그 지위도 다르게 평가되어 왔다. 특히 우리나라를 비롯한 동양사회에서는 교사를 다른 어떤 직업에 종사하는 사람보다 존경해 왔다. 지난날 교사가 뭇사람들로부터 존경을 받고 비교적 높은 지위를 누릴 수 있었던 것은, 그들이 단순히 지식이 많고 전문성이 높았기 때문이 아니라 인격적, 도덕적으로 사회의 지도자였기 때문이다. 동양과 서양을 막론하고, 교사는 사람을 가르치는 일에 신념과 확고한 교육관과 열정을 쏟았기 때문에 사회적으로 존경받을 수 있었다.

그러나 사회가 발전하고 사회구조가 다양하게 변하면서, 교육의 대중화와 직업의 세분화로 교사직도 많은 직업 중의 하나에 불과하다는 사고와, 교사의 수가 많아지게 되면서 부도덕하고 자질이 부족한 교사들의 영향으로 교사직의 성격과 사회적 지위에서 변화를 가져오게 되었다. 즉, 교사직은 학생을 대상으로 하며, 교육을 담당하는 사람이라는 데에는 변함이 없으나, 직업화했고 사회적 변화에서 오는 교사 역할에 대한 인식과 기대가 달라졌다. 현대의 교사는 다른 직업에 종사하는 사람과 마찬가지로 하나의 직업인으로 인식되고 있다. 그러나 교사직을 어떻게 볼 것이냐 하는 것은 관점에 따라 다소 다르겠지만, 교사를 전문직의 하나로 보아야 한다는 데는 이론이 없다.

## 1. 전문직의 특성

교직이 전문직이라고 할 때 일반직과 구별되는 특징이 있다.

### 1) 독특하고 전문적인 사회봉사

전문직이 담당할 수 있는 사회적 봉사는 아무나 맡아 할 수 없고, 다른 직업인이 개입할 성격도 아니다. 전문직은 사회적으로 봉사하는 방법이나 내용이 특수하고 전문화되어 있기 때문이다.

의사 혹은 법률가 등과 같이 사회에 의해서 공인되고 중요시되는 전문직은 그 역할이 일정하고 분명하다. 교육도 과거 수세기 동안 이루어놓은 진보에 따라 사회의 복지 향상을 위해 중요한 봉사작용을 할 수 있다는 사실을 사회가 인정하게 되었다. 따라서 교직도 사회봉사의 교육부문에 있어서 독자적인 전문성을 요구하고 있다.

### 2) 지적 능력

전문직은 육체적인 능력보다도 지적인 능력을 더욱 요구하게 된다. 즉, 전문직에서는 일을 다루어 나가는 데 있어서 문제를 규명하고, 규명된 문제와 관련된 자료를 조사하고, 이에 따라 가능한 해결을 도모해 간다. 전문직에서 육체적인 기술을 무시하는 것은 아니나, 전문직에서 필요로 하는 육체적 활동은 고도의 지적인 활동이 수반된다는 사실이 중요하다. 여기서 소요되는 지적 능력은 복잡하여 고도의 전문성을 특징으로 한다.

### 3) 장기간의 전문적 훈련

전문직에 들어가기 위해서는 장기간의 준비교육을 받아야 한다. 그와 같은 준비교육은 매우 집중적이고도 전문적인 훈련을 필요로 한다. 의사 한 사람을 길러 내기 위해서는 장구한 시간을 투자해서 전문적으로 교육해야 할 뿐만 아니라, 실제적인 임상실습을 통하여 고도의 훈련을 쌓아야 한다. 이와 같이 전문직을 위한 교육과 훈련이 지나치게 전문화됨에 따라, 전문직에 종사하는 사람은 자기가 하는 일에는 매우 전문적이지만 그 밖의 다른 분야에는 거의 무식하다는 평을 받게 되는 것도 사실이다.

그런데 장기간의 전문적인 준비교육이 필요한 것은 전문직만이 아니다. 비전문직에 있어서도 오랜 시일의 기술훈련을 필요로 하는 경우가 많다. 그런데 전문직에서 필요한 교육이나 훈련의 성격이 보다 지적이라는 점에서 다르다. 전문직이 보다 지적인 교육을 필요로 한다는 말은 전적으로 지적 기술만을 훈련시킨다는 뜻은 아니고, 교육이나 훈련내용이 지적인 면을 중심으로 이루어진다는 뜻이다.

## 2. 전문직으로서의 교직

교직이 전문직으로 인정받는 특징으로는 첫째, 교사의 역할을 훌륭히 수행하기 위한 충분한 준비가 있어야 하기 때문이다. 이러한 준비를 통하여 학생의 필요와 요구가 무엇이며, 어떤 개인적인 특성을 가지고 있으며, 그들을 어떻게 가르쳐야 하는가, 즉 교육대상과 방법을 알고 실천해야 하는 직업이다.

둘째, 교직은 학생의 교육을 전문으로 하는 학교라는 사회제도의 기능과 목적을 공동으로 달성해야 하는 직업이다. 교사는 어디까지나 개인적인 역할자이면서 집단적인 역할자이기 때문에 학교환경에 대해서 깊이 이해해야 한다. 학교환경은 학교의 위치, 학교의 종류 등에 따라 다르겠지만, 일반적으로 학생 개인의 환경, 학교 내의 환경, 학교 외적 환경 등으로 나누어 생각할 수 있다.

셋째, 전문직에 종사하는 사람이 직종에 따라 응분의 신분보장과 보수를 받아야 하는 것과 마찬가지로, 교직도 신분의 보장과 보수를 받아야 하는 직업이다. 그러나 교사는 자유업이 아니기 때문에 신분과 보수는 공적인 절차에 의해서 결정된다.

넷째, 교직은 학생과 학교 및 사회가 요구하는 것을 충족해 주기 위하여 능동적으로 수준을 높이고 끊임없이 새로운 것을 배워야 하는 직업이다. 특히 현대와 같이 변동하는 사회, 새로운 지식이 폭발하는 시대의 교사는 항상 열심히 배워야 교사직에 계속해서 종사할 수 있다.

다섯째, 교직은 전문직이기 때문에 무엇보다도 중요한 것은 전문적인 지식의 습득이다. 또한 교사가 가지고 있는 지식이 그 직업과 관련하여 유용하게 쓰이려면 그 지식이 학생들에게 바르게 전달되어야 하므로 효과적인 방법적 지식도 갖추고 있어야 한다.

여섯째, 교직은 경험을 무시할 수 없는 직업이다. 경험만으로 교육이 되는 것은 아니지만, 경험이 없으면 시행착오를 면하지 못하기 때문이다. 교육은 성장하는 인간을 직접 대상으로 삼고 있으므로, 한 번의 오류가 한 인간의 행복과 평생을 좌우할 수 있다. 그러나 경험을 통하여 옳게 지도하지 못하고 필요한 것을 알지 못한다면 그 경험은 아무런 의미가 없다.

일곱째, 교직은 투철한 사명의식과 확고한 교육관을 갖고 있어야 하는 직업이다. 한 인간의 행복이 교사에 의해서 좌우될 수 있고, 교사가 어떤 신념과 교직관을 갖고 교육에 임하느냐에 따라 사회(국가)의 질과 방향이 결정될 수도 있기 때문에 타 직업과 다른 정신세계가 요구되는 직업이다.

## 제2절 교사의 중요성

훌륭하고 유능한 교사를 가진다는 것은 곧 훌륭한 교육을 할 수 있다는 말과 통하는 것이다. 학교의 시설과 교육자료가 교육의 질을 향상시키는 데 기여하는 바가 크지만, 학급 내에서 학생들이 어떠한 교육활동을 하느냐에 가장 큰 영향을 미치는 요인은 교사다. 만일에 좋은 교사에 빈약한 시설과 빈약한 교사에 좋은 시설 중 하나를 택한다면, 좋은 교육성과를 위해서는 전자를 택할 수밖에 없을 것이다.

우리는 과거 30년의 시련을 통하여 교육을 받지 못한 국민은 진정한 자유를 누릴 수 없으며, 교육의 힘을 빌리지 않고서는 도저히 민주주의의 실현이 불가능하다는 것을 깨닫게 되었다. "인간은 교육을 통해서만 인간이 될 수 있다."는 칸트의 말은 이것을 두고 한 말이다. 교육은 개인의 행복과 사회의 번영을 좌우할 수 있는 중요한 힘을 가지고 있다. 그러나 이것은 자연적 과정만으로 우연히 이루어지는 것은 결코 아니다. 교육은 어디까지나 성인들의 계획과 지도에 의해 성취되는 것이다.

한때 한국의 교육을 지배했던 진보주의 교육사상은 교육에서 아동의 지위를 강조한 나머지, 교사의 존재를 무색하게 만들어버린 적이 있다. 그리하여 아동은 학교의 주인이며, 학교는 단지 어린 아동들이 자기네들끼리 모여 자라나는 곳이라는 오해를 하게 하였다. 물론 교육이라고 함은 아동의 성장과정을 지도하는 것을 말하며, 성장하는 주체가 아동들이므로 어디까지나 교육의 중심은 아동이라는 말에는 설득력이 있다.

성인, 교사, 전통, 교과서 따위에 아동을 종속시키려는 과거의 전통주의 교육은 오늘날 민주주의 사회에서는 용납될 수 없다. 오늘의 학교교육은 어디까지나 아동과 사회와 문화를 연결하는 공동생활로서 아동의 심신의 조건과 능력을 중시해야 한다. 그러나 아동이 교육의 중심이라는 말은, 외적인 성인들의 계획과 환경의 조정과 지도의 힘이 없이도 아동끼리만으로 학교교육은 이루어질 수 있다는 말은 결코 아니다. 아동들이 몇십 명 또는 몇백 명 모여 있다고 해서 이것을 학교라고 할 수는 없다.

학교라고 하는 일종의 인구집단은 반드시 학교사회의 중심이 되는 다수의 아동집단과, 이들의 성장과 발달을 지도해 주는 소수의 교사집단으로 구성된다. 그중에서도 교사는 아동의 지도를 천직으로 삼는 성인들로서, 아동의 성장에 대한 영향력이 지대하므로 교사집단은 다른 어느 직업보다도 중요한 자리에 있다.

또한 학교사회에서 교사는 지배적인 권위를 가지고 있으며, 학교가 영향을 줄 수 있는 범위 안에서 어린이의 장래는 교사의 철학, 그의 인간성, 그리고 학생과 교사 간의 상호접촉에 따라 크게 달라진다. 이것은 개개 학생들의 인간발달, 특히 그들의 정서적, 신체적, 지적, 사회적 측면의 성장에만 교사의 힘이 미치는 것이 아니라, 교사는 또한 그 사회의 문화를 다음 세대에 전달하여 그 사회의 안녕과 질서를 유지하는 역사적 과업에 참여하고 있는 것이다.

민주주의 교육의 원리에 입각한다면 교사와 아동은 상호간의 이해와 존경으로 결합되어야 하며, 교사는 어디까지나 아동의 학습활동에 협력하는 참여자여야 하지만, 사실을 밝혀 보면 교사는 독선과 권위를 견지하려는 경향이 있다.

한편, 교사 입장에서도 교사 · 아동 간의 무제한적인 친근관계가 오히려 교육적 효과를 거두지 못한다는 현실을 교육사회학자들은 지적하고 있다. 교사 · 학생 간의 상호관계는 초 · 중등학교에 따라 그 성격을 달리한다. 초등학교에서는 교사가 학급을 담임하므로 학급아동들의 모든 학습계획과 학습과정 등 아동들의 종합적인 생활을 지도한다. 중등학교에서는 일정한 학과를 분담함으로써 학생에게 필요한 여러 가지 기능을 교과별로 지도하게 된다. 전자는 종합적인 생활교육을 담당하고 후자는 교과별 지식과 기능의 습득을 강조하고 있지만, 모두 교사가 지도의 중심 위치를 차지하고 있음은 사실이다.

## 제3절 교사의 자질

교사의 인성 및 특징과 교육효과를 연구한 학자들은 유능한 교사가 갖추어야 할 조건들을 열거하였다. 그것은 크게 지식, 인성, 교육기술, 교직에 대한 태도의 네 영역으로 분류할 수 있다.

### 1. 지식

교사의 자질문제를 생각할 때 학문적인 준비가 기본이라는 사실은 의심할 여지가 없다. 대학에서의 성적 및 전공과목에 대한 지식은 한국의 경우 교사 선발에서 가장 중요한 요인 중 하나이고, 외국에서도 상당히 중요한 자질로 인정되고 있다. 또한 교직에서의 전공과목 및 일반교양의 중요성을 시사하는 연구도 많다. 미국교사교육연구회(American Council on Teacher Education)에서는 교사에게 필요한 필수적인 자질로 전공과목 및 일반교양의 중요성을 강조하면서 실력 있는 교사는 어떤 종류, 어떤 학년, 어떤 과목을 가르치건 간에 많은 지식을 가져야 한다고 강조하고 있다.

문학, 음악, 미술 등 예술에 관한 소양과 역사, 철학, 시사 등 상식을 주축으로 하는 일반교양과 아울러, 가르치고 있는 과목이 근거하고 있는 학문에 대한 해박한 지식은 학생들로 하여금 지식과 교양을 갖춘 건전한 시민으로 성장하게 하는 데 필수적으로 요구되는 교사의 자질이다. 그러나 유능한 교사는 이 외에도 교직과목에 대한 풍부한 지식과 자기가 가르치는 학생에 대한 깊은 이해를 필요로 한다. 교직은 리버만(Liberman)이 제시한 전문직의 성격에 부합하는 직종이며, 다른 분야의 전문가와 마찬가지로 전문적인 교육이론, 방법과 기술을 필요로 하며, 이들 대부분이 교직과목 지식에 근거하여 터득될 수 있다.

일반교양, 전공과목, 교직과목에 대한 지식과 함께 유능한 교사에게 필요한 지식요인으로 학생에 대한 풍부한 지식을 간과할 수 없으며, 이와 같은 과정에서 여러 연구들이 유능한 교사의 조건으로 학생에 대한 정확한 지식 내지 이해를 강조하고 있다.

이처럼 유능한 교사는 예술에 대한 소양과 상식을 주축으로 하는 일반교양, 자기가 가르치고 있는 과목이 근거하고 있는 학문과 그것을 탐구하는 과정에 대한 지식, 전문직으로서의 교사역할을 수행하는 데 필요한 교육철학, 교육행정학, 교육과정, 교수법 등 교육하는 행위에 대한 이론적 · 실제적 지식, 그리고 개개 학생의 지적 · 정의적 · 신체적 성장 정도, 선행학습 정도, 가정환경, 장래 희망 등에 대한 지식 내지 이해를 필요로 한다.

## 2. 인성

유능한 교사의 조건을 규명한 대부분의 연구들은 교사의 인성요인을 강조하고 있으며, 특히 유능한 교사가 갖추어야 할 으뜸가는 자질로 원만한 품성을 제시한다. 오덴웰러(Odenweller)나 고울드(Gould), 스미스(Smith)와 에아톤(Eaton)의 연구에서는 인성과 교직의 연관성을 강조하고 있다.

교사는 긍정적이고 우호적이며 다른 사람과 협동할 수 있는 인성을 가져야 할 뿐만 아니라 자주성, 친절성, 극복성, 정서적 안정성, 내적 지향성, 자아통제, 사려성 등을 소유하고 있어야 한다.

교사가 지녀야 할 특징은 네 가지, 즉 협동성, 안정성, 친절성, 인내성으로 정리할 수 있다. 협동성은 긍정적이고 우호적이며, 동료와 함께 일하는 것에 즐거움을 느끼는 성격이다. 안정성은 희로애락의 감정에 극단으로 흐르지 않고 생활 일반에서 튼튼한 자신과 낙관을 가지며, 유사시에도 비교적 평온할 수 있는 성격이다. 친절성은 다른 사람을 좋아함으로써 고통과 피로를 덜어 주는 순수한 성격이다. 인내성은 장애물에 의한 곤란을 마음속으로 극복하고, 자존심과 긍지를 유지하면서 목표 달성을 위해 나아가는 성격이다.

## 3. 교육기술

교직은 전문직이므로 다른 분야의 전문가와 마찬가지로 전문적인 교육방법과 기술을 필요로 한다. 그러므로 교사는  수업상황을 잘 이끌어 가도록 전문적인 교육방법을 습득, 활용할 수 있어야 한다.

가네(Gagné)와 브릭스(Briggs)는 수업집단을 조직하는 것을 교사의 핵심적인 역할로 보았으며, 김호권도 교사의 역할은 “교실 안에서 벌어지는 대화의 교통을 소통시키고, 발언의 기회와 교실 안의 자원을 적절히 분배하며, 학급 안에서 일어나는 여러 가지 활동을 공식적으로 계시(計時)하는 것"이라 지적하고, 이와 같은 역할을 성공적으로 수행하는 사람을 유능한 교사로 규정함으로써, 교사의 교육기술 중 효과적인 학습상황 조성능력을 특히 중시하였다.

이 외에도 교사는 훌륭한 평가기술을 필요로 한다. 평가의 목적이 교수의 과정과 학습의 과정에 최대한 도움을 주고, 그렇게 함으로써 학생의 학습효과를 극대화시키는 것임을 감안할 때, 평가기술은 유능한 교사가 갖추어야 할 하나의 요인이다. 학습과제에 대한 학생들의 준비도를 파악하고 평가하고 기록 · 보고하는 일련의 작업은 교사가 교실에서 학생들과 접촉할 때 요구되는 가장 핵심적인 역할이다.

요약하면, 유능한 교사는 학습상황 조성능력, 지식전달기술, 평가기술과 함께 교육내용을 효과적으로 조직하는 능력을 지녀야 한다. 유능한 교사는 학생들의 주의가 집중될 수 있도록 교실 분위기를 이끌어 가는 능력과, 학습내용을 학생들이 효과적으로 이해할 수 있도록 하는 데 필요한 언어적 기술과, 학습자료의 조작기술, 학생들의 학습성취 정도를 정확하게 측정하는 기술, 그리고 지식이 학생들에게 전달될 수 있도록 그것을 교육내용으로 하는 교육기술을 필요로 한다.

## 4. 교직에 대한 태도

교직은 독특하고 전문적인 사회봉사, 지적 기술의 강조, 장기간의 직업적 훈련, 자율성, 책임성 등이 필요한 전문직이다. 다른 전문직과 구별되는 것은 인간을 대상으로 하고, 대체로 사회생활에 아직 익숙치 못하거나 혹은 성장 · 발달과정에 있는 미성숙자를 대상으로 하며, 여러 전문직 중에서도 봉사적 사명을 더욱 필요로 한다는 점이다. 따라서 유능한 교사에게 요구되는 자질도 교직에 대한 신념과 학생들에 대한 이해를 강조하지 않을 수 없다.

교직에 대한 정열이나 신념이 없는 사람이 교사가 될 때, 본인의 발전이나 성공은 물론 사회발전에도 장애를 가져오게 된다. 교육적 신념은 직업에 대한 이해와 확신에서 출발한다. 더욱이 현대사회가 요청하는 교사란 지식이나 기능만을 가르치는 것이 아니라 학생들로 하여금 전인으로 성장하게 하는 사람이며, 이런 의미에서 유능한 교사에게 요구되는 교직신념은 아무리 강조하여도 지나치지 않다.

교직에 대한 신념과 관계가 깊은 요인 중의 하나는 학생에 대한 태도다. 멜바이(Melby)는 학생에 대한 교사의 바람직한 태도를 "각 학생을 신뢰하고 존중하며, 인간의 가능성을 높이 평가하고, 희망적인 관점에서 인간을 보며, 인간을 사랑할 줄 알며, 받아들이는 강한 힘을 가지는 것" 으로 보았다. 즉, 인간으로서의 학생을 존중하고 믿으며, 학생의 능력을 잘 알고 긍정하는 교사의 태도가 중요하다는 것이다.

직업에 대한 신념과 학생에 대한 긍정적 태도 이외에 유능한 교사는 자기 자신에 대한 긍지와 자신감을 필요로 한다. '인간의 모든 행동은 그가 행동하는 순간에 지각되는 지각장(知覺場)의 함수다.' 라는 형태주의 심리학의 기본 원리를 받아들인다면, 다른 사람과 마찬가지로 교사의 행동은 그 자신의 지각내용에 크게 좌우되며, 나아가서 이것은 학생들의 행동에 결정적인 영향을 미치게 된다.

유능한 교사의 또 한 가지 자질은 수업에의 열의다. 수업에 대한 열의나 열정이 없다면 좋은 교육을 할 수 없고, 그 결과도 좋지 않을 가능성이 높다.

이상에서 고찰한 바와 같이 교사에게는 교직에 대한 높은 관심과 순수한 동기를 가지고 교직을 천직으로 생각하며, 자기를 긍정적으로 생각하며, 어떤 일도 해 낼 수 있다고 믿고, 자기가 가르치는 학생을 존중하고 신뢰하며 인정하고, 자기의 지식과 기술을 성의를 다하여 학생들에게 전달하려는 마음가짐이 있어야 한다.

# 제4절 교사의 역할

## 1. 학생지도자로서의 역할

### 1) 지식원으로서의 역할

학생 혹은 아동은 다방면에서 많은 양의 지식을 섭취하게 되는데, 지식제공의 중추적인 역할을 하는 곳은 학교다. 따라서 교사는 생동하는 교과서의 역할을 수행해야 한다.

학생에게 필요한 지식을 전수한다는 것은 교사의 으뜸가는 임무라고 해도 과언이 아니다. 많은 지식 중에서 어떠한 지식을 선택하여 전달할 것이냐, 하나의 지식체계를 어떻게 학생의 언어로 번역하여 전달할 것이냐 하는 등의 임무를 충실하게 수행하기 위해서는 교사 자신이 많은 지식을 깊이 있게 이해하고 있어야 한다. 교사가 가지는 지식의 이해 정도에 따라 학생의 학업성취에 많은 차이가 나타날 수 있다.

### 2) 동일시 대상으로서의 역할

갈등이나 난관에 부딪쳤을 때 학생이 쉽게 취하는 행동방식은 동일시다. 학교교육상황에서 학생의 절대적인 동일시 대상은 교사다. 교사의 말투, 걸음걸이, 필체에서 시작하여 사고방식, 태도, 가치판단까지도 동일화 내용에 포함될 수 있다.

동일시와 관련하여 교사가 특히 유념해야 할 사항은 이것으로 인하여 학생에게 영향을 미치는 것은 단순히 단편적인 지식의 기억뿐만 아니라, 영속될 수 있는 심층적 행동특징을 보다 많이 포함한다는 사실이다. 이와 같은 점을 감안한다면 교사는 언어, 행동, 태도에 특히 신중을 기해야 한다.

### 3) 불안을 제거하는 역할

아동기 및 사춘기의 학생은 여러 가지로 고민을 하게 되고 자주 불안을 느끼게 된다. 주위 환경에 대한 이해가 부족하고 자신감이 결여된 데서 오는 불안은 자연히 성인의 도움을 구하게 된다. 만약에 교사가 학생이 부딪치고 있는 상황에 대하여 적절히 설명해 준다든지, 안정된 상태에서 학업에 열중할 수 있도록 학생의 불안을 제거해 주는 역할을 충실히 수행한다면 이는 지식을 전달하는 것만큼 중요하다.

그러나 교사의 행동 여하에 따라서는 학생들에게 새로운 불안을 조성해 주는 경우도 있다. 지나친 경쟁상태의 조성, 학생의 능력 한계를 벗어나는 기대, 일관성 없는 훈육 등은 불안을 조성할 수 있다.

### 4) 부모 대용으로서의 역할

많은 학생들은, 특히 초등학교 저학년 학생은 교사의 행동 하나하나를 부모의 그것과 마찬가지로 여기는 경향이 있다. 어머니에게 구할 수 있는 조언을 교사에게서 찾으려는 일도 있으며, 교직자들은 학생을 대할 때 부모의 감정으로 대하는 경향이 짙다.

### 5) 친구로서의 역할

교사와 학생이 일정한 한계를 지키는 범위 내에서 친구로서의 감정을 느끼게 되는 경우가 있다. 학생이 자기 동료들과의 충분한 우정관계를 발전시키지 못할 정도로 교사에게만 향하게 된다면 발달과업적인 의미에서 문제가 아닐 수 없으나, 교사가 학생들의 개인적인 기쁨과 감정을 같이 나눈다는 것은 충분히 긍정적인 일이다. 학생들에게 교사와 친구가 되고 싶다는 마음이 있는 한, 교사는 이에 대하여 어떤 반응이든지 보여야 할 필요가 있으며, 그 반응은 학생의 모든 행동에 적지 않은 영향을 미친다.

### 6) 애정상대자로서의 역할

어떤 학년, 어떤 수준의 학생들에게도 있을 수 있는 감정은 교사에 대한 애정이다. 선생님에게 자기가 아끼는 물건을 선물하는 초등학교 1학년 어린이, 남교사에게 연정을 품고 고민하는 고등학교 여학생의 애정 등 교사는 학생의 애정상대가 되기도 한다. 이때 교사는 도와야 할 책임이 있다.

## 2. 학급사회에서의 역할

### 1) 학급경영자로서의 역할

학급경영 내지 학급관리는 학급사회의 공동목표를 합리적으로 달성하기 위하여 필요한 제반 조건을 합리적으로 정비하고 확립하는 것이다. 학급사회의 공동목표는 학생 개개인이 지적, 정서적으로 성장하도록 하는 것이며, 학급경영은 이를 성취하기 위하여 인적, 물적 제반 조건을 정비, 확립하려는 활동을 의미한다.

교사가 학급경영자로서 담당하게 되는 역할은 학급의 기본적인 활동방침과 실천목표의 설정, 학급의 인적 조직과 관리, 학급의 물적 환경 정비와 관리, 학급의 교육계획에 관한 시간표의 정비, 학급관계 기록 및 장부의 정비, 학급에 관한 연구조사활동, 학급경영활동의 평가 등이다.

교사가 학급경영자로서의 역할을 수행할 때 주의해야 할 원리는 크게 세 가지로 첫째, 합리주의의 원리가 있다. 합리주의라 함은 주먹구구식 사고방식을 버리고 과학적인 자료를 기초로 하여 제반 계획을 수립하고 집행하는 것을 의미하며, 학급활동의 제 분야에 걸쳐서 정력과 시간과 금전의 낭비를 없애고 능률화를 도모함을 의미한다.

둘째, 인화주의다. 이는 학급사회에 있어서 화기애애한 인간관계의 유지 및 발전을 의미한다. 학급사회의 구성원들이 서로 사랑하고 존경하고 협조함으로써 공동목표를 가장 효과적으로 달성할 수 있도록 인화를 조성하는 것은 교사가 학생과 더불어 노력하여야 할 중대 목표다. 그것은 무엇보다도 학급경영을 사무적인 처리에 그치게 해서는 안 된다는 것을 의미하는 것이기도 하다.

셋째, 민주주의의 원리다. 민주주의는 교사의 독단적인 행동을 없애고 학생에게 널리 권한을 이양해 주는 것을 의미한다. 민주주의는 전제와 자유방임을 다 같이 지양한다는 점에서는 어떤 구체적인 경우를 불문하고 변함이 없는 것이다.

교사가 학급경영에서 이러한 원리를 구현하려면 사무적인 기술, 인화적 기술, 통합적 기술이 필요하다.

### 2) 학습지도자로서의 역할

학급을 맡고 있는 교사의 역할 중에서 가장 중요한 것은 학습지도자로서의 역할이다. 학습한다는 것이 학급사회의 중심이 되는 과제이며, 학생들로 하여금 학습을 잘 하도록 이끌어 주는 것이 교사의 으뜸가는 임무다.

교사는 문자그대로 '가르치는 사람'을 의미하며, 그것은 곧 학습을 지도하는 사람이라는 뜻이다. 학습이란 어린이들에게 그들의 심리적 발달단계에 부합되고, 사회적 요구에 알맞은 경험을 제공함으로써 그들의 행동에 바람직한 변화를 일으키게 하는 과정을 말한다. 이와 같은 학습이 학급사회에 관계되는 한, 주로 교사의 지도 하에 이루어진다.

교사는 여러 가지 학습경험 중에서 무엇을 선택하고 그것을 어떠한 방법으로 학생들에게 제공할 것이냐에 대한 중대한 책임을 지니고 있다. 그것은 바로 교육내용의 문제와 학습지도방법의 문제이며, 이 두 가지는 엄격히 구별할 수 없을 정도로 밀접한 관련을 가지고 있다. 따라서 학습지도자로서의 교사의 역할은 교육내용의 선정 조직자로서의 역할과 학습과정 안내자의 역할을 포함하는 것이다.

학급교사가 학습지도자로서의 역할을 수행함에 있어서 또 한 가지 유의해야 할 것은 학생은 학습에 있어서 엄연한 개인차를 나타낸다는 사실이다. 동일 학급 안의 학생들은 앞에서도 지적한 바와 같이 연령, 적성, 능력 등에 있어서 비교적 동질적이라는 것이 전제조건이 되지만, 그들 상호간에는 개인차가 존재한다.

연령, 성별, 지능, 경험, 동기, 기타 학습자에 관한 요인은 학습재료 및 학습지도방법에 관한 여러 요인과 더불어 학습의 성과를 결정하는 3대 요건 중의 하나다. 문제는 학생이 성숙 정도, 능력, 경험, 동기 등에 있어서 학습에 대한 준비성(readiness)을 갖추고 있느냐 하는 문제다. 이것은 학습의 성패를 결정하는 가장 중요한 조건인 만큼, 교사는 개별학생에 대하여 세밀하게 관찰하고 조사하고 평가함으로써 유효적절한 학습지도방법을 강구하여야 한다.

### 3) 생활지도자로서의 역할

학급교사의 역할 중 또 한 가지 중요한 것은 생활지도자로서의 역할이다. 생활지도(guidance)라는 용어나 개념은 비교적 새로운 것이지만, 예로부터 학급교사의 중요한 책임에 속하는 것이었다.

생활지도라 함은 학생으로 하여금 그가 직면하게 되는 여러 가지 문제를 스스로 해결해 나감으로써, 자기 자신과 환경에 대하여 보다 만족스러운 적응을 할 수 있도록 하기 위하여 지도하고 원조해 주는 것을 의미한다. 다시 말하면 아동으로 하여금 자조의 정신을 발휘하여 자력으로 문제를 해결해 나갈 수 있도록 만들기 위한 원조 내지 봉사활동을 말하는 것이다.

따라서 학급교사는 학생에 대한 학습지도뿐만 아니라 그가 생활해 나가는 가운데 부딪치는 제반 문제에 관하여 적절한 지도와 조언을 하는 것을 중요한 임무로 삼아 왔다. 전통적으로 교사는 아동을 훈육한다는 견지에서 그를 엄하게 규율하여 때로는 사랑의 매와 견책을 가하면서까지 옳은 길을

걷도록 지도한다는 점이 강조되었으나, 오늘날에는 자유롭고 허용적인 분위기 속에서 학생 스스로 자신의 문제를 해결해 나갈 수 있도록 도와준다는 점이 강조되고 있다. 그러나 전통적 훈육의 견지와 현대적 생활지도의 개념의 차이는 생활지도의 철학이나 방법, 기술 등에 관한 시대적 변화라고 볼 수 있으며, 그것이 학습지도와 더불어 교육의 양대 방법을 이루고 있는 동시에, 교사 고유의 활동분야로서 예로부터 중요시되어 온 것임은 부인할 수 없는 사실이다.

오늘날 학생들이 그들의 생활에서 교사의 지도와 원조를 필요로 하게 되는 문제의 영역은 크게 네 가지다. 첫째, 개인적 문제로서 학생 자신에 대한 적응문제다. 개인적 문제 가운데 중요한 것은 신체적, 정신적 건강의 문제와 정서적 적응문제다. 개인적 문제에 관하여 털어놓고 상의할 수 있는 부모나 교사나 친구를 갖는다는 것은 중요한 일이며, 특히 학급사회에서 학생의 개인적 적응문제를 교사가 도와준다는 것은 무엇보다도 학습활동의 성과를 얻게 하는 중요한 조건이 되는 것이다.

둘째, 사회적인 것으로서 인간관계 내지 사회관계에 관한 문제다. 학생이 가족, 기타 집단, 학교사회 등에서 직면하게 되는 복잡한 사회적 관계를 원만히 조절함으로써 사회적 적응을 얻도록 하기 위해 교사는 지도와 조언을 해야 한다.

셋째, 교육적인 것으로서 학과의 선택이나 진학, 학습방법에 대한 문제다. 교육과정이 복잡하고, 특히 선택과정이 중요한 의의를 갖는 단계에서 학과의 선택이나 진학에 관하여 교사의 지도와 조언은 중요하며, 또한 과외활동의 선택이나 독서의 기술과 방법, 여가의 선용과 오락활동 등에 관해서도 지도가 필요하다. 아동이 개인의 적성과 흥미에 맞추어 학습과정을 선택해 나가는 데 교사가 줄 수 있는 영향력은 결정적이다.

넷째, 직업적인 것으로서 자신에게 맞는 직업 선택과 준비에 관련된 문제다. 개인이 개성을 살리고 사회적 분업에 참여할 뿐만 아니라 생계의 수단을 얻게 되는 것은 직업을 통해서이며, 모든 교육은 직 · 간접으로 직업과 연결되어 있다고 할 수 있다. 따라서 직업을 준비한다는 것은 학교교육의 가장 중요한 목표 중의 하나이며, 학생으로 하여금 능력, 적성, 취미에 맞는 직업을 선택할 수 있도록 지도하는 것은 교사의 중요한 역할이다.

# 참고문헌

강선보(1992). 마르틴부버의 만남의 교육. 양서원.

강호감 외(1996). 창의성 교육의 이론과 실제. 인천광역시교육과학연구원.

교육부(1999). 평생교육백서.

교육부(2000). 평생교육백서.

교육부(2001). 평생교육백서.

구본권 외(1990). 특수교육학. 교육과학사.

구자억 외(2002). 동서양 주요 국가들의 영재교육. 문음사.

권대봉(2002). 평생교육의 다섯마당. 학지사.

권성호(1998). 교육공학의 탐구. 양성원.

권이종 외(2002). 평생교육 방법론. 교육과학사.

권택영(1992). 포스트모더니즘이란 무엇인가. 민음사.

김경식 · 곽성기(1997). 교과 실기 교육 방법론. 교육과학사.

김귀성 · 노상우(2001). 현대 교육사상. 학지사.

김기석(1987). 교육사회학탐구. 서울: 교육과학사.

김동구(1992). 교육철학. 문음사.

김동구(1998). 교육의 철학적 기초. 학지사.

김동위(2000). 평생교육개론. 교육과학사.

김병성(1990). 교육사회학 관련이론. 서울: 양서원.
김병성(1993). 교육사회학. 서울: 양서원.
김병성(2001). 교육과 사회. 서울: 학지사.
김병성(2002). 교육사회학 이론신강. 서울: 학지사.
김선 외(2002). 학습 부진아의 이해와 교육. 학지사.
김승국(1995). 특수교육학. 양서원.
김신일(2000). 평생교육개론. 교육과학사.
김신일(2003). 교육사회학. 서울: 교육과학사.
김억환(1987). 신교육사회학입문. 서울: 문음사.
김영래(2003). 칸트의 교육이론. 학지사.
김영우 · 문현상 · 석태종(1995). 교육사회. 서울: 동문사.
김원동(1997). "앨빈 토플러: 제3물결의 문명과 정보화 시대 · 정보화 사회의 도래." 정보화 동향, 제5권(2). 한국정보문화센터.
김인회(1985). 교육사 교육철학. 문음사.
김재은(1994). 교육과 창의성. (교육신서 201). 배영사.
김재은(1997). 인지와 창의성. 교육과학사.
김정권 · 한현민(1997). 특수아동의 이해와 교육. 도서출판 특수교육.
김정환 외(2006). 교육학개론. 박영사.
김정환(1987). 교육철학. 박영사.
김정환 · 강선보(1998). 교육철학. 박영사.
김정휘 편저(2003). 영재학생 그들은 누구인가. 교육과학사.
김종두(2004). 정보사회와 교육. 서울: 양서원.
김종서 외(2001). 평생교육개론. 교육과학사.
김종현 외(1999). 특수유아교육. 창지사.
김준기(1994). 교육사회학. 서울: 재동문화사.
김진호 외(공역)(2002). 특수교육학개론. 시그마프레스.
김춘일(1999). 창의성 교육, 그 이론과 실제. 교육과학사.
김춘일(2000). 유아를 위한 창의성 교육. 교육과학사.
김필식 · 오만록 · 조태성(1998). 현대 교육학개론. 형설출판사.
김홍주(2000). 특수교육학. 교육출판사.

김희진 · 손진화 · 이영균(1999). 정보사회론. 서울: 세창출판사.
나일주 · 정인성(1996). 교육공학의 이해. 학지사.
남정걸 외(2001). 평생교육행정 및 정책. 교육과학사.
노상우(1998). 교육의 역사와 사상. 교육과학사.
대한특수교육학회편(2000). 특수교육용어사전. 대구대학교 출판부.
목영해(1991). 포스트모더니즘과 교육적 인간상. 교육학연구, 29(1), pp. 115-130.
목영해(2001). 디지털 문화와 교육. 문음사.
문장원 외(1997). 특수교육학. 양서원.
문정화 · 하종덕(1999). 또 하나의 교육 창의성. 학지사.
박병기(1998). 창의성 교육의 기반. 교육과학사.
박성익 외(2001). 영재교육학 원론. 교육과학사.
박영태(2002). 창의성의 별. 학지사.
박용헌(1980). 교육의 사회적 기초. 서울대학교 출판부.
박의수 외(2003). 교육의 역사와 철학. 동문사.
박준영(1998). 교육의 이론적 이해. 학지사.
박찬웅(1998). 뇌-학습과 기억의 구조. 서울대학교 출판부.
배규한(1998). 미래사회학-21세기의 이해와 설계. 서울: 나남출판.
배장오(2003). 평생교육의 이해. 서현사.
백영균 외 7인(2003). 교육방법 및 교육공학. 서울: 학지사.
백은희 외(1995). 특수아 교육과정의 방향 설정을 위한 기초 연구. 특수교육학회.
변영계(1999). 교수-학습이론의 이해. 학지사.
서문호 역(1993). 제4의 물결. 서울: 안산미디어.
석태종(1988). 현대의 교육사회학. 서울: 재동문화사.
손인수 · 김동구(1998). 교육사 교육철학. 문음사.
손인수 · 정건영(1989). 교육철학 및 교육사. 교육출판사.
송병순(1987). 교육사회학. 서울: 문음사.
송용대(1990). 영재교육이란 무엇인가. 교보문고.
신득렬(2002). 교육사상사. 학지사.
신득렬(2003). 현대 교육철학. 학지사.
신세호 편저(1988). 영재교육. 한국교육개발.

신윤식 외(1993). 정보사회론. 서울: 데이콤 출판부.

신현기 외(2000). 특수교육의 이해. 교육과학사.

안병환 · 조용태(공역)(1999). 특수교육의 이해. 특수교육에 대한 체제적 접근. 양서원.

안인희(1990). 에밀-루소의 교육론. 양서원.

여광응 외(2003). 특수아동의 심리학적 이해. 학지사.

연세대학교 교육철학연구회 편(1996). 위대한 교육사상가들 I. 교육과학사.

연세대학교 교육철학연구회 편(1998). 위대한 교육사상가들 II. 교육과학사.

연세대학교 교육철학연구회 편(1999). 위대한 교육사상가들 III. 교육과학사.

연세대학교 교육철학연구회 편(2000). 위대한 교육사상가들 IV. 교육과학사.

연세대학교 교육철학연구회 편(2002). 위대한 교육사상가들 V. 교육과학사.

연세대학교 교육철학연구회 편(2002). 위대한 교육사상가들 VI. 교육과학사.

오인탁(1990). 현대교육철학. 서광사.

오인탁(2001). 파이데이아(고대 그리스의 교육사상). 학지사.

우종옥(2001). 창의성교육의 기반. 교육과학사.

윤종건(1994). 창의력의 이론과 실제. 정민사.

윤종진(1998). 포스트모던 시대의 교육행정과 학교경영. 원미사.

이건만(1999a). 교육사회학의 이론과 실제. 서울: 문음사.

이건만(1999b). 교육과 사회사상. 서울: 문음사.

이대 교육공학과(1996). 교육방법 및 교육공학. 교육과학사.

이소현(2003). 유아특수교육. 학지사.

이옥화 · 천세영(1996). 정보사회의 도래와 교육의 변화 전망, 한국교육학회, 교육학연구, 34(1), pp. 189-208.

이종각(1999). 교육사회학신강. 서울: 동문사.

이홍우 역(1992). 민주주의와 교육. 교육과학사.

임선하(1993). 창의성에의 초대. 교보문고.

임정태 역(2004). 독일의 영재 교육법. 밝은 누리.

장영주(1993). 창의성을 개발하기 위한 교육. 한국교육평가원.

전경원(2003). 영재 교육학. 학문사.

전석호(1997). 정보사회론. 서울: 도서출판 나남.

정건영(1991). John Dewey 교육철학. 교육출판사.
정보사회학회 편, 김경동 외 19인(2001). 정보사회의 이해. 서울: 나남출판.
정봉도(1993). 교육사회학. 서울: 재동문화사.
정영근 외(2000). 교육의 역사와 철학. 문음사.
정영근 외(2005). 서양교육사. 문음사.
정영근(1995). 인간과 교육의 이해. 문음사.
정우현(1993). 교육사회학연구. 서울: 교육과학사.
정재권(2001). 지체부자유아 심리이해. 학지사.
주영흠(2003). 서양교육사상사. 양서원.
진원중(1983). 교육사회학원론. 서울: 법문사.
차갑부(2004). 평생교육의 이해. 학지사.
차경수 · 최충옥 · 이미나(1995). 교육사회학의 이해. 서울: 양서원.
천세영(1997). 정보사회에서의 학교교육의 변화 방향. 한국교육생산성연구소, 교육연구, 17(6).
최중옥 외(1999). 특수아동의 이해와 지도-이론과 실제. 교육과학사.
하정숙(1987). Rousseau의 교육사상연구. 학민사.
한국전산원(1995). 정보사회의 개념정립 및 정보화 추진방안에 관한 연구. (연구보고 NCA VII-PER-95134)
한기언(1968). 현대교육사조. 법문사.
한기언(1983). 한국교육사. 박영사.
한기정(1996). 특수유아 교육방법. 교육과학사.
한방교 · 윤길근(1997). 교육방법론. 동문사.
한준상(1985). 교육사회학 이론과 연구방법론. 서울: 문음사.
한준상(1986). 새로운 교육학. 서울: 한길사.
한현민(2000). 특수아동과 특수교육. 도서출판 특수교육.
허운나(1997). 정보화 교육과 새로운 교육패러다임, 강원도교육과학연구원, 강원교육연구, 27, pp. 31-53.
허운나, 유영만(1995). 교육공학개론. 한양대학교 출판부.
허운나 · 김영옥(1998). 정보시대와 미국의 교육혁명. 서울: 교육과학사.
홍순정(1999). 지능과 창의성. 양서원.

松石勝彦(1994). 情報ネットワーク社會論. 青木書店, 29-30.

Bell, D. (1973). *The Coming of Post-industrial Society: A Venture in Society Forecasting*. New York: Basic Books.

Bell, D. (1980). *Thc Winding Passage*: Essays and Sociological Journeys 1960~1980. New York: Basic Books. 서규환 역(1994). 정보사회와 문화의 미래. 서울: 도서출판 디자인하우스.

Blankertz, H. (1992). *Die Geschichte der Padagogik*. Wetzlar.

Bloom, B. S. et al. (1956). *Texanomy of Educational Objectives*. New York: David Mckay.

Bollnow, O. F. (1983). *Anthropologische Paedagogik*. Bem/Stuttgart.

Bowles, S. & Gintis, H. (1972). "I. Q. in the U. S. Class Structure," *Social Policy 3*(November-December), pp. 65-96.

Broudy, H. S. (1962). "To regain educational leadership," *Studies in Philosophy of Education 11*(Spring), pp. 21-25.

Bruner, J. S. (1960). *The Process of Education*. Cambridge, Mass: Harvard University Press.

Buber, M. (1979). *Ich und Du*. In: Das Dialogische Prinzip, Heidelberg.

Buber, M. (1986). *Reden ueber Erziehung*. Heidelberg.

Carnoy, M. (1974). *Education as Cultural Imperialism*. New York: Mckay. 김쾌상 역(1980). 교육과 문화적 식민주의. 서울: 한길사.

Carnoy, M. (ed.). (1972). *Schooling in a Corporate Society: The Political Economy of Education in America*. New York: Mckay.

Conley, D. T. (1993). *Roadmap to restructuring: policies, practices and the emerging vision of schooling*. Oregon: ERIC(Clearinghouse on Educational Management).

Darendorf, Ralf (1959). *Class and Class Conflict in Industrial Siciety*. Stanford University Press. 정대연 (역)(1989). 산업사회의 계급과 계급갈등. 서울: 기린원.

Dilthy, W. (1974). *Paedagogik, Geschichte und Grundlinien des Systems*. in:

Gesammmelte Schriften, Bd. IX , Goettiingen.

Dizard, W. P. Jr. (1982). *The Coming Information Age: An Overview of Technology, Economic, and Politics.* New York: Longman.

Dreeben, R. (1968). *On what is learned in school.* Reading: Addisonwesley.

Durkheim, E. (1956). *Education and Sociology.* Trans. S. D. Fox. New York: The Free Press.

Froebel, F. (1973). *Die Menschenerziehung.* Hrsg. v. H. Holstein.

Gardner, H. (1983). *Frames of mind: The theory of multiple intelligence.* New York: Basic Books.

Gardner, H. (1993). *Creating minds.* New York: Basic Books,

Goleman, D. (1995). *Emotional intelligence.* New York: Bantam Books.

Guildford, J. P. (1967). *The nature of human intelligence.* New York: Creative Education Foundation.

Herbart, J. F. (1982). *Paedagogische Schriften, 3 Bde.*, hrsg. v. Walter Asmus. Stuttgart.

Jencks, Christopher. et al. (1972). *Inequality: A Reassessment of the effect of family and family and schooling in America.* New York: Harper and Row.

Jonscher, C. (1983). *Information Resources and Economic Productivity.* Information Economics and Policy, January.

Kant, I. (1921-23). "Was ist Aufklaelung? (1784), I. Kant, Werke, hrsg. v. E. Cassirer Berlin, Bd. 4.

Karabel, J. & Halsey, A. H. (eds.) (1977). *Power and Ideology in Education.* New York: Oxford University Press.

Kneller, George, F. (1976). 교육의 철학적 기초. 정건영 역, 교육출판사.

Kumer, K. (1995). *From Post-Industrial to Post-Modern Society:* New Theories of the Contemporary World. Oxford. UK & Cambridge, USA: Blackwell.

Kumer, K. (1997). *The Post-Modern Condition*, Halsey, A. H., Lauder, H., Brown, P., and Wells, A. S. Education (Oxford University Press).

Masuda, Y. (1981). *The Information Society as Post-Industrial Society*, Institute for the Information Society. Tokyo, Japan.

Merton, R. K. (1957). Social theory and social structure (revised ed). Glencoe III. The Free Press.

Mussen. P. H., Conger, J. J., & Kugan, J. (1979). *Child development and personality*. New York: Harper & Row, pp. 412–414.

Naisbitt, J. (1982). *Megatrends*. New York: Warner Books.

Naisbitt, J. (1984). *Megatrends: Ten New Directions Transforming Our Lives, Futura* (p. 28). A Warner Communication Company.

Naisbitt, J. (1990). *Megatrends 2000: Ten New Directions for the 1990's*. New York: William Morrow and Company, Inc.

O' Brien, & Rita Cruise (1986). *The Political Economy of Information: A North–South Perspective*. World Communication, Longman.

Ohira, G. (1987). *Economic Analysis of Information Activities in Japan*, Keio Communication Review, Vol. 8.

Parsons (1964). *Essays in Sociological Theory*. New York: The Free Press.

Phenix, P. H. (1964). *The Realms of Meaning*. New York: McGraw Hill.

Porat, M. U. (1977). *Information Economy, Vol. I*, Definitions and Measurement. U.S. Department of Commerce.

Poster Cyril (1999). *Restructuring: The key to effective school management*. New York, Canada, London: Routledge.

Reble, A. (1980). *Geschichte der Paedagogik*. Stuttgart.

Renzulli, J. S. (1977). *The Enrichment Tricad Model*. New York: Learning Press.

Roussseau, J.–J. (1958). *Emile oder ueber die Erziehung*. besorgt V. J. Esterhues, Paderborn.

Sashkin, M. & Egermeier, J. (1992). *School Chage Models and Processes: A Review and synthesis of Research and Practice*. Washington, D C.: US Department of Education.

Scheuerl, H. (1982). *Paedagogische Anthropologie*. Stuttgart.

Smith, R. L. (1972). *The Wired Nation: The Electronic Communications Highway*. New York: Harper & Row.

Stoiner, Tom. (1983). *The Wealth of Information*. London: Thames–Methuen.

Toffler, A. (1980). *The Third Wave*. New york: Bantam Books. 이규행 감역 (1989). 제3의 물결. 한국경제신문사.

Toffler, A. (1990). *Powershift: Knowledge, Wealth and Violence at the Edge of the 21st Century*. New York: Bantam Books.

Tyson, E., G. Gilder, G. Keyworth, & A. Toffler (1994). *Cyberspace and the American dream*: A Magna Carta of the knowledge age.

Webster, F. (1995). *Theories of the Information Society*. London & New York: Loutledge.

Wilhoit, G. C. (1981). *Mass Communication Review Yearbook, Vol. II*. Sage Publication.

Young, M. F. D. (ed.). (1971). *Knowledge and Control*. London: Collier Macmillan.

# 찾아보기

## 인 명

## 내 용

## 저자 소개

### 허정무

청주사범대학과 연세대학교 대학원에서 교육학을 전공하고, 한국교원대학교 대학원에서 교육학으로 박사학위(Ph.D.)를 받았다. 일본 문부성 초청 일본국립교육정책연구소 연구교수, 우석대학교 아동복지학과 부교수를 역임하였다. 현재 충주대학교 유아교육과 교수이면서 사랑의 전화 복지재단 사회조사연구소장, 일본국립교육정책연구소 객원연구위원으로 활동 중이다. 저서로는 『노인교육이론과 실천방법론』, 『퇴직과 제2의 인생설계』, 『미혼독신주의와 노부모세대』 등이 있다.

### 김철

청주사범대학과 독일 Wuerzburg 대학교 대학원에서 교육학을 전공하고, 동 대학교에서 교육학으로 박사학위(Ph.D.)를 받았다. 현재 건국대학교 교직과 강의 교수, 한국교육목회연구소 전문위원, 서원대학교 교육연구소 전임연구원으로 활동 중이다. 저서로는 『교육적 인간관계이론에 대한 역사와 체제』, 『헤르만놀의 교육적 인간관계이론』, 『인격교육학에서의 교육적 인간관계이론』, 『교육개혁의 철학적 접근』, 『교육의 자율성에 관한 사상사적 연구』, 『대학의 이념과 21세기의 대학교육』 등이 있다.

### 김종두

청주사범대학과 한국교원대학교 대학원에서 교육학을 전공하고, 한국교원대학교 대학원에서 교육학으로 박사학위(Ph.D.)를 받았다. 현재 서원대학교 교육연구소 특별연구원이면서 한국교원대학교, 서원대학교, 충북대학교, 청주대학교, 홍익대학교 등에서 강의하고 있다. 저서로는 『교육과 의사소통』, 『정보사회와 교육』 등이 있다.

### 성백

청주사범대학과 서강대학교 대학원에서 교육학을 전공하고, 협성대학교와 트리니티 신학대학원에서 기독교교육을 전공했다. 유니온 교육대학교에서 교육학으로 박사학위(Ph.D)를 받았고, 영국 웨일스 국립대학에서 학습공동체에 대하여 연구(ph.D. candi) 중이다. 현재 Kemi 소장이면서 단국대학교, 상지대학교, 협성대학교에서 강의하고 있다. 저서로는 『자신감을 키우는 학습전략』, 『삶의 변화를 위한 교육방법』, 『직업과 인생』 등이 있다.

# 교육의 이해

2007년 3월 20일 1판 1쇄 발행
2010년 3월 20일 1판 3쇄 발행

지은이 • 허정무 김철 김종두 성백
펴낸이 • 김 진 환
펴낸곳 • ㈜ 학지사
121-837 서울시 마포구 서교동 352-29 마인드월드빌딩 5층
대표전화 • 02) 330-5114 팩스 • 02) 324-2345
등록번호 • 제313-2006-000265호
홈페이지 • http://www.hakjisa.co.kr
커뮤니티 • http://cafe.naver.com/hakjisa

ISBN 978-89-5891-446-4 93370

**정가 15,000원**